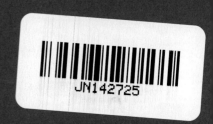

入門 縄文時代の考古学

谷口康浩

同成社

まえがき

現行の歴史教科書では、縄文時代は「原始時代」として描かれている。農耕も文字もない未開な狩猟採集民の時代という意味である。原始的なイメージをとくに際立たせているのが信仰や宗教に関する説明であり、アニミズムや呪術がおこなわれ、抜歯のような奇習があったとされる。屈葬の説明には、死霊が生者に災いをもたらすのを恐れたと書かれている。こうした学習によって生徒たちに植え付けられることになるのは、呪術やタブーに支配された未開社会というネガティブな縄文時代像でしかない。

しかし、それはかなり歪んだイメージである。世界全体を見渡してみても、縄文文化ほど成熟した狩猟採集民文化は稀である。本格的な農耕生産はおこなっていなくても一定の豊かさを実現するだけの力は有していた人びとである。社会組織も「原始社会」の一語で片付けられるほど単純なものではなかった。

縄文人が残した文化遺産には現代人の知的好奇心を刺激する不思議なものがたくさんある。縄文文化を知ることは、人間と歴史の理解を豊かにし、いろいろな意味で現代人の知的活動に新鮮な刺激をもたらすと思う。縄文にはその魅力がある。

本書では「原始時代」という古い枠組みにとらわれず、最新の研究成果から見えてくる縄文文化の実像を描いてみたい。現在の考古学は、縄文時代についての新たな事実を次々と明らかにしている。発掘された資料はすでに膨大な蓄積がある。いまなすべきことは、さまざまな事実と研究成果を総合して縄文文化の価値を再評価すること。そのような思いで執筆した。縄文文化の特長や研究の現状を手早く理解したいという人、これから本格的に学びたいと思っている人に、入門書として利用していただきたい。

目　次

入門 縄文時代の考古学

序章　縄文への関心

1．世界史からみた縄文文化

国宝となっている長野県棚畑《たなばたけ》遺跡出土の土偶「縄文のヴィーナス」や新潟県笹山遺跡出土の「火焔型土器」が作られた縄文中期（約5400～4400年前）の頃には、世界にはすでに古代文明が存在した。バビロニアではアッカド王国が繁栄し、楔形文字が使用されていた。エジプトでは初期王朝時代から古王国時代にあたり、ファラオが統治する王国が誕生していた。最古のピラミッドとして知られるジェゼル王の階段ピラミッドが造られたのは、日本では縄文中期後半の頃である。遮光器土偶や亀ヶ岡式土器が作られた縄文晩期（約3200～2300年前）は、西にはアテナイ・スパルタなどの都市国家が繁栄し、中国でも殷周の古代王朝が成立していた。

世界史的な視野で見ると、１万年以上にわたって狩猟採集の生活文化が持続した縄文時代は、そうした古代文明とは対極的である（図１）。佐原真は、日本列島の先史時代の特質として、狩猟採集の生活が持続した縄文時代の長くゆっくりとした歴史と、稲作農耕が開始されてから古代国家が成立するまでの古代化の速さとの、対照的な歴史のテンポを挙げている（佐原 1987）。弥生時代に稲作農耕社会が成立してからわずか数百年足らずの間に初期国家が形成されたことも世界にあまり例がないが、縄文時代ほど長続きした豊かな狩猟採集民文化は世界に並び立つものがない。縄文時代の長さや継続性は日本列島の先史時代の際立った特徴であるが、このことの意

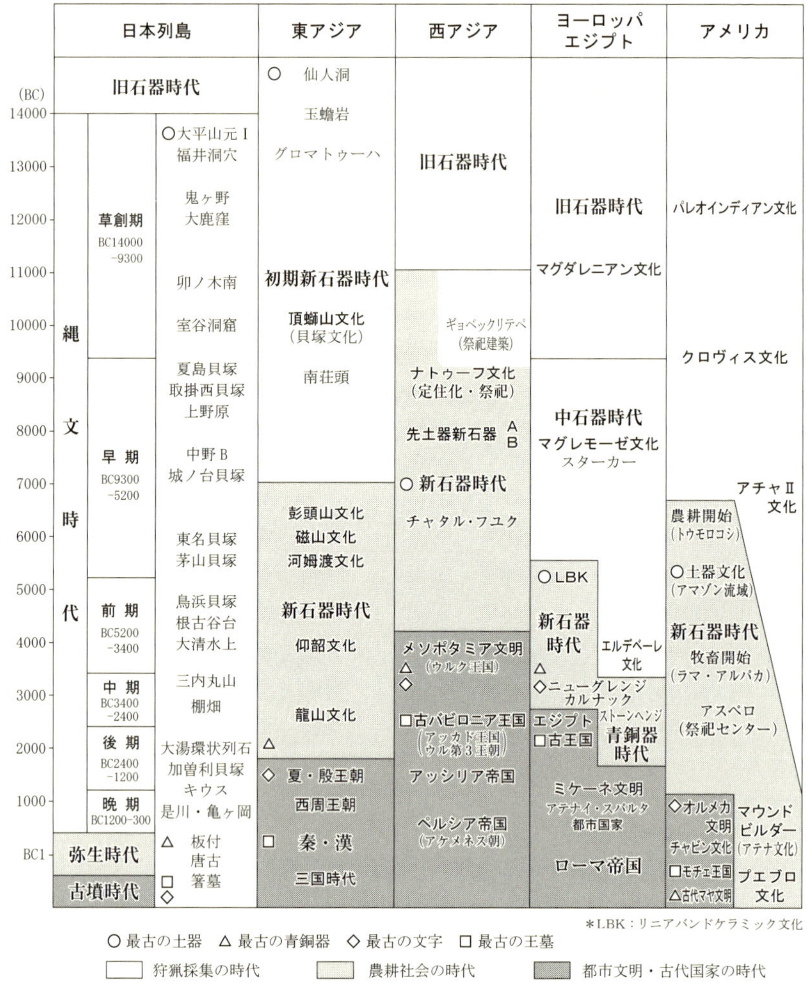

図1　世界史のなかの縄文時代

味をどのように理解すべきであろうか。

イギリスの考古学者ゴードン・チャイルドは、新石器時代に農耕牧畜による食料生産が開始されたことが文明の形成につながる経済革命になったと論じて、それを「新石器革命」と呼んだ（チャイルド 1951）。農耕牧畜の開始、定住化と都市の形成、そして文明化を人類の歴史発展の必然と考える立場から見ると、古代文明を生みだした地域こそが世界史の最先端であった。それに対して１万年以上の時間が経過しても都市や階級、王国を生みださず文明に到達しなかった縄文は、いかにも停滞的で遅れた存在に映る。「原始社会」といわれる所以である。はたして縄文は、歴史発展の法則からはみだした、後進的な例外だったのであろうか。

農耕牧畜開始の経済史的意義を強調するこれまでの常識的な歴史観ではそのような評価が当たり前だったかもしれない。しかし、逆説的にいえば、農耕牧畜を早くから開始した地域というのは、大体、北半球の旧大陸の中緯度にあたる乾燥地帯であり、狩猟採集だけに依存して生活することが困難だったところである。小麦を栽培化したりヒツジやウシを飼いならしたりして乳や肉を得なければ社会の存続がむずかしかった。また、ナイル河やチグリス河のような大河、あるいはオアシスのような水源がなければ、存続しえなかったのが、農耕を経済基盤とした文明社会である。その点、縄文文化の場合は、農耕牧畜なしに、自然の資源を巧みに利用することで、非常に長期にわたって持続してきた文化といえる。気候変動や自然災害による危機的状況を何度か繰り返しながらも、自然との共生的関係を維持しながら、列島の環境への適応を深め独自の生活文化を築いた時代であった。

食料の生産力という一つの経済指標だけで文化・社会の優劣を語ってほしくない、というのが縄文研究者としての思いである。それは西洋文明を人類史の最高到達点と考えた古い歴史観の残像であり、そこから縄文の見方を開放してほしい。人類の歴史はただ一つの決まったコースだけを進んできたわけではないのだという認識が、縄文文化の研究を通して広がることを期待している。

とはいえ、縄文文化の豊かさや素晴らしさだけを強調しユートピアのような虚像を描くのはよくない。私が主張したいのは、世界史に類例のない縄文文化を知ることで無文字社会の歴史を再発見できるという点である。人間と自然環境との関係、先史時代の社会進化、宗教の起源といった人類史の大きな課題についても、縄文時代の考古学はこれまでとはちがうユニークな答えを導いてくれると思う。

2．日本史の中の縄文時代

民俗考古学者の名久井文明は、縄文人の知恵と技術が現在に伝承されていることを多くの実例で証明している。東北在住の彼は、失われつつある東北地方の民具の調査を精力的におこなうと同時に、縄文時代の出土品と比較する研究を進めてきた。そして、樹皮を利用した編み組みの技術や木製品の木取りの技術など、縄文人の生みだした物質文化が日本の山村の生活に受け継がれていることを具体的に明らかにしている（名久井 2012）。

日本人の生活文化は、急速に西洋化したものの、今でも固有の要素をかなり保っている。食文化はとくにそうである。日本人の食文化に根付いている魚介食や山の糧（山菜・きのこ）は、もともと縄文時代にその基礎的技術が獲得されて以来、日本人の腹を満たしてきたものである。山村にトチモチなどとして今も受け継がれるトチの実の食利用技術などはその好例である。日本有数の豪雪で知られる新潟県津南町にある正面ヶ原 A 遺跡（縄文晩期）では、トチの実をむいた外皮が大量に捨てられたトチ塚が見つかっているが、津南町一帯では今も「トチアンボ」というトチだんごが食べられている。ここでは縄文人の食文化が脈々と息づいていることを目の当たりにするのである。

1873（明治６）年にまとめられた岐阜県飛騨地方の地誌『斐太後《ひだご》

図2　餅なし正月の分布（坪井洋1982）

風土記《ふどき》』にも、数多くの野生食が記録されている。近代工業化の直前の時代でさえ山村の生活は農耕だけで成り立っていたわけではなく、木の実や山菜、川魚などの野生食がかなり大きなウェイトを占めていたのが実態である（小山ほか 1982）。

また、江戸前ともいわれる東京湾の豊富な水産資源を最初に開発したのも、たくさんの貝塚を残した縄文人であった。東京湾沿岸地域は、世界全体でも屈指の貝塚地帯である。銚子・小名浜・気仙沼など水揚げ量の多い太平洋岸の主要な漁港の周辺には、必ず縄文時代の貝塚群が残されているが、それも決して偶然ではない。

食文化だけではない。日本人の信仰にも縄文由来の要素が継承されている可能性がある。民俗学者の坪井洋文は、日本各地に「餅なし正月」という不思議な習俗があることに注目して、稲作以前からあった山の神への信仰が残存していると考えた（図2、坪井洋

1982)。稲作農耕文化と接触した山の民（畑作的農耕文化）の文化的衝撃、それに同化することへの拒否・抵抗・葛藤が、正月の儀礼食としての餅の禁忌につながっているというのである。縄文時代を遠い過去のこととしか考えていなかった学生時代の私は覚醒される思いがしたものである。

現在の日本史教育では、弥生時代における稲作開始の意義が強調される半面、縄文時代とそれ以降の歴史のつながりについてはあまり教えられていない。そのため、縄文人と自分たちとの直接的な関係を日本人が意識することはほとんどない。しかし、それはあまりにも認識不足である。日本人や日本文化の中に縄文的要素が少なくないことをもっと多くの人に理解してほしい。それは日本人というアイデンティティーの形成にも大きく作用する問題である。

それとは逆に、縄文文化の地域差の大きさを知った人は、それがその後の列島社会の歴史にも根強く引き継がれてきたことに気づくであろう。そこから「日本とは何か」という根本的な問いが湧き上がってくるかもしれない。歴史学者の網野善彦は、考古学・言語学・民俗学の知見を総合して列島社会の地域的差異を論じ、日本を一括りにするのではなく列島の東と西のちがいを正視した歴史の見方が必要だと指摘している（網野 1998）。日本や日本文化の成り立ちを考える上でも、縄文時代の知識は欠かせない。縄文文化の地域性を知ることで日本の見え方もちがったものになってくる。

3．文化遺産としての価値

「縄文土器。これを見たとき、心がひっくりかえる思いだった。人間生命の根源。その神秘を凝集し、つきつけた凄み。私はかつてこんなに圧倒的な美観にぶつかったことはなかった。全身が、“ぶるぶる”ふるえあがった」（岡本太 1969）。

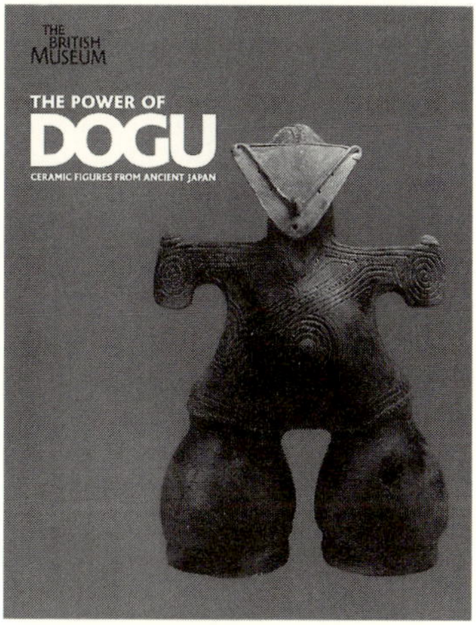

図３　大英博物館土偶展図録

パリ留学から帰国し前衛芸術をめざしていた岡本太郎は、1951年に東京国立博物館で開催されていた「日本古代文化展」で縄文土器と出会い、縄文人の造形の凄さに衝撃を受ける。自分が追究する芸術の方向性に疑問を感じていたのかもしれない。そのときに受けた強いインスピレーションが大阪万博の「太陽の塔」などの創作活動につながったことは有名である。巨匠の芸術家をそこまでふるえあがらせたのは、縄文人の息遣いや造形の挙動に微塵の迷いもためらいもないからである。そこに縄文人の心象世界が数千年もの時を超えてもなお生き生きと表現されていることを芸術家の眼が鋭敏に感じ取るからであろう。

考古学者以外の人にとって考古学的に正しい知識は必ずしも必要ではない。難解な専門用語はむしろ邪魔に感じられるにちがいない。考古学者の専門知識を習うことよりも、自分自身が目の前にあるモノから何かを感じ取ったり影響を受けたりすることに意味がある。過去との自由な対話が新たな何かを生み出すきっかけになるのである。市民講座などの一般向けの講演で１時間以上も熱弁した後に、話の内容とは全然関係のない質問を受けてげんなりしてしまうことがよくある。しかし、それも強い好奇心の表れなのだ。

2009年にロンドンの大英博物館で、“The Power of Dogu” という特別展が開催された（図３、Kaner ed. 2009)。縄文時代の土偶の優品が一堂に会したその充実した内容は、国内でも開かれたことのない質の高いものであったが、驚かされたのは、2カ月半の会期中に7万8000人を超える人びとが見学に訪れたことだった。まるで土偶の力に吸い寄せられるかのように。縄文文化の基礎知識をほとんどもたない世界各国の人びとが、なぜ土偶に魅力を感じるのであろうか。歴史遺産がもつ価値や現代人に働きかける力の大きさを深く考えさせられる経験であった。

縄文文化は過去のものだが、過去だけのものではない。縄文人の創り出した造形が現代人の心を強く引き付けるように、現代人を感動させたり考えさせたりする力を内在させているのである。縄文的造形を取り入れて新たな現代アートを創造している人もいる。陶芸家猪風来《いふうらい》もその一人であり、躍動感あふれる作品の数々に私も圧倒されてしまった。

縄文人が残したさまざまなモノは、機能的で便利なモノに囲まれて暮らす私たちから見ると理解不能なものが多い。器の機能を超越した過剰なデザインの火焔型土器などは、その最たる例である。異質なもの、不思議で意味のわからないもの。好奇心をそそられる一つの理由がそこにある。縄文人の創り出した物質文化はあまりにも異質であるため、不可思議なモノでいっぱいなのである。それこそが現代人にとっての刺激であり魅力であろう。

図4　縄文からの創造
猪風来作「黒い火焔」

縄文人が残した文化遺産を、ただ発掘して保存するだけではなく、現代社会の中でいかに活用すべきか。そういう新たな課題に多くの研究者の意識が向き始めている。イギリスで培われた「パブリック・アーケオロジー」が日本の考古学にも定着しつつあるのは、そうした動向が着実に進んでいることの現れである（松田・岡村 2012）。考古学者が小学生や中学生に向けて縄文文化を平易に解説した本を書くようになったのもよいことである。

これまでは考古学的に正しい知識をわかりやすく伝えることが考古学研究者の真面目な務めであった。これから大切になるのはむしろ、一般市民が縄文と出会い対話する場や機会をプロデュースする役目になるのであろう。その際に課題となるのは、面白さや素晴らしさを強調することと学問的に正しいこととの適正なバランスである。

今村啓爾は「縄文都市」「縄文文明」という名辞まで飛び出した青森県三内丸山遺跡の例を引いて、一部の研究者の無責任な発言とそれに飛びつくマスコミの宣伝によって誇大な縄文時代像が作り上げられてしまう危険性があることに警鐘を鳴らしている（今村 2010a）。

学問的な裏付けのない誇大な評価や明らかにまちがった説明は、いくら面白くともあってはならない。いうまでもないことである。

4.「縄文」と「縄紋」の表記について

「じょうもん」の漢字表記には「縄文」「縄紋」の二つが通用している。本書では引用文中を除き「縄文」の表記を用いる。

大森貝塚を発掘したエドワード・モース（1838-1925）は、出土した土器に付けられた縄目模様を報告書の中で cord mark と表記した（Morse 1879）。報告書を和訳した矢田部良吉はそれを「索紋」と表記したが、のちに白井光太郎《しらいみつたろう》が用いた訳語の「縄紋」が一般化した。

縄文原体の種類と各種の縄文を解明した山内清男《やまのうちすがお》は、一貫して「縄紋」を用いた（山内 1979）。縄文の総合的研究を成し遂げた山内の業績に従えば、「縄紋」を踏襲するのがより適切である。少年時代から山内に考古学の手ほどきを受けた佐原真は、漢字本来の意味からしても「紋」が正しいと主張している（佐原 1981）。「指紋」「紋章」「家紋」「紋付」を「指文」「文章」「家文」「文付」と書いたら意味が伝わらない、という意見はもっともである。しかし、注意しなければならないのは、山内が原体の圧痕としての「紋」と、意図的に描かれた「文様」あるいは「文様帯」を、用字の上ではっきり区別していた点である。これについては大村裕の丁寧な考証がある（大村 1994）。山内の用語に厳密に従うのであれば、紋と文様を正しく使い分けなくてはならない。機械的に「文」をすべて「紋」に置き換えるのは、山内の方針に反するまちがいである。

この用字の問題はむずかしい。というのも、羽状《うじょう》縄文や縄の側面圧痕による曲線文、押型文の異方向回転施文のように、原体の圧痕そのものが文様や文様帯と同じ効果を挙げている場合が少なくないからである。実際には紋と文様の区別はそれほど簡単ではない。

本書で「縄文」を用いるのは、高校時代に愛読した『縄文土器の話』（甲野勇著、学生社版）、そして私が教えを受けた小林達雄の『縄文人の世界』に倣ったものである。國が国に、學が学に、というように、戦後多くの漢字が画数の少ない常用漢字に置き換えられる中で、「縄紋」を「縄文」と表記するのが一般化した。それを使用することに筆者はためらいもこだわりもあまり感じていない。肝心なことは、縄文文化や縄文時代の中身の理解の方にあると思っている。

第1章　縄文時代の枠組み

この章では、私たちが当たり前のように使っている「縄文時代」という歴史的な概念や時代像が、長い研究史の中でどのように形成されてきたのかをふり返ってみる。「縄文時代」という時代区分は、教科書にも使われる常識的な歴史用語となっているが、その枠組みは自明のものではない。遺跡発掘調査の進展と新たな分析法の開発によって、知られていなかった事実が次々と明らかになり、枠組みに整合しない問題も出てきた。時代区分の枠組みそのものを再考させるような基本的な問題について、はじめに考えてみる。

1.「縄文時代」概念の形成

時代概念ができるまで

1877（明治10）年にエドワード・モースが大森貝塚を発掘したときには、まだ「縄文時代」という時代概念はなかった。モースは大森貝塚の土器の特徴の一つとして cord mark、すなわち縄文の多さを挙げている。そして縄文が付けられた土器だけでなく、出土した土器の総称として cord marked pottery の表現を用いた。これが「縄文土器」という学術用語の元である。しかし、それは大森貝塚の特徴を述べたものであって、年代や時代を示す歴史的な概念ではなかった。大森貝塚の年代についてモースは、現在の東京湾には生息しないハイガイが含まれることや、先史人類の特徴とされる扁平な脛骨を根拠にして、その古さを「大昔」と記述し、貝塚を残した人びとのことを「大森貝塚人」と表現している（モース 1983）。

明治期には貝塚を残した石器時代住民の人種に対する興味・関心が強く、人種論争が起こった（工藤 1979)。「アイヌ式土器」の名称が使われたのも、それを反映したものである。小金井良精《こがねいよしきよ》が縄文人とアイヌの骨の形態的類似を明らかにし（小金井 1904)、アイヌ説が有力視されたことが土器の呼び名にも反映されたわけである。

1920〜1930年代になると、縄文式・弥生式・祝部《いわいべ》土器（須恵器）などの土器の大別がなされるとともに、土器の型式分類と貝塚の分層発掘による編年研究が始まった。松本彦七郎がおこなった宮城県里浜貝塚・宝ヶ峰貝塚の分層発掘と土器紋様論がその先駆けになったと評価されている（松本彦 1919)。編年と年代の秩序が整えられるにつれて、先住民が残した貝塚の時代というそれまでの素朴な認識に代わって、「農耕開始以前の狩猟採集の時代」という時代概念が形成されてくる。編年研究を推進した山内清男のはたした役割がとりわけ大きい。

山内は1932年から33年にかけて執筆した『日本遠古之文化』の中で、「大陸との交渉が著明でなく農業の痕跡がない期間」と「大陸との著明な交渉を持ち農業の一般化した期間」とに日本の先史時代を大きく区分し、前者に縄文式土器の文化、後者の最初の段階に弥生式の文化を位置づけた。縄文式と弥生式土器のちがいを年代差とし、農耕の存否や大陸文化との関係を重視して二つの文化のちがいを説明したもので、これが今日の時代区分の原型となった（山内 1939)。山内は籾痕のある土器を手かがりに稲作の起源を追究していたが、編年研究の進展によってそれが弥生時代に始まることを確認し、縄文式文化を狩猟漁撈採集民の文化と規定することとなった。

ミネルヴァ論争

1936年には、『ミネルヴァ』誌上で、縄文文化を担った人びとと縄文時代の終末をめぐる論争が繰り広げられた。

山内は自分が組み立てた亀ヶ岡式土器の型式編年を根拠に、縄文時代の終末が近畿地方から中部・関東・東北地方で年代的に大差ないことを明らかにした（山内 1930・1932）。これに対して、歴史学の重鎮喜田貞吉《きたさだきち》は、縄文文化を先住民族（アイヌ）の所産とみる常識的立場から反論し、稲作農耕文化の先進地帯から離れた東北地方などでは縄文時代が後々までつづいていたと主張した（喜田 1936）。農耕文化を基盤とする優越的な大和民族が、未開な先住民族をしだいに駆逐していったという歴史観が根底にあり、それは天孫降臨や神武東征の記紀神話とも整合するものであった。宋銭の出土例などを根拠に東北地方では平安時代まで縄文時代がつづいたと考える喜田に対して、山内はその誤りを土器型式編年で正し、考古学の依って立つべき正しい編年の必要性を主張した（山内 1936a・b）。喜田説を支持する民族的理解はその後も根強く残ったが（保坂 1972）、この「ミネルヴァ論争」を契機として日本考古学の年代的秩序が確立するとともに、縄文時代という時代区分が定着していった。

縄文時代の枠組みは、山内が1937年に縄文土器型式編年の大綱を示したことで確固たるものとなった（山内 1937）。東北地方から九州地方にわたる各地域の土器型式の変遷と併行関係が整理されるとともに、早期・前期・中期・後期・晩期の5期の大別区分が編成され、縄文時代という年代的枠組みができあがったのである。

唯物史観の時代概念

山内が主導したこの枠組みは、マルクス主義の唯物史観に上書きされて社会経済史的な概念として再定義された。その結果、無私財・無階級の「原始共同体」という一つの強固な時代像が描き出されることとなった。禰津正志の「原始日本の経済と社会」（禰津 1935）、渡辺義通・三沢章らの『日本歴史教程第一冊』（渡辺ほか 1936）、藤間生大《とうませいた》の『日本民族の形成』（藤間 1951）、和島誠一の

「序説―農耕・牧畜発生以前の原始共同体」（和島 1962）などに、そのような縄文時代の見方が典型的な形で述べられている。このような時代像は1970年代まで主流的な地位を占め、現在の歴史教科書の記述も基本的にはそれを下敷きにしたものとなっている。

しかし、山内自身は唯物史観による原始共同体論とは一線を画す立場をとり、またヨーロッパ考古学の時代区分に縄文時代を当てはめることにも反対していた（山内 1935）。それは外国の既成概念を安易に当てはめるのではなく、まず当の縄文文化の実態を見極めようとする姿勢の現れであった。山内は晩年まで縄文農耕説には慎重な姿勢を貫いたが、とはいえ縄文文化の水準を低く見ていたわけではない。縄文時代の物質文化の水準の高さや狩猟採集生活を維持しながら文化的な繁栄を成し遂げた点に文明社会とのちがいがあるとし、「高級狩猟民」という総合評価を示している（山内 1969b）。

早すぎた枠組み

しかし、山内の縄文時代概念にはいくつかの基本的な問題が残された。あまりにも早い段階に農耕起源の問題に結論的な判断が下された点がその一つである。農耕の起源は現在の研究状況からみても判断のむずかしい問題である。神奈川県勝坂遺跡から出土した多量の打製石斧を原始的な陸耕具と推定した大山柏（大山 1927）や、弥生時代の稲作以前に縄文時代後半に補助的農耕が開始していたと考えた森本六爾（森本 1934）、クリ栽培の仮説を早くから提起していた酒詰仲男（酒詰 1957）など、肯定的意見をもつ研究者もいた。しかし山内説の影響力は大きく、戦後、藤森栄一・武藤雄六が展開した中期農耕論（藤森・武藤 1965、藤森 1970）も賀川光夫が主張した晩期農耕論（賀川 1968）も、少数意見として異端視され支持は広がらなかった。

縄文時代の起源と年代についての山内の理解も、今日からみると大きく誤っていた。1950年代から日本でも放射性炭素年代測定が応用され始めると、縄文文化の起源と年代をめぐる見解の相違が表面化し、大きな論争に発展した。発端となった新潟県本ノ木《もとのき》遺跡の発掘調査（1956・57年）に因み「本ノ木論争」と呼ばれている。岩宿遺跡の発掘以来、無土器時代から縄文時代への変遷を追究していた芹沢長介は、神奈川県夏島貝塚出土遺物を用いた放射性炭素年代測定値にもとづいて早期初頭の撚糸文《よりいともん》土器の年代を約9000年前と推定し、それ以前の無土器文化を洪積世の旧石器時代に当たると考えた（芹沢 1960）。しかし、山内は放射性炭素年代測定そのものの信憑性を疑い、芹沢説をきびしく攻撃した。青森県長者久保遺跡出土の円鑿形《まるのみがた》局部磨製石斧をシベリア新石器時代のイサコヴォ文化に対比し、さらに無土器時代の終末から縄文時代草創期にみられる植刃《しょくじん》・矢柄研磨器《やがらけんまき》などの特殊な遺物を大陸新石器文化から伝播した渡来石器と考え、それらを根拠として縄文時代の開始をおよそ紀元前2500年と推定したのである（山内 1969a）。芹沢の「長期編年」に対して、山内の「短期編年」と呼ばれた（図６）。

北海道の「続縄紋式」を縄文土器の一型式としてではなく縄文時代の枠組みから除外した点にも問題を残した。北海道を中心に展開した北方文化の系統的な連続性よりも縄文・弥生の時代区分に合わせた考え方になっているからである。ミネルヴァ論争の中で縄文時代の終末年代が西日本と東日本とで大差ないことを主張したために、北海道だけは例外で縄文時代が継続していたとはいえなくなってしまったのである。

２．時代区分の問題

縄文時代の始まり

縄文時代はいつ始まったのであろうか。現在の通説では、土器の出現という技術革新が時代区分の画期として重視されている。土器の使用が始まった最初の時期を現行の縄文土器編年では「草創期」と称している。早期よりさらに古い土器型式が次々と発見されてきたことを受けて、山内清男が1960年代に６番目の大別として新たに設定した時期区分である。

草創期の土器には煮炊きの用途を示すコゲやススが残るものが多く、土器出現は煮炊き調理法の獲得を意味している。煮炊きの始まりは、食生活の安定を導き、免疫力の弱い幼児や老人の延命にも寄与して、縄文社会の安定と発展の一つの重要な基礎になったと考えられる。粘土を素材に耐久性・耐熱性のある器を作り出す技術は、人類の技術史においてもたしかに画期的なことであった。土器出現をもって縄文時代の始まりと考える説は、このような評価を根拠にしたものである。また、草創期から早期へと土器型式が連続的に変遷し一系統とみなせることも根拠とされている。

しかし、始まりの問題を再考させる事実が出てきた。1998年、青森県大平山元《おおだいやまもと》Ⅰ遺跡で日本列島最古の無文土器が発掘され、土器に付着した炭化物の放射性炭素年代測定をおこなった結果、約１万6500年前にさかのぼる可能性が示された（図５）。１万年ないし１万2000年前と説明されていた土器出現の年代は、実はそれよりも数千年も古いことが判明したのである。地質年代でいえば更新世の最終氷期にさかのぼる古さである。

この発見を契機として草創期の土器群の年代研究が進められ、「草創期」が更新世にさかのぼる事実は疑問の余地がなくなった（谷口 2011）。また、日本列島だけでなくロシア極東地域や中国南部などでも更新世にさかのぼる土器文化の存在が次々と明らかとなり、東アジアでは更新世最終氷期にすでに土器の使用が開始されていた事実が、世界的にも周知されることとなった。

放射性炭素年代測定値の較正年代（^{14}C 年代値と実年代とのズレ

図５　列島最古の土器文化（青森県大平山元Ⅰ遺跡出土）

を年輪年代などで補正し暦年代に換算した年代）によれば、草創期は4500年以上の長さをもつと推定される。地質年代では更新世の最終氷期の終盤（晩氷期）にあたり、日本列島の自然環境は現在とはかなり異なっていた。温暖な完新世になって豊かな森林と海洋資源を基礎に成立・発展したのが本来の縄文文化である。定住的な集落、堅果類などの食料貯蔵、漁撈文化の確立を示す貝塚、精神世界の確立を示す土偶や葬制など、縄文文化の特徴が複合的に開化するのは早期以降であり、安定的な様相がはっきり現れてくるのはさらに下って前期以降である。一方、草創期の間は土器の使用以外はそうした文化要素は未開化であり、旧石器時代以来の遊動的生活がつづいていた。

草創期の古さと長さを考慮すると、むしろ旧石器時代から縄文時

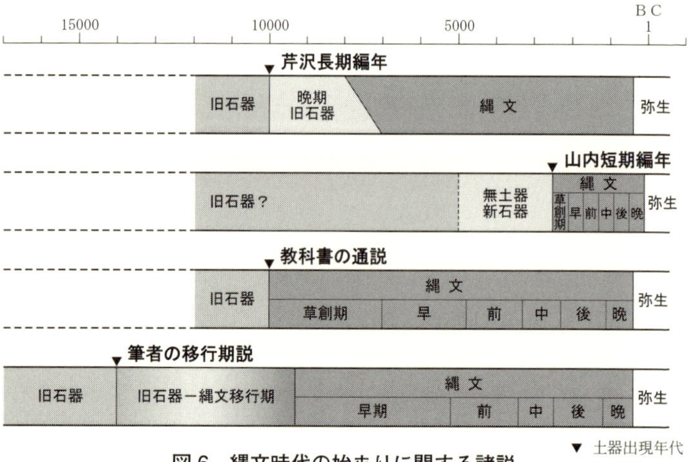

図６　縄文時代の始まりに関する諸説

代への長い移行過程と考える方がよいという意見もある。縄文文化の諸要素が確立してくる早期を縄文時代の始まりとし、草創期を区別する説である。筆者もそうした立場である（図６）。草創期の約4500年間を縄文時代に含めると、縄文文化の諸要素が未発達な模索的な期間が時代全体の３分の１近くを占めることになり、時代・文化の特質が定義しづらいものになってしまう。また、ヨーロッパの編年と対比した場合でも、草創期は旧石器時代に併行している。

縄文時代の始まりやその年代については、見解の対立がこれまでもあった。「草創期」の位置づけは依然として大きな争点であり、新たな年代的事実（較正年代と地質年代の両方）を踏まえて、縄文時代の始まりの問題を再考していかなければならない。草創期の土器の用途の解明も課題である。土器で何を煮炊きしていたのかは未解明であり、土器の使用がどのような効果を生み縄文文化の形成につながっていったのかはわからないままである。また、更新世にさかのぼる土器文化は東アジア地域にも広く分布しており、それらと日本列島の土器文化との関係も検討課題となる。

縄文時代の終末

大陸から稲作農耕が伝来して縄文時代が終わり弥生時代に移行した、というのが教科書の説明である。1980年前後に、縄文晩期に位置づけられていた夜臼《ゆうす》式土器（刻目《きざみめ》突帯文《とったいもん》土器）の時期の水田跡が、佐賀県菜畑《なばたけ》遺跡や福岡県板付《いたつけ》遺跡で相次いで発見された。このときは、それらを弥生時代の早期または先Ⅰ期と定義しなおし、弥生時代の開始を一段階さかのぼらせることで時代区分の整合性が維持された。

しかし、高精度化した放射性炭素年代測定によってここでも新たな問題が浮かび上がってきた。弥生時代の開始年代の再検討を図った国立歴史民俗博物館によって、北部九州における刻目突帯文段階の稲作開始が紀元前10世紀にさかのぼる可能性が示された。紀元前３世紀ないし４世紀と考えられていた弥生時代の始まりは、一気に数百年さかのぼる可能性が出てきたのである。東北アジアにおける初期農耕文化の成立と北部九州への伝播を研究している宮本一夫によると、朝鮮半島南部から稲作農耕が伝えられたのは前８世紀頃、気候の寒冷化が起こった時期にあたるとされる（宮本 2017）。

稲作伝来の年代の絞り込みには検討の余地があるが、従来の説にくらべてその始期が大幅にさかのぼることは確実である。稲作農耕は短期間のうちに急速に列島各地に伝播したのではなく、数百年かけて西日本から東日本・北日本へと広がっていったことになる。弥生文化形成の問題に詳しい設楽博己によると、弥生文化は約2900年前に九州北部で成立し、約2500年前には東北地方北部にも水田稲作が伝わった。しかし、中部・関東地方での受容には時間がかかり、初期には主にアワ・キビなどの雑穀が栽培され打製の石鍬が使用されるなど、西日本の弥生文化に一気に同化したわけではなかった（設楽 2014・2017）。ミネルヴァ論争の中で山内は、縄文時代の終末が列島内でほぼ一律であったと主張し、西日本と東日本の時間差は土器型式にして1型式ないし2型式と考えたが、縄文から弥生への転換は実際にはかなりの時間をかけて遷り変わったと考えなければならなくなった。

こうなると稲作農耕を携えた西日本の弥生文化と東日本に根強く残った縄文文化が、相当長い期間にわたって接触した可能性を考えなくてはならない。つまり、縄文時代の終末は地域的に遅速があり、農耕文化との接触によって狩猟採集民の社会が変容していく長いプロセスを問題としなければならなくなる。九州北部や近畿地方の一部で水田稲作が開始した時点をもって、日本列島全域で縄文時代が終わったと単純に考えるわけにはいかないのである。「始まり」と同様に「終わり」についても、長い移行過程と文化変化のプロセスを考慮しなければならなくなった。

稲作農耕の受容と農耕社会の成立は日本列島内で一様かつ短期間になされたのではなく、実際には地域的な時間差が大きかった。ミネルヴァ論争で決着したと思われたことが、現代的な問題として再

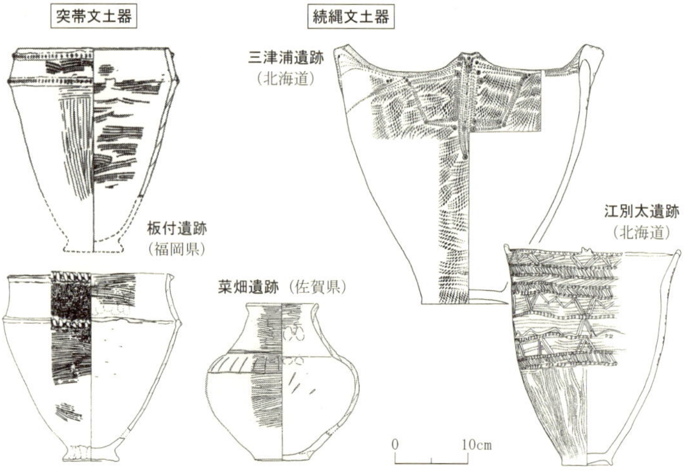

図7 突帯文土器と続縄文土器

燃してきたわけである。

とくに問題となるのは北海道の「続縄文文化」の捉え方である。弥生前期末に本州北部にまで水田稲作の農耕文化が広がった後も、北海道では稲作農耕はおこなわれず、狩猟採集の生活文化がつづいた。山内清男は室蘭市本輪西《もとわにし》貝塚の出土土器を標本に挙げてこの時期の土器を「続縄紋式」と称した（山内 1939）。それが土器の区別にとどまらず、時代・文化の区別とされたのが「続縄文文化」である。しかし、これは本土が短期間に農耕化したことを前提とした時代区分の考え方であり、縄文文化の伝統の方を重視すれば、「縄文時代続期」という別の見方も成り立つ。北部九州で稲作が開始した最初の頃、東日本各地ではまだ縄文文化が継続していたように、東日本一円に稲作文化が広まった頃、北海道では縄文時代と変わらぬ生活が継続していた。そのように捉え直すこともできる。

文化変化のプロセス

「始まり」と「終わり」の問題は、「縄文時代」の枠組みそのものを揺るがす大きな問題である。これまでの時代区分では、画期的な出来事をもって前後の時代を区別するという考え方が強かった。しかし上述のように、縄文時代の開始と終末のどちらにも単純に線引きできない問題が残されているのである。年代測定の高精度化によって年代的事実が塗り替えられ、縄文時代の始まりも終わりも従来考えられていたよりもずっと長い時間をかけた文化変化であったことがわかってきた。土器出現のような一つの技術革新や大陸系農耕文化の伝播といった一つの出来事で時代を一線的に画するのではなく、長い時間をかけた文化変化のプロセスそのものを考え直さなければならなくなった。第2章で取り上げるドメスティケーション（馴化）はそうした問題関心の推移を表すキーワードの一つであり、数千年をかけた長期的な農耕化のプロセスに関心が集まっている。

時代区分論から文化変化のプロセスへと研究者の問題意識も変わってきたのである。

3．文化領域と地域性

縄文時代の地域文化

「縄文文化」とは縄文時代の日本列島に展開したさまざまな地域文化の総称である。同様に「縄文人」とは縄文時代の人びとの総称であり、「縄文土器」とは縄文時代の土器の総称である。それらの存在は自明のように語られているが、実際には年代的にも地域的にも多様性を含んでおり、単純に一系統の文化とみなすことはできない。日本列島を一括りにした単純な捉え方ではなく、固有の地域文化を識別しながら文化圏の問題を考える必要がある。

縄文時代には、勝坂文化、円筒土器文化、亀ヶ岡文化と呼ばれるような、時期と地域を限定できる地域文化の発達がみられる。その数は文化的指標となる土器様式の数からみても優に80以上はある。それらの地域文化は個々に固有の文化要素と領域を有する。そのような多様な地域文化を総称して縄文文化と称しているわけだが、それらが同質・同系統の文化と捉えられるものかどうかは、検討の余地がある。

土器様式の分布圏を指標に縄文文化の領域区分をおこなった小林達雄は、縄文時代の日本列島を大きく５つの大領域に区分している（図８、小林達 1983a)。興味深いのは、個性的な土器様式を次々と生み出す地盤があるという指摘である。鹿児島県・宮崎県を中心とする九州南部はそうした地盤の一例であり、草創期・早期に地域色の強い土器文化を生みだし、各地に定住的な集落が営まれた。縄文時代の初期の段階では九州南部は最も活力に満ちた地域であり、定住化の面でも先進的であった。早期末に鬼界《きかい》カルデラの大噴火による災害を被り衰退したが、後期には市来《いちき》式土器を指標とする貝塚文化を生みだしている。

また、早期の貝殻沈線文土器、前期・中期の円筒土器、後期の十腰内《とこしない》式土器、晩期の亀ヶ岡式土器などを生みだした東北北部も、有力な地盤の一つである。土器様式は盛衰と交代を繰り返しているが、この地域を地盤とする社会は存続していたと考えられる。そのほか、中部高地を抱える甲信地方、鬼怒川水系と霞ケ浦を抱える関東地方東北部、信濃川水系を抱える越後地域なども、独特な風土を背景に地域文化を発達させた根強い地盤となっている。

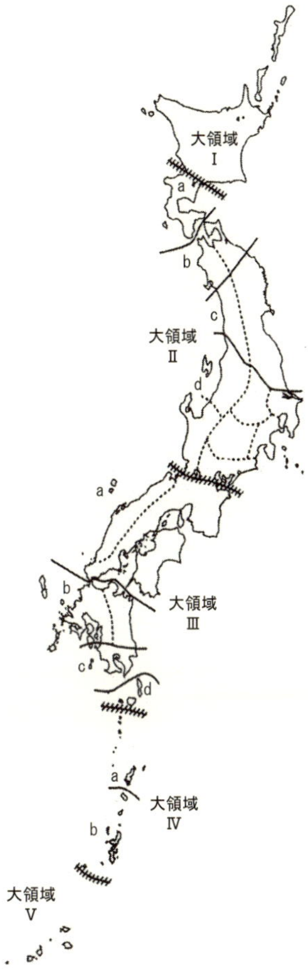

図８　縄文文化の領域区分
（小林達雄による）

東高西低の縄文文化

縄文時代の遺跡分布を巨視的に見ると、東日本と西日本の間で分布密度に大きな差があり、東に濃密で西に希薄となっている（図９）。東西の境界は現在の中部地方と近畿地方の境界におおよそ重なっている。前述の小林の領域区分でいえば大領域IIと大領域IIIの間である。「東高西低」の傾向は前期以降に明確に現れ、中期にその差が激しいものとなる。後期・晩期は西日本で増加傾向が現れるものの、やはり東日本・北日本一帯での遺跡数が上回っている。

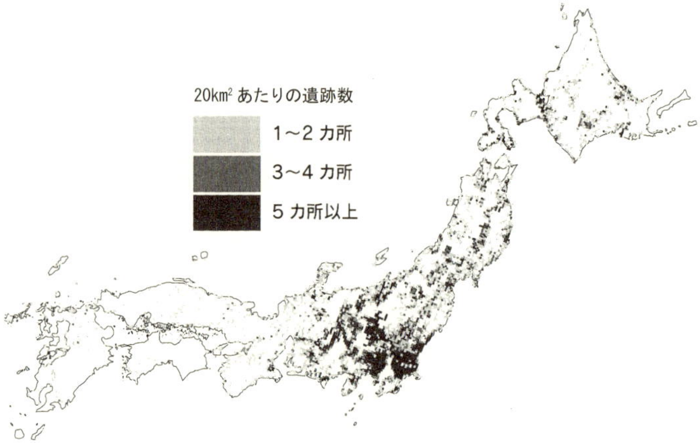

図９　縄文時代中期の遺跡分布密度の地方差

著書『Prehistoric Japan』の中でニール・ゴードン・マンローは、新石器時代の遺跡の分布密度が近江－伊勢ラインの北（東）と南（西）で大きく異なることを述べ、およそ６倍の格差で東日本に多くなっているとの認識を示している（Munro 1908）。山内清男は東西の遺跡数の格差をおよそ４：１と見積もった（山内 1969b）。今日の状況からみるとその地域格差はさらに大きなものである。遺跡数にもとづいて縄文時代の人口を推計した小山修三の研究（小山 1984）を参考に、前期・中期・後期の人口規模を関東・中部・東北地方と近畿・中国・九州地方とで比較してみると、東西の格差は３期平均でおよそ13：１、格差が最も拡大した中期には23：１以上となる。人口密度に大きな地方差があったことは確実である。人口密度や社会の規模の差は社会や文化の複雑さにちがいを生む要因となったにちがいない。

東高西低を招いた要因は解明されていないが、自然地理や生態系の地域性が関係していたことは確実とみられる。縄文時代の遺跡密度が最も高い大領域Ⅱは中部地方から東北地方に分布するブナ帯と地理的に重なり、大領域Ⅲは西日本一帯に広がるカシ帯におおむね重なっている。落葉広葉樹林と常緑広葉樹林の差異が縄文人の生活に大きく影響していたものと予測されるが、具体的な原因解明はこれからである。

動物資源ではサケ・マス類の資源量の地方差が関係していた可能性が高い。山内清男は東日本・北日本に豊富なサケ・マス資源が東高西低の要因になったと考えた（山内 1969b）。東西格差の原因を明快に説明できる決定的な学説は現在もなく、山内のサケ・マス論は重要な仮説となっている。食料資源の種類や資源量の地域差だけでなく、降水量に起因した洪水や地滑りの発生頻度、台風の上陸頻度、蚊が媒介するマラリアなどの伝染病など、人の生活を脅かす何らかの要因が西日本の低調さに関係していた可能性もある。

ただし、東西の遺跡数や人口の格差をより小さく見積もる異論もある。西日本を研究フィールドとする矢野健一は、東西の格差が著しいのは前期・中期だけであり、関東・中部地方で打製石斧による新たな食料生産手段が獲得されたことが原因になったと推測する。早期や後晩期の格差は小さく、量的にも質的にも大差はないと主張している（矢野 2010）。また西田正規は、西日本と東日本は森林相は異なるが利用可能な資源量に大差はなく、遺跡数の見かけの差は遺跡立地の傾向のちがいによる発見率の差にすぎないとの判断を示している（西田正 1985）。東高西低の問題は縄文時代の考古学の基本的課題の一つであり、東西差の実態を客観的につかんで検証していく必要がある。

縄文文化の境界

縄文文化が九州から北海道までの日本列島の本土をその領域としていることは明らかだが、北辺と南辺の境界は明確ではない。

サハリンや千島列島と北海道との間に文化的交流があったことは

考古学的な証拠がある。北海道白滝産・置戸《おけと》産の黒曜石製品がサハリンで出土していることや、サハリンと北海道に類例が広がる宗仁《そうに》式土器などがその実例である。南千島でも北海道の縄文土器型式の分布が確認されている（杉浦 2001）。しかし、文化圏の異同や境界を検討するだけの十分な資料はまだなく、縄文文化の北限は明確ではない。逆にシベリアやオホーツクに共通する外来系文化が北海道に進出していた時期もある。縄文早期に北海道に南下した石刃鏃《せきじんぞく》石器群や、サハリンに分布する鈴谷式土器などがその例である。石狩低地帯を超えた北海道北部・東部では、道南や東北北部に共通する土器型式が広がる時期もあるが、総じてみると縄文文化の要素が希薄となっている。寒冷な気候と針葉樹林、それにオホーツク海という環境特性がその背景と考えられる。

一方、南限も不明確である。南西諸島には本土とは異なる独特な地域文化の系統が認められる。沖縄の考古編年ではそれを「貝塚文化前期」と称している。奄美諸島と沖縄諸島には、曽畑《そばた》式・市来《いちき》式などの九州系の縄文土器型式も伝わっているが、総体的には独自色の強い土器型式の変遷がみられる。本土の縄文文化と区別して「南島土器文化」という呼称もある。石器が乏しく竪穴住居がほとんどみられないことなども、本土との異質性を際立たせている。ジュゴンの骨を素材とした蝶形骨製品のように、沖縄諸島で独自に発達した特徴的な物質文化も保有する。

南島土器を縄文土器の仲間に含めるかどうかについては評価が分かれている。伊波《いは》・荻堂式土器などに見られる口縁部の突起こそが縄文土器の証であるとの主張（小林達 2008）がある一方、沖縄の研究者の間には琉球の独自性を主張する意見もある。台湾に近い先島諸島（宮古諸島・八重山諸島）の場合は、本土の縄文文化との直接的な交流を証明する資料はほとんどなく、奄美諸島・沖縄諸島との交流も明確でないことから、今のところ縄文文化の範囲に含める考古学的証拠が見当たらない。

朝鮮半島の新石器文化と九州島の縄文文化の間には交流があった。朝鮮半島南部から対馬に広がる隆起文土器と九州の縄文早期末・前期初頭の轟《とどろき》B式土器は類似度が強く、折衷的な土器も存在する。尖底深鉢形の櫛目文土器である瀛仙洞《ヨンソンドン》式土器と九州縄文前期の西唐津式土器の類縁関係もまた然りである。韓国釜山市にある東《トン》三洞《サンドン》貝塚では、櫛目文土器に交じって船元式など九州系の縄文土器型式が出土している。言語が通じ、文物の交換や人の往来があったと考えてよいであろう。結合式釣針や石鋸《いしのこ》（組合式銛先）をもつ独特な漁撈文化が九州西北部と朝鮮半島南部に共通して分布することも知られている（渡辺誠 1973）。

朝鮮海峡は海洋的漁撈集団が活躍した時期には交流ルートとなっており、海峡をもって両文化圏の境界とみなすことは適切ではない。しかし、縄文時代全体を通してみると、密接な交流や土器型式の共有・折衷がみられるのは限られた時期であり、交渉の頻度も決して多いとはいえない。九州の縄文文化に詳しい水ノ江和同は、両地域の間に言語の差異があったと推定している（水ノ江 2012）。

4．時期区分と年代

縄文土器の型式編年と6期区分

縄文時代の考古学で用いられる編年は、縄文土器の型式・様式の年代的序列、すなわち新旧関係と同時平行関係を基礎に組み立てられている。「型式」と「様式」は縄文土器の分類に用いられる概念で、「型式」とは一般に土器の地方差・年代差を示す細別単位を指し、「様式」とは同系統に属す一連の型式群をまとめる大別分類を表す。図10に縄文土器の様式編年表を示す。

縄文時代の時期区分として、草創期から晩期までの6期区分が広

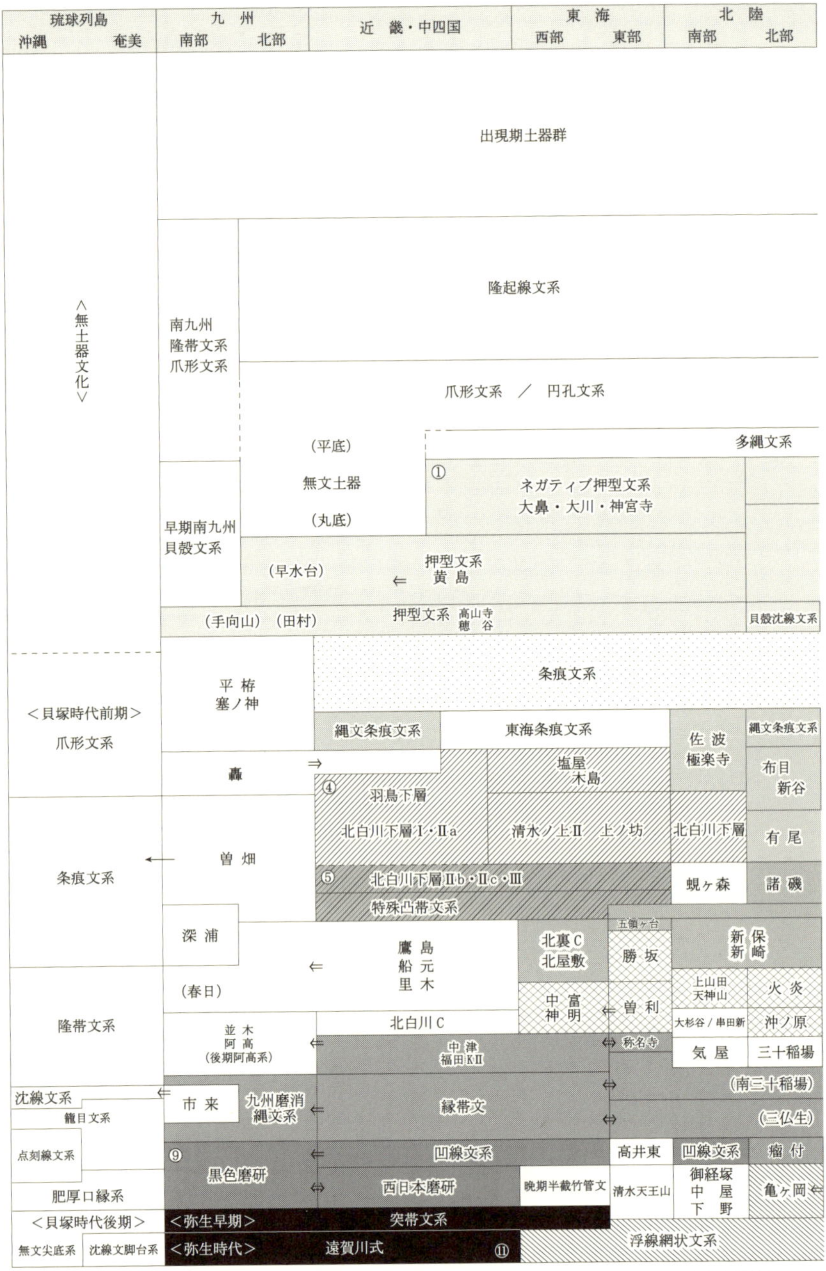

注）隣接する様式間の関係は親縁なものから疎遠なものまで一律に区分できない多様さを含む。相互に類縁な関係を⇔、

図10　縄文土器の編年表

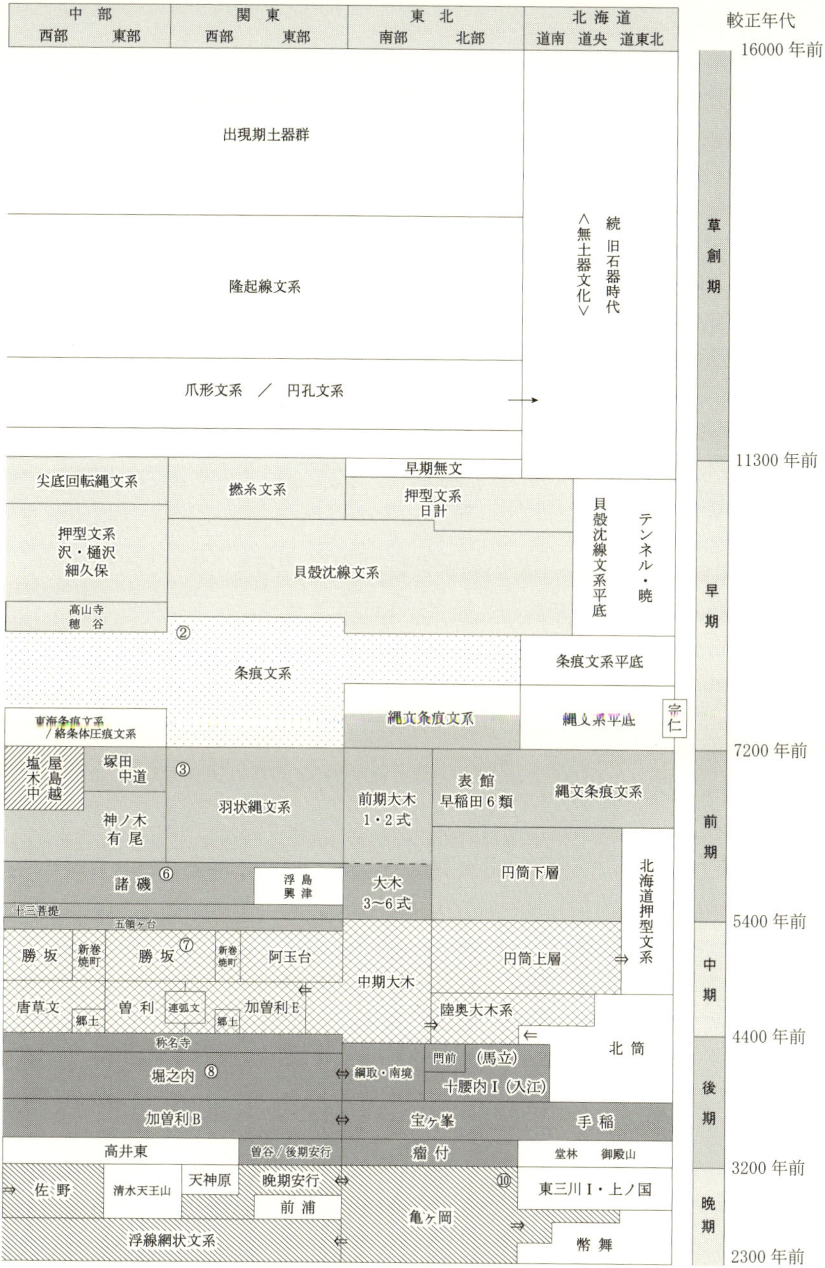

方向の明瞭な影響関係を⇒で表す。早期以前と前期以降は年代幅不同。凡例は次頁に表示。

【図 10 の記号凡例】

① 反復性圧痕（回転縄文・押型文・刺突文等）の多い尖底土器
② 貝殻条痕多く縄文の少ない繊維土器
③ 縄文の多い繊維土器
④ 無繊維・薄手の土器
⑤ ④と⑥の特徴をあわせもつ土器
⑥ 竹管による平行沈線・刺突・浮線文の多い土器
⑦ 厚手で把手多く渦巻・曲線などの隆帯文を特徴とする土器
⑧ 磨消縄文を特徴とする土器
⑨ 縄文をもたない磨研土器
⑩ 亀ヶ岡式土器および類縁の土器
⑪ 弥生時代早期・前期の土器

く用いられている。これは縄文土器型式の編年研究を推進した山内清男が提案した時期区分であり、1937年に早期・前期・中期・後期・晩期の５期がまず設定され（山内 1937）、その後、早期以前の土器群の発見を受けて1960年代に「草創期」が追加された（山内 1969a）。縄文時代の始まりを土器出現の時点、終わりを水田稲作の開始の時点と定義すると、縄文時代は約１万4000年間に及ぶ非常に長い時代となるため、時期区分を設けることが研究上必要である。

ただし、この６期区分は土器型式の遷り変わりを基準にした機械的な大別であり、文化的内容に基準を置いた文化期の区分ではない。大別区分が便宜的な年代区分であることは山内自身がはっきりと述べている。山内が重視した方針とは、各期の年代がほぼ均等になるように土器型式の数を「可及的同数位」に揃えることであった。前述のとおり山内は縄文時代の始まりをBC2500年とする短期編年をとり、各期の年代幅を約400年と見積もっていた。

縄文時代の実年代を調べる方法として、現在は主に放射性炭素年代測定法が応用されている。微量元素である放射性炭素^{14}C の濃度を正確に測定するために加速器質量分析計（AMS）が導入されたこと、樹木年輪年代などにもとづいて年代測定値を暦年に補正する研究が進められたことによって、土器付着炭化物のような少量の試料でもより小さい誤差範囲で実年代を調べることが可能となった。

これまでに蓄積された放射性炭素年代測定値の較正年代によれば、６期区分の各期の年代はおよそ以下のようになる。2000年以降の年代研究でも各期の推定年代には若干の差が見られ（谷口 2001、山本直 2007、工藤 2012、小林謙 2017）、さらに放射性炭素濃度の測定誤差も考慮する必要があるため確定的とはいえないが、主に東日本地域の年代データから推定される年代を以下に示す。なお、^{14}C 年代測定では測定値を BP、較正された暦年代を cal BP と表記するのが国際的標準であり、BP（before present）は西暦1950年を起点として何年前かを表す。以下に記載する年代はわかりやすく西暦2000年からさかのぼった年代を概数で示すものであり、cal BP 年代と厳密に同一ではないので注意してほしい。

草創期	約１万6000～１万1300年前	約4700年間
早　期	約１万1300～7200年前	約4100年間
前　期	約7200～5400年前	約1800年間
中　期	約5400～4400年前	約1000年間
後　期	約4400～3200年前	約1200年間
晩　期	約3200～2400年前	約 800年間

各期の年代幅は山内の想定とは大きく相違し、均等な年代区分にはなっていない。とくに草創期と早期はそれぞれ4000年間以上の長さをもつと推定され、著しく不均衡な区分となっている。縄文時代の社会・文化の変化の速度や文化期の区分は、この年代的事実を踏まえて考えなければならない。

文化期の区分

６期の大別区分とは別に縄文時代をいくつかの文化期に区分する

試みもなされている。縄文文化の様相は時期によって大きく変化しており、縄文時代の歴史を巨視的に捉えて説明する場合には、土器型式編年とは別の文化期の設定が必要になる。こうした考え方にもとづく文化期の提案として、岡本勇による「成立段階」「発展段階」「成熟段階」「終末期」の4段階区分（岡本勇 1975）、鈴木公雄による「始動期」「形成期」「展開期」の3段階区分（鈴木公 1990）、林謙作による「成立段階」「確立段階」「変質段階」の3段階区分（林 2004）などがある。佐々木藤雄が研究史を整理し多くの論考を対比しており、参考になる。佐々木自身は「生成期」「発展期」「変質期」「爛熟期」の4段階区分を提案している（佐々木藤 2010）。

前期までを「前半期」、中期・後期・晩期を「後半期」として大きく二分する考え方もある。高橋龍三郎は後期・晩期を平等社会から階層化社会への移行過程にあった段階と捉え、それ以前との相違を際立たせる意図で「後半期」という呼称を用いている（高橋 2004）。社会の複雑性や物質文化に表れた前半・後半の質的なちがいを表現するには、これも一つの有効な時期区分である。

筆者は、地質年代の更新世に属し4000年以上の継続期間をもつ「草創期」は縄文時代から区別して「旧石器－縄文移行期」とし、早期初頭を縄文文化の確立期とする時代区分を取る（谷口 2011）。また文化期区分としては、葬制や儀礼祭祀の発達に現れた社会の複雑性のちがいを大きく捉え、早期・前期を縄文時代前半期、中期から晩期を後半期とする大別区分を用いている（谷口 2017a）。

文化期の区分は縄文時代の歴史発展の方向性や画期を大局的に捉えようとする総論の作業であり、最重要課題の一つに位置づけなければならない。しかし、文化期に関する議論は不活発であり、異説の照合や相互批判は十分におこなわれていないのが現状である。総論の活性化、そこに縄文時代の考古学の基本的な課題がある。

第2章　進歩する研究法

この章では、新たな研究法や自然科学と連携した考古科学的手法によって、これまでわからなかった事実が解明されつつある研究状況を概説する。そして、そのような新知見・新発見によって縄文時代の見方や評価がどのように変化してきたのかを、いくつかの例を通して考えてみたい。

1．新しい年代観と時間軸

土器型式編年の課題

考古学の研究では性質の異なるいくつかの年代を必要に応じて使い分けている。考古年代（相対年代）、数値年代（絶対年代）、交差年代、地質年代などである。先史考古学では、年代決定それ自体が重要な基礎研究となる。

縄文時代の研究では、遺跡や遺物の年代を土器型式で表すのが一般的である。たとえば大洞《おおぼら》B式は晩期初頭の指標であり、加曽利《かそり》B式は後期中葉の指標である。大洞B式は大洞BC式より古く、加曽利B式は堀之内式に次ぐ年代的位置を占めている。これらは土器型式の新旧関係と継起の順序によって相対的な古さや年代順を示すもので、「相対年代」あるいは「考古年代」と呼ばれる。考古年代は、さまざまな歴史事象をそれが生起した順序に配列することができ、考古学研究に不可欠の時間軸となっている。

土器型式編年は縄文時代の研究に不可欠の時間軸である。「型式は益々細分され、究極まで推し進むべきである」（山内 1937）という山内清男の大方針のもとに土器型式の細別がつづけられ、世界の先史土器研究の中でも最も精緻な編年が作り上げられてきた。

時間軸の目盛をできるだけ細かくすることをめざして、各地で土器型式の細分がおこなわれている。たとえば、山内が当初、B式・BC式・C1式・C2式・A式・A′式の6型式に細別した晩期の亀ヶ岡式土器は、現在ではB式・C2式・A式をそれぞれ二細分して9期に編年細別されている。これにより縄文時代終末期の複雑な社会動向や文化の変化を時系列に沿って正しく理解することができるのである。時間的単位としての妥当性を検証しつつ、こうした細別を推進する必要がある。

一方、地域編年を横断する広域編年の確立にはなお課題がある。少なくとも6期の大別区分は地域間で一致していなければならないが、その保証はまだ完全ではない。たとえば、中期の土器型式と考えられていた九州の阿高《あだか》式が高精度年代測定により中期末〜後期初頭に訂正された。前期と中期の境界も東北地方北部と関東地方とで一致せず、前期末・中期初頭に位置づけられている土器型式の放射性炭素年代を地域間で比較してみると、東北北部の方が中期の始まりが遅い可能性がある。地域内での土器型式の順序に大きな誤りはなくとも、広域編年にはこのような齟齬がまだ残っている。

各地の型式の細別と地域間の広域編年の両方の課題に取り組んだ研究例として、岡本東三による早期押型文土器の広域編年研究（岡本東 2017）、今村啓爾による前期土器群の広域編年研究（今村 2010b）などがあり、縄文土器編年の到達水準を例示するものとなっている。今後は年代対比の鍵層《かぎそう》となる広域テフラや、地域横断的に分布する土器型式や搬入土器などを手がかりとして、地域編年間の食いちがいを是正していく必要がある。年代測定の重要性はますます大きくなっている。

高精度年代測定と暦年代

暦年代は自然科学的な年代測定法を応用して推定されるが、縄文時代の研究で幅広く用いられているのは放射性炭素年代測定法である。木炭・骨・貝殻などの出土遺物に含まれる放射性炭素^{14}Cの濃度を測定し、半減期（放射性元素の原子数が放射壊変により半分に減るまでの時間）にもとづいて経過年数を算出する方法である。加速器質量分析計（AMS）の導入により、土器付着物のような微量の試料でも精度の高い濃度測定が可能になった。

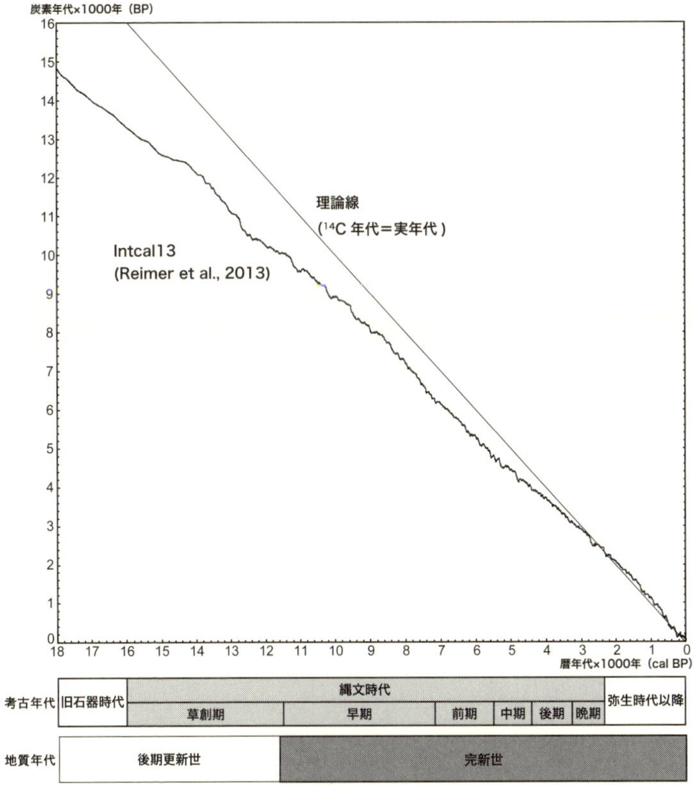

図11　縄文時代の時期区分と年代

年代測定法の技術的改良が進んだ2000年代以降、縄文時代の年代測定例は飛躍的に増加し、数値年代のデータが年々蓄積されている。過去の大気中の^{14}C濃度を一定と仮定した放射性炭素年代値は実際の年代からは大きくずれており、測定値を単純に実年代と考えることはできない（図11参照）。また、年代算定の基準として用いられているリビーの半減期（5568年）も真の半減期（約5730年）とはずれがある。^{14}C年代のこうした誤差を年輪年代などによって補正することをキャリブレーション（暦年較正）という。キャリブレーションが導入され始めた当初は混乱や誤解があったが、現在ではこうした認識が広まり、較正年代による年代表記が一般化している。土器付着物などを試料とする3000点以上の放射性炭素年代測定値とその較正年代から縄文時代の実年代を土器型式ごとに調べた小林謙一の研究がある（小林謙 2017）。

年代観の大幅な変更によって縄文時代の開始と終末の問題が見直されていることは前章で述べた。年代測定の高精度化は新たな研究の開拓にもつながる。たとえば、実年代に近い数値年代が与えられたことで、物質文化や社会の変化のテンポや速度を知ることができるようになった。日本列島から遠く離れた世界各地の諸文化との比較研究も可能となり、縄文時代を世界史の中に正確に位置づけることも可能となった。

年輪年代法の応用にも大きな可能性がある。新潟県青田遺跡では、縄文晩期の掘立柱建物群のクリ柱材の年輪が分析され、年輪幅の経年変動を照合して正確な年代を求めるウイグルマッチング法によって、各家屋の建築年代や相互の時間的関係が推定されている。

現在の最先端の年代測定法は、樹木年輪の酸素同位体比を利用した酸素同位体比年輪年代法である。大気中の酸素同位体比（^{18}O／^{16}O）は気候・気象条件によって変動しており、とくに降雨量の変化に対応していることが知られている。縄文時代についても、中期以降の時期については夏季降水量の変動を一年単位で復元することが可能となっている。

樹木年輪の酸素同位体比の研究は、暦年代の研究や環境史の研究に革命をもたらすほどの可能性をもっている。年代の研究では、遺跡出土の木材を用い年輪ごとに酸素同位体比を測定して、これを標準変動曲線と照合することにより、各年輪の暦年代を正確に割り出すことができる。総合地球環境学研究所の中塚武を中心に、縄文時代にさかのぼる年代スケールが作成されているところであり（中塚2015)、この研究が進展すれば、出土木材を用いて遺跡の暦年代を決定することが可能になる。また、降水量の経年変動と遺跡・遺物に現れた考古学的な変化との因果関係の究明など、応用研究の可能性はきわめて大きいと期待されている。

地質年代と環境史

環境史にかかわる地質年代についての知識も刷新された。地球温暖化というグローバルな問題に対応して過去の気候変動に関する地球科学的研究が飛躍的に進むなか、日本でも更新世から完新世への環境変化に関する調査が進められている。旧石器時代から縄文時代への移行の要因を知るためには気候変動の知識が不可欠であり、グリーンランドや南極での大陸氷床のボーリング調査をもとに設定された酸素同位体ステージや、短期的かつ急激な気候変動を捉えたボンドイベントなどが、縄文時代の研究でも参照されるようになった。工藤雄一郎は高精度化した年代測定の成果と環境史のデータを突き合わせ、文化史（人）と環境史（自然）との関連に視点を置く時代史の新たな枠組みを提示している（工藤 2012)。

工藤の研究を受けて、縄文文化の変化と気候変動との関連性に注目する研究が増えてきた。鈴木保彦は関東・中部地方における縄文時代集落の盛衰と気候の寒冷化イベントとの間に密接な関係があることを指摘している（鈴木保 2014）。安斎正人も、縄文社会の安定期・変動期と気候変動との構造的な関係を読み解こうとする研究を精力的におこなっている（安斎 2014）。

火山活動の活発な日本列島では、テフラ（火山灰・軽石などの火山砕屑物《さいせつぶつ》）の編年も遺跡の年代決定にとってきわめて有効である（町田・新井 1992）。テフラの年代決定も高精度化してきた。福井県水月湖《すいげつこ》の湖底に堆積した年縞《ねんこう》堆積物のボーリング・コアは、更新世から完新世にかけての過去15万年間の環境変化を年単位で調べることのできるものとして世界的に注目を集めているが、年縞堆積物の中にパックされたテフラの年代を知ることができる点でも貴重である。たとえば、縄文早期末頃に九州大隅半島南方の鬼界《きかい》カルデラから噴出したアカホヤ火山灰の年代は、7303～7165 cal BP と推定されている。青森県大平山元Ⅰ遺跡で発見された日本列島最古の土器は、長者久保《ちょうじゃくぼ》・神子柴《みこしば》文化と呼ばれる旧石器的な石器群とともに出土した（図５）。この石器文化の遺物包含層は十和田火山から噴出した十和田八戸テフラよりも下層にあたるが、グリーンランドの氷層年代でこの十和田八戸テフラが確認され、約１万5700年前に降下したことが報告されたことにより、土器出現の年代がそれよりも古いことが確定した。

このように縄文時代の年代研究はあらゆる面で大きく進展している。年代観の大幅な変化は、従来の定説や歴史の理解をも大きく変えていくことになるだろう。

２．ミドルレンジ研究

民族考古学・民俗考古学

遺跡から出土する考古資料は、過去の物質文化の全部ではない。物理的な破壊や腐朽分解に耐えてかろうじて残った断片といったほうが正確である。有機物が残りにくい日本の酸性土壌がそれに拍車をかけている。縄文時代の文化や社会を限られた考古資料から復元するためには、研究法をより有効なものに高めていく努力が必要である。現在おこなわれているその取り組みには二つの方向がある。一つは、与えられた資料に内在する情報を最大限に引き出すための考古科学的な分析法の開拓である。肉眼では見えないミクロの情報から、これまでわからなかった新たな事実が把握できるようになってきた。もう一つは、北米考古学の研究法から導入されたミドルレンジ研究である。

ミドルレンジ研究とは、遺跡に残る生の資料や現象と、それらにもとづく歴史的説明や意味の解釈の間をつなぐ中間領域の研究をさす。たとえば、石器や土器の用途を形態や材質だけから特定することは難しく、竪穴住居の面積や形態差が何に起因するのかを遺構から判断することはほぼ不可能である。そうした限界を克服するために使用実験や民族例の研究をおこない、その知見を介して妥当な説明・解釈に近づこうとする研究戦略が、ここでいうミドルレンジ研究である。実験考古学・民族考古学・歴史考古学がその主な研究戦略となっている。

縄文時代の研究でもミドルレンジ研究が広がってきた。モノの分類や編年が中心であった研究段階から、過去の生活や文化を復元する段階へと研究が深化する中で、遺物や遺構をただの静物として扱うのではなく、生活の中でそれらが担っていた機能や動態を一つのシステムとして理解しようとするところから、こうした取り組みが広がってきたのである。阿子島香や渡辺仁が啓蒙的な解説をおこなったことも、ミドルレンジ研究の導入と普及に大きく貢献した（阿子島 1983、渡辺仁 1993）。

縄文時代を対象とした初期の研究として、渡辺誠による堅果類のアク抜き技術の研究が挙げられる（渡辺誠 1975）。日本各地の山村でおこなわれている伝統的技術を調べ、縄文時代の出土資料と比較しながら技術の推定復元をおこなったものである。民俗考古学研究は根茎類の利用技術やトチのアク抜き技術の研究などに継承されてきた。序章で紹介した名久井文明の研究（名久井 2012）も、東北地方の山村に現存する生活技術と縄文時代の出土資料との比較検討から、縄文人の樹皮利用文化を考察したものであり、優れた民俗考古学の一例である。

民族考古学を応用した体系的研究としては、佐藤宏之による狩猟システムの研究がある（佐藤宏 2000）。佐藤は縄文時代の陥し穴猟の性格を究明する目的のために、ロシア極東先住民のウデヘや東北地方のマタギの狩猟文化を詳しく現地調査している。さまざまな狩猟技術を記録するとともに、それらの技術や設備・狩猟場が全体的な狩猟システムの中にどのように位置づけられて機能しているのかを観察し、その知識をもとに縄文時代の陥し穴猟についての解釈を絞り込んでいくという研究手続きを踏むのである。縄文時代の陥し穴猟が組織的な追い込み猟ではなく誘導柵をともなった罠猟であったこと、そしてそれが縄文人の生活に最も適合した合理的な狩猟システムであったことを明らかにしている。

石川県真脇《まわき》遺跡のイルカ漁（前期末）を復元するために能登半島での伝統漁法と民族例を調査した山本典幸の研究（山本典 2000）や、北太平洋沿岸地域の民族事例を参考に竪穴住居の性格を論じた武藤康弘の研究（武藤 1997）なども、民族考古学・民族誌研究の実践例である。

実験考古学

実験考古学も日本の考古学に定着してきた。石器の実験使用痕研究は、1970年代に東北大学の実験使用痕研究チームが本格的研究に着手してから発展し、石器の用途の研究では不可欠の研究法となっ

1. 実験土器の設置状況
2. 藻灰を入れた土器に海水を注水
3. 藻灰の周囲に結晶化がはじまる
4. 藻灰の周辺に結晶が促進される

図12　実験考古学の例　藻灰を用いた土器製塩実験（阿部芳 2016）

ている（阿子島 1989、御堂島 2005）。出土石器に残された摩耗や線条痕、微細剥離などを顕微鏡下で観察してパターンを分類するとともに、同じ石材で複製した石器を用いてさまざまな使用実験をおこない、その結果生じた使用痕と照合しながら、作業の内容や対象物、使用方法を推定するものである。

硬質頁岩《けつがん》や黒曜石で製作された剝片石器を対象としたものが一般的であり、実験データも最も蓄積している。近年では、磨石《すりいし》・石皿などの礫石器や縄文土器の機能・用途の研究にも実験考古学が応用されている。上條信彦は磨石に残る摩耗や敲打痕の観察・分類と使用実験から、堅果類の脱殻・粉砕技術とその地域性を考察している（上條 2015）。山田昌久が進めている磨製石斧による樹木の伐採実験も、磨製石斧の用法や柄の形態差だけでなく作業効率や資源利用といった情報を得ようとする新しい試みである（山田昌 2007）。

縄文土器の用途や使用法を実証的に明らかにするための実験研究も広がってきた。土器製塩の技術復元に取り組んだ阿部芳郎は、アマモを乾燥して焼いた藻灰を製塩土器に入れて海水を煮立てる方法で最も効率よく塩の結晶を得ることができることを、複製土器を用いた実験で確認している（図12、阿部芳 2016）。また、深鉢の用途と調理法の研究を続けている西田泰民と小林正史は、土器に残るコゲの付着パターンと調理物・調理法の関係を、生成実験から突き止めようとしている（西田泰 2006、小林正 2008）。

3．植物考古学と動物考古学

サンプリング法の進歩

植物考古学・動物考古学の分野での研究成果には目を見張るものがある。考古学と植物学あるいは動物学が連携し融合することで、新たな事実が次々と解明され、縄文人の資源利用技術と生態にあらためて注目が集まっている。

自然科学との共同研究が進むにつれて発掘調査の方法も変わってきた。微細な動植物遺体を回収するためのサンプリング法が導入されたことがとりわけ画期的である。現在の遺跡発掘調査は土器や石器などの人工遺物を掘り出しているだけではない。遺跡の土壌中に残る植物種子や炭化材、魚の骨や鱗なども、過去の人間生活を復元するための重要な資料であり、さらに微小な花粉化石や植物珪酸体（プラントオパール）のように顕微鏡下でしか見ることのできないものにも重要な情報がある。こうした資料を有効かつ迅速に回収するためのサンプリング法が開発されてきたのである。

縄文人がエゴマを栽培していた事実が確認されたのは1980年代である。長野県大石遺跡・荒神山《こうじんやま》遺跡の中期の竪穴住居跡から出土したアワ状の炭化種子が、イネ科のアワではなくシソ科のエゴマであることを、松谷暁子が種子の表面に観察されるワラジ形細胞によって植物形態学的に同定した（松谷 1983）。青森県富ノ沢（２）遺跡では中期後半のすべての住居跡からヒエ属の穎果《えいか》が出土し、ヒエの栽培化が現実問題となった。山内清男によるサケ・マス論の仮説も具体的な裏付けがなかなか得られなかったが、松井章が土壌の水洗選別を積極的に推進した結果、サケ・マスの椎骨の出土例が続々と見つかってきた（松井 2008）。こうした研究成果が弾みとなって、微細遺物を回収するための調査法が普及、改良されてきた。

筆者が取り組んでいる群馬県居家以《いやい》岩陰遺跡の学術調査でも、植物考古学・動物考古学の専門家と協力して、分厚く堆積する縄文早期の灰層から微細遺物を徹底的に回収している。水洗選別法という方法で遺跡の堆積物を水に溶かし、浮遊する植物種子をすくい取り、沈澱する遺物を１mm の篩《ふるい》にかけて選別・回収している。小動物の骨、細かく割れたクリやクルミの殻、石鏃を製作した際に出た黒曜石の微細なチップなどがどんどん出てくる。時間はかかるが、土は捨てない。

ドメスティケーション

自然の動植物の中から有用な種を選択し人為的に馴化《じゅんか》していくプロセスを「ドメスティケーション」という。さまざまな動植物が馴化によって形態変化していく過程を明らかにしていくことが今日の研究課題であり、農耕や家畜の起源を大陸からの伝播によって説明してきた従来説は塗り替えられつつある。

植物考古学の分野で注目を集めているのはダイズ・アズキの栽培である。豆そのものの出土例は稀だが、縄文土器の器面に残された圧痕の調査から突き止められてきた（図13）。器面や器壁内にたまたま残った植物種子圧痕にシリコンを注入してレプリカを作成し、実体顕微鏡で形態や組織を調べる。中山誠司と小畑弘己は中期の中

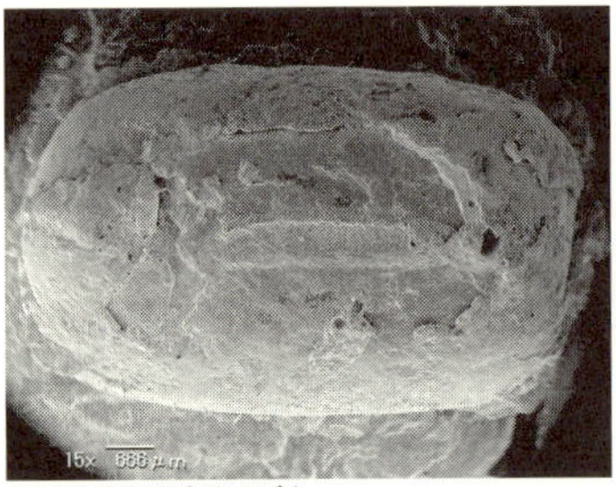

長野県供野原遺跡アズキ

長野県エリ穴遺跡ダイズ

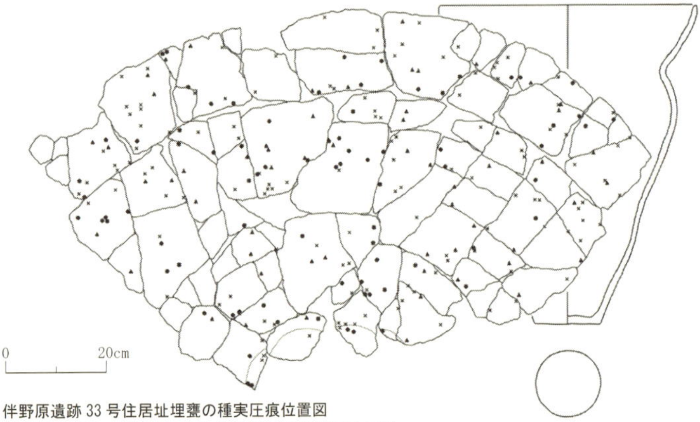

伴野原遺跡 33 号住居址埋甕の種実圧痕位置図
(●外面、▲内面、× 胎土中およびX線透過写真による推定を含む)

図 13　中期縄文土器に残るマメ類の圧痕

部地方でダイズ・アズキの栽培がおこなわれていたことを多数の土器圧痕資料により確認している（中山 2010、小畑 2011）。土器は粘土で成形された原形より焼成によって10％程度は収縮したはずである。それでも栽培化による種子の大型化が圧痕サイズにはっきり現れている。

前期後半から中期にかけて青森県域を中心に展開した円筒土器文化圏では、ヒエ属の種子（穎果《えいか》）の大型化が認められ、ドメスティケーションがある程度進んでいたことを示す植物学的証拠が増えている（那須 2018）。野生種のイヌビエを人為的に馴化して雑穀のヒエに近いサイズの種子を得ていた可能性がある。

クリの栽培化は酒詰仲男が1950年代にその可能性を指摘して以来、重要な検討課題となっていたが（酒詰 1957）、これも種実の大型化や花粉分析、DNA 分析など、多角的な分析から実証されてきた。縄文人によるクリの管理栽培については、鈴木三男の『クリの木と縄文人』に詳しい（鈴木三 2016）。花粉分析からクリ栽培の問題に取り組んでいる吉川昌伸によると、中期の関東地方や東北地方では遺跡土壌中のクリの花粉化石の急増現象がみられ、人為的な植生改変があったとしか考えられないという。

豆類とヒエは穀物の一種であり、クリもまた縄文人の食料の重要品目である。研究を先導する小畑弘己は、ダイズ・アズキの栽培が中期の中部地方や後期の西日本の人口増大につながる食料生産の基礎になったと評価し、狩猟採集民に代えて「狩猟栽培民」と呼んではどうかと提案している（小畑 2016）。青森県三内丸山遺跡の植生史研究では、縄文人が集落周辺でクリ林を管理していたほか有用な植物を集めて利用していた実態が復元された。遺跡周辺の生態系が人為的に改変され人間の生活に有利なものに作り変えられていた可能性があり、辻誠一郎はこうした人間と自然の関係性を「人為生態系」と呼ぶ（辻 2002）。縄文人の生存戦略は自然の動植物をただ採取するだけの単純なものではなく、深い生態学的知識をもって資源を巧みに管理していたことが明らかとなってきた。

イノシシ飼育の問題

1980年代から争点となっていたイノシシの飼育化についても、動物考古学からの研究が進められている。飼育化による骨の形態変化、人間による飼養の結果起こる歯槽膿漏その他の病変、本来イノシシの分布しない島嶼部や北海道での出土例、イノシシの埋葬例などが飼育説の根拠とされ、検証作業がつづけられている（松井

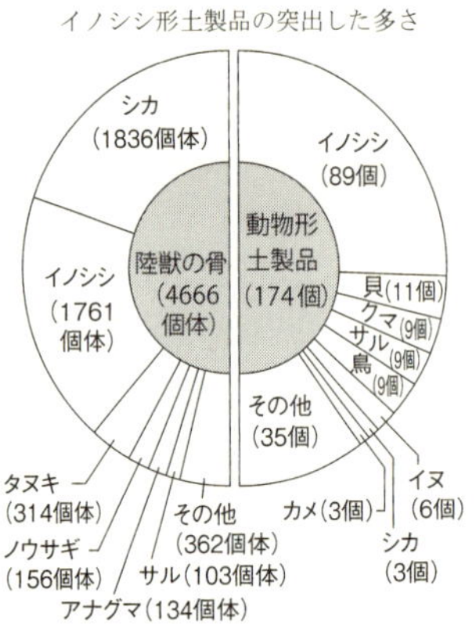

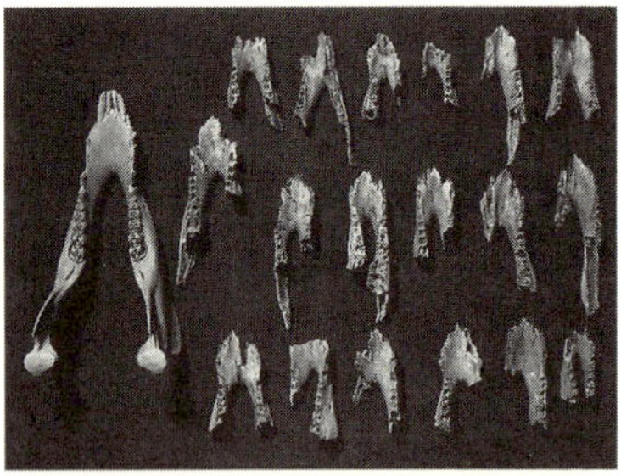
山梨県金生遺跡８号土壙出土のイノシシ下顎骨
（左は現生標本）

イノシシ形土製品（青森県十腰内遺跡出土）

図14　イノシシ飼育化の可能性

2005、山崎 2010）。最近では、遺跡出土イノシシの歯の咬耗度や歯石などからも、人間の与える餌による飼養が論じられている。

山梨県金生《きんせい》遺跡（後晩期）の発掘調査でイノシシ飼育を強く示唆する興味深い発見があった。一つの穴の中からイノシシの下顎骨が138個体出土した事例であるが、そのうちの115個体はその年に生まれた幼獣であることが歯の萌出状態から確認された（図14）。イノシシの幼獣を一時的に飼育し、祭儀などの特別な機会に屠殺した状況がうかがえる。また、縄文時代の動物形土製品にはイノシシを表現するものが圧倒的に多い（図14）。それとは対照的にニホンジカは主要な狩猟対象でありながら土製品に表現されることは少なく、イノシシだけが突出して多いのである（設楽 2014）。こうした事実からも、縄文人がイノシシを特別視していたことが読み取れる。

縄文人にとってイノシシは特別な動物であり、集落での飼育がおこなわれた可能性もある。しかし、そうした動物利用が、繁殖や品種改良を伴った家畜化にどれだけ近づいていたのかは現時点では判断できない。動物考古学からの追究は今後も続く。

4．人骨からわかること

縄文人骨の形態と系統

縄文時代人骨の出土例は膨大な数に達している。縄文時代には貝塚や岩陰に遺体を埋葬する習俗があり、貝殻の石灰分や人為的な灰層が人骨を保護しているからである。

縄文人の体つきや顔つきの特徴は出土人骨の形態から推定できる。大森貝塚を発掘したモースは、脛骨《けいこつ》の断面形が扁平な特徴に注目し報告書に記載している。四肢骨の断面形が偏平なのは腕や脚の筋肉が発達していた証拠である。人類学・解剖学者の小金井良精は縄文人とアイヌの骨の形態的類似を明らかにし、石器時代人アイヌ説を主張した（小金井 1904）。これに対して、医学・考古学者の清野謙次は、自らが発掘した岡山県津雲《つくも》貝塚の縄文人骨とアイヌ人骨との形態比較からアイヌ説を否定し、現代日本人とアイヌの共通の祖先となった原日本人がいたと主張した（清野 1928）。

人骨の形態から復元される縄文人の顔つき・体つきは、朝鮮半島から稲作農耕をもたらした渡来系弥生人とは異なっている。毛抜きのように噛み合う前歯（鉗子状咬合《かんしじょうこうごう》）、エラの張った顔面、四角い眼窩《がんか》、くぼんだ鼻根と突出した鼻骨、比較的長い脛骨と橈骨《とうこつ》、低い身長などが、縄文人の目立った特徴となっている（図15）。現代日本人の最多数を占める本土日本人（和人）にはこうした形態は稀だが、日本列島の北端と南端に位置する北海道アイヌと琉球列島の人

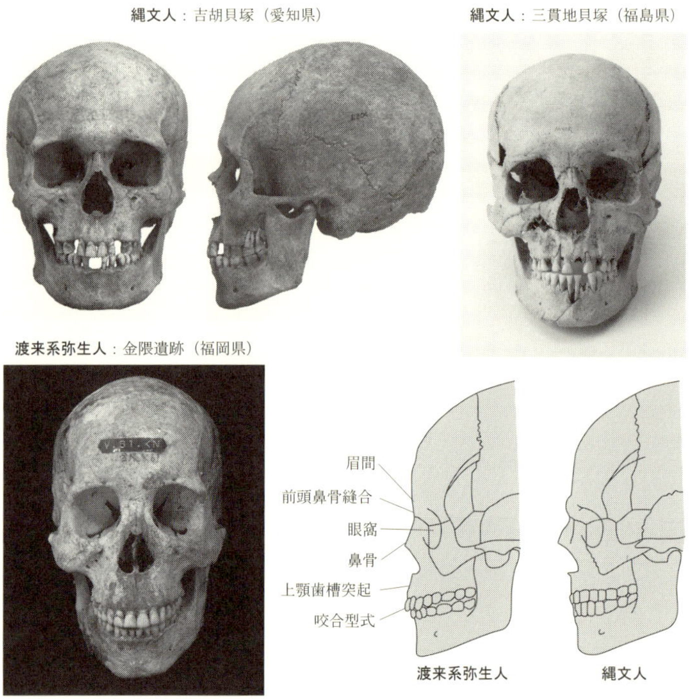

図 15　縄文人と弥生人の頭骨形態

びとは縄文人の形態的特徴を比較的よく残していることが指摘されている。弥生文化を受容せず漁撈狩猟採集の生活が継続した地域では、渡来系の人びとの移住や婚姻による混血が少なかったために、縄文人の遺伝子がより濃く受け継がれたと考えられる。渡来系の形態がまさる本土日本人と縄文系の強いアイヌ・琉球人とのちがいは、日本人が単一系統ではないことを示している。人類学者の埴原《はにはら》和郎《かずろう》は、これを日本人の「二重構造」と称した（埴原 1995）。

二重構造論では、縄文人はスンダランド（現在のマレー半島・フィリピン・スンダ列島を含む東南アジアの旧大陸）から拡散した南方系の集団と考えられた。しかし、その後に進められた縄文人骨のミトコンドリアDNA分析では、多様なハプログループが含まれ地域差もあることが把握されている。集団遺伝学的には単純に南方系とはいえない多様性をもつのである。また、ミトコンドリアDNA分析を応用して現代日本人と縄文人との系統的な関係も検討されている。篠田謙一は、アジアの近隣地域にほとんど分布しないM7aとN9bという二つのハプログループが現代日本人の中に一定量みられることに注目し、それらが縄文人から伝えられたと推定している（篠田 2008）。

日本列島にホモ・サピエンスが登場したのは後期旧石器時代の初頭、約４万年前にさかのぼるが、人骨からも石器からも渡来のルートを特定するには至っていない。また、後期旧石器時代に列島内にいた集団が縄文人の直系祖先となったのかどうかも不明である。また、縄文文化の地域性を考慮すると、地域集団の系統差についても検討の余地がある。縄文人の頭骨形態から列島内の集団差を検討した近藤修によると、北海道から九州にかけての地理的勾配が認められ、比較的均質な形態を共有しながらも地域差が認められるという（近藤修 2018）。縄文人の起源・系統やその後の集団形成が単純ではなかった可能性を示唆するものである。

こうした問題を解明するためには、旧石器時代人と初期縄文人の人骨資料が不可欠だが、発掘資料は不足している。縄文人の起源と系統を解明するにはまだ時間がかかりそうである。

血縁関係と家族構成

複数の遺体を同時に埋葬した合葬例や、複数の遺体を竪穴住居跡に遺棄した廃屋葬は、個体間の血縁関係や家族構成復元に役立つ。

岩手県上里《うわさと》遺跡（中期）では、円形の大型土壙に７体の遺体を放射状に並べて丁寧に埋葬した例が見つかっている。出土人骨の分析をおこなった埴原和郎らは、臼歯の歯冠形態の類似から７体には血縁関係があり、死亡時の推定年齢からみて一組の夫婦とその子供たちの可能性が高いと推定している（埴原ほか 1983）。なんらかの原因で相次いで死亡したという前提で考えると、核家族が想定できる。ただし、これが一家族の全員であったかどうかは確認できない。

千葉県姥山《うばやま》貝塚のＢ９号住居跡（中期後半）に残された５体の人骨は、同時死亡を思わせる特異な出土状況から、家族構成や婚姻形態をめぐってさまざまな議論が交わされてきた有名な資料である。５体の血縁関係を前提として単婚説や複婚説が提起されているが、各個体の死亡年齢も不確実で真相は不明であった。近年、歯冠形態や頭骨形態の類似度にもとづく再検討が試みられ、各個体間にやはり血縁関係が推定されるという研究成果が報じられた（佐宗・諏訪 2012）。

古人骨の研究法は急速に深化しており、系統や地域差を検討することも不可能ではなくなってきた。歯のエナメル質に蓄積されたストロンチウムを用いた同位体分析により個体の出身地を推定する研究が注目されている（日下 2018）。歯のエナメル質に蓄積されたストロンチウムの同位体比（^{87}Sr／^{86}Sr）は、永久歯が萌出する子供の時期に生活していた地域の地質に関係していることが知られ、これを個人の出身地の推定に用いる方法である。出身地のちがいが識別できるのは地域ごとの地質学的な相違が明確な場合に限られるが、個人の出身地の推定が可能となれば、婚姻圏や集団移住のような、これまで実証のむずかしかった問題を解明できる可能性がある。縄文時代の婚姻制度については、春成秀爾が抜歯の研究から導いた仮説が有名であるが（春成 1979・2002）、その検証を含めて研究進展に期待がかかる。

DNA 分析と食性分析

縄文人骨に残る DNA やコラーゲンの分析も精度が高まってき

た。ミトコンドリアDNAは、前述した系統論のほかにも、母系血縁関係や遺伝学的な変異の検討に応用されている。約100体分もの人骨が出土した茨城県中妻貝塚の多遺体埋葬土坑の研究では、分析対象とされた個体の半数近くに母系の血縁関係が推定され、母系出自の優越を示唆する結果が得られている（篠田ほか 1998）。

これまではミトコンドリアDNAの特定領域にみられる塩基配列の部分的な変異を比較する方法であったが、保存状態のよい人骨ではミトコンドリアDNAの16,569塩基の全長配列を読み解くことが技術的に可能となった。縄文人の系統や地域性の検討、出土人骨群の血縁関係も、より高い精度で推定することが可能となる。

世界の先史学では、古人骨に残る核DNAの解読に成功した研究もある。細胞内に数百あるミトコンドリアの遺伝子にくらべて細胞核の遺伝子を古人骨から抽出することは格段に困難であるが、挑戦したい課題である。ヒトの核ゲノムの解読ができれば、縄文人の系統や遺伝的多様性、皮膚や髪の特徴、かかりやすい病気、現代日本人との比較など、さまざまなことが解明できる。夢のふくらむ研究である。

人骨から抽出したコラーゲンの炭素・窒素安定同位体比（^{13}C・^{15}N）を分析することにより、その人が食事を通して摂取した栄養素のうちタンパク質をどのような食料から得ていたのかを推定することができる（南川 2001）。古食性の研究をリードする米田穣は、日本各地の縄文人骨の炭素・窒素同位体分析を進めており、個々の縄文人集団の食性を調べ、集団や環境による傾向のちがいを明らかにしている（図16、米田 2010）。古食性の復元を通して先史人類の文化や進化を考える、同位体生態学という新たな研究分野が開拓されているのである。

出土人骨の齲歯《うし》率（全歯に占める虫歯の割合）も食性を推定する情報源となる。縄文人の齲歯率は狩猟採集民としては高く、本州の

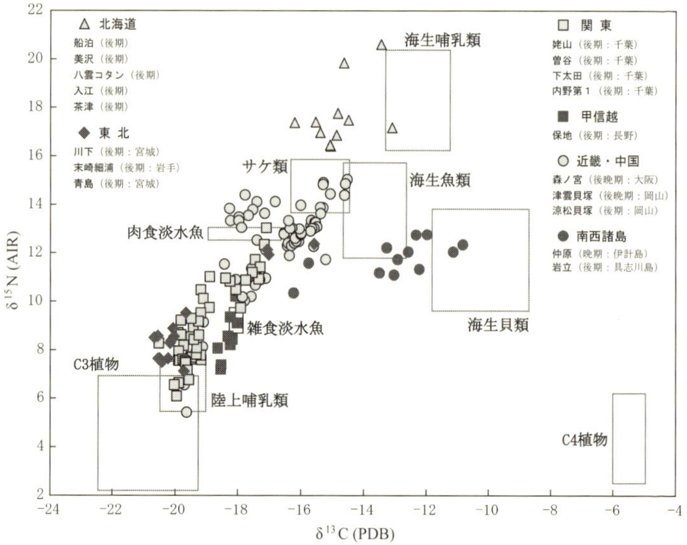

図 16　炭素・窒素安定同位体分析からみた縄文人の食性

集団では10％を超える場合も知られている。佐原真は、狩猟採集民の平均1.7％、農耕・狩猟採集半々の民族の平均4.4％にくらべて著しく高率であることを挙げ、虫歯の原因となる糖質（炭水化物）を含む植物性食料の摂取量が多かった証拠と解している（佐原 1987）。ただし、北海道の縄文人集団は本州の集団にくらべて齲歯率が低く、海産の魚貝類や海獣類への依存度が高かったと推定されている（大島 2008）。

病気と闘争

骨の形態には生前に罹患した病気の痕跡が残ることがある。このような骨の病変を通して、その人の生前の健康状態や労働環境を推測することができる。北海道入江貝塚（後期）では、手足の骨が正常に成長していない青年期の男性人骨が発掘されている（図17）。

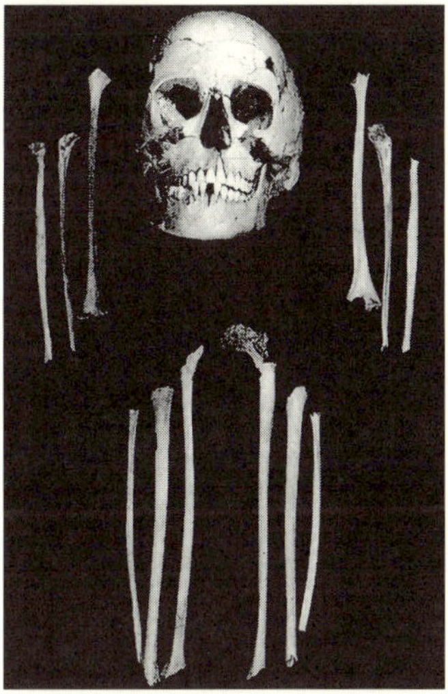
図 17　四肢に障がいのある事例
（北海道入江貝塚９号人骨）

大腿骨や上腕骨でさえ幼児骨のように華奢で、筋の萎縮もはなはだしいことからみて、この人はおそらく寝たきりの生涯であった。古病理学的な所見を述べた鈴木隆雄は、幼児期にポリオウイルスに感染した後遺症で手足が麻痺したものと推定している（鈴木隆 1995）。いわゆる小児麻痺である。重い障害を負ったこの人が青年期まで生存できたのは、周囲の人びとによる介護があったからにほかならない。

長野県北村遺跡（後期）では300体を超える埋葬人骨が出土して注目を集めたが、多くの個体の永久歯にエナメル質の形成不全があり、つるつるであるはずの歯の表面に線状の凹凸が生じていた。成長期の栄養失調やストレスが原因に考えられるという。食料の確保はできても栄養バランスが悪く、健康に影響が出るほどであったのかもしれない。

また、病変以外に殺傷痕を留める人骨もあり、縄文時代にも時には闘争や殺人があったことを暗示している。愛媛県上黒岩岩陰遺跡（早期）では骨製の槍が突き刺さったヒトの寛骨が出土しており、即死と推定されている。大分県枌《へぎ》洞穴の後期層から見つかった成人男性４体の合葬例は、胸部の骨に石鏃が刺さり、土壙内からも先端の欠けた石鏃が複数出土した状況から、戦闘で死んだ勇者の埋葬と想定されている。愛知県保美貝塚出土の叉状研歯《さじょうけんし》のある壮年男性（晩期）は、頭蓋骨に石斧で攻撃されたと思われる穴が複数ある（図18）。このような殺傷痕人骨を検討した鈴木隆雄は、縄文社会にはきびしく緊張した一面があったと推論している（鈴木隆 2014）。社会的緊張の増大はリーダーの役割を大きくし社会階層化の一因ともなる。出土人骨に残る殺傷痕の分析から、こうした問題に接近することができる。

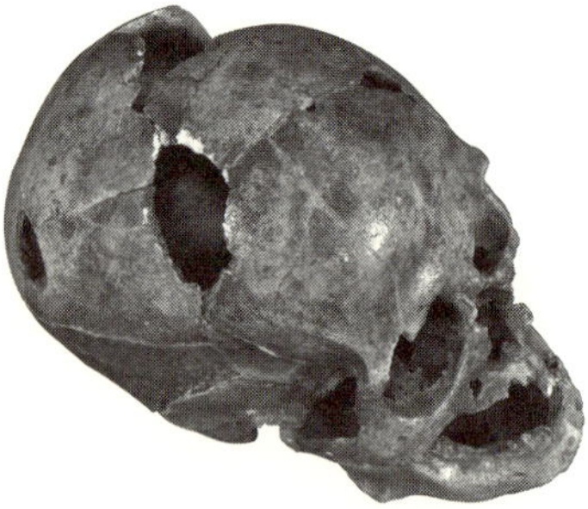

図 18　殺傷痕のある縄文人骨
（愛知県保美貝塚 7 号人骨）

5．広がる情報源

食の復元

縄文土器の内面に付着した炭化物は、年代測定だけでなく調理物や調理法の推定に役立つ。また土器の胎土に残留する脂肪酸などの脂質の分析も、食生活の復元に有効である。土器胎土から抽出した脂質に含まれる有機化合物の種類を、ガスクロマトグラフィーで解析するもので、最近では、福井県鳥浜貝塚出土の草創期の土器が魚類の調理に用いられていたという研究成果が注目を集めた。

さまざまな生活廃棄物が堆積する貝塚も、食生活や生業活動の復元に役立つ重要な情報源である。ハマグリ・アサリ・ヤマトシジミなどの二枚貝の貝殻に残る成長線の分析は、採取された季節の推定を可能とし、縄文人の生業活動とその年間スケジュールの復元に貢献してきた（小池 1983）。最近では、ミクロな証拠にもとづく研究がさらに広がりを見せている。縄文時代の製塩技術の復元に取り組む阿部芳郎は、製塩土器に残る付着物の中に海草付着性のウズマキゴカイの遺体を確認し、海草を焼いて得た灰を土器に入れて加熱しそこに海水を注入して塩の結晶を得る技術があったと推定した（阿部芳 2016）。これが縄文時代の「藻塩焼き」だという。

ネアンデルタール人の歯に残る歯石の分析から食生活の内容が復元されたというニュースが話題となったが、日本でもヒトやイノシシの歯に付着した歯石の分析が始まっている。歯石内に残った食べカスの種類や口内細菌の種類をDNA分析によって突き止め、食生活の傾向を復元する手がかりにしようとする新たな試みである。

生活環境の復元

遺跡を取り巻いていた古環境を調べる方法として、土壌中の花粉分析や珪藻《けいそう》分析が広く応用されている。花粉分析は古植生や古気候の復元に有効で、環境史研究の重要な研究法となっている。ただし、風や水流によって花粉が遠方からも運ばれてくることや、年代を限定しにくい点に注意が必要である。珪藻は淡水・海水に生じる単細胞の藻類で、種の同定によって水質環境の復元に役立つ。

貝塚に堆積する貝類の中には、食用として獲られたもの以外に、1mmにも満たないような微小な巻貝類が含まれていることがある。貝塚出土の貝類を研究する黒住耐二は、ゴマガイやミジンヤマタニシといった陸産の微小巻貝類を調べることで、近くに林が広がっていたかどうか、どの程度の明るさや開放性があったのかなど、遺跡の古環境や景観を具体的に推定できることを示している(黒住 2009)。

遺跡の土壌には花粉化石や珪藻化石以外にもさまざまな情報が含まれている。東日本や九州に多く分布する黒色の表土「クロボク」は、テフラ起源の無機質母材に生物起源の腐植質が混合して形成されたものと考えられていた。しかし、クロボクに含まれる微粒炭から人為的な火入れがおこなわれた可能性があるという新説が発表されて、注目が集まっている（山野井 2015)。この説を提起した地質学者の山野井徹は、日本列島の表土の約2割を占めるクロボクが、縄文人による山焼きによって生成された人為土壌であったと考えている。青森県三内丸山遺跡における人為生態系について前述したが、生態系を育む土壌そのものも人為的に生成・改良されていた可能性が出てきた。ワラビやゼンマイなどの山菜を目当てにした山焼きなのか、それとも焼畑のような農耕がおこなわれたのか、研究の行方を注視したい。

土器を製作しているときに偶然そこにいた昆虫が混ざり込み、圧痕となって残っている例がある。小畑弘己は、コメに付く代表的な害虫コクゾウムシの圧痕を徹底的に調べ、多くの実例を確認している（小畑 2016）。コクゾウムシは穀物にかぎらずドングリ類にも付くことがあるので、必ずしもコメの栽培・貯蔵を裏付けるものとならないという。東京都藤の台遺跡では、縄文早期後半の土器の断面に昆虫の圧痕が見出され、カツオブシムシと判明した。この虫は生物遺骸などを好む雑食性の甲虫で、生物標本の大敵としても知られている。動物骨などの食料廃棄物が近くにある、あまり清潔でない場所で土器が作られた状況や、その製作時期がカツオブシムシの成虫の活動する季節であったことを、間接的に示すものである。

この章で紹介した研究法はほとんど自然科学の手法を応用したものであり、考古学と自然科学が連携したこうした研究領域を「考古科学」ともいう。土器や石器などの人工物を研究対象とするのがオーソドックスな考古学であると考える人の中には、これらは考古学そのものではなく周辺科学だという意見があるかもしれない。しかし、先史考古学が非常に限られた資料と情報で過去を研究せざるをえない点を考えれば、自然科学的な手法を積極的に応用して新たな証拠をかき集めていく必要があることは論をまたない。考古学者の役割は、研究目標を設定し、さまざまな分析法を応用して目標に近づくためのリサーチ・デザインを描くことである。

第3章　縄文時代の日本列島と生態系

縄文人の生活は自然の食料資源に大きく依存するものであった。エゴマやマメ類など、いくつかの作物の栽培技術があったのは事実だが、狩猟・漁撈・採集が生業の基本であった。縄文時代の日本列島の自然環境や生態系について正確に知らなければ、縄文人の生活は復元できない。また、縄文時代の自然環境は年代の経過とともにダイナミックに変動しており、それが縄文人の生活文化にどのような作用を及ぼしたのかという視点も必要である。

この章では、縄文人の生活文化の背景となった自然環境について概説する。人間生活と関わりの深い諸要素を取り上げ、縄文人と自然との関係について考えてみる。

1．気候変動とその影響

更新世から完新世への気候変動

地球温暖化の問題が深刻化するなかで、過去数十万年間の気候変動を克明に調べ、そのメカニズムを解明しようとする研究が地球科学の諸分野で進められている。南極やグリーンランドでの大陸氷床のボーリング調査や、深海堆積物のボーリング調査を通して、過去の気温変動を一年単位で調べることもできるようになった。日本列島での調査研究でも、過去数万年間の環境変化に関するデータが蓄積されており、環境変化と先史時代の文化変化の関係にも注目が集まっている。

旧石器時代から縄文時代への生活文化の大転換が、更新世から完新世への環境変動に起因していたことは確実である。寒冷な最終氷期から温暖な後氷期への移行は世界各地で人間の生活を大きく改変させる要因となったが、中緯度に位置する日本列島も例外ではなかった。縄文文化の形成過程を知るには、更新世末から完新世にかけての日本列島の環境変化と、それに併行して起こったさまざまな文化的変化との関連性を調べる必要がある。

更新世末から完新世への気候変動については、花粉分析や氷河地形の研究にもとづく北欧の地質編年が20世紀の基礎的な枠組みとなっていたが、前述した研究動向とともに編年体系が刷新されてきた。新たな環境指標として広く利用されるようになったのが酸素同位体比による時期区分（アイソトープ・ステージ）である。グリーンランドや南極の大陸氷床を掘削したボーリング・コアによる研究では、氷層中の二酸化炭素濃度や酸素同位体比（^{18}O ／^{16}O）の分析にもとづいて過去約40万年間の気温変動が調べられている。最終氷期（約７万5000～１万5000年前）の間にも、数十年で約10℃も気温が上昇する劇的な温暖化の後、徐々に寒冷化するパターンが1500年ほどの周期で繰り返し起こっていた。ダンスガード／オシュガー・サイクルと呼ばれる周期的変動である。また、北大西洋などでの深海堆積物のボーリング調査でも、有孔虫化石の酸素同位体比や、氷山に由来する砕屑物層の分析などから、過去の気候変動が復元されている。

更新世末の晩氷期に急激な温暖化と寒冷気候の揺り戻しがおこったことは、北欧の花粉帯編年でも早くから知られ、温暖な「ベーリング期」「アレレード期」と寒冷な「新ドリアス期」が日本でもよく知られている。晩氷期の頃の日本列島では、土器の出現、弓矢の普及、竪穴住居の出現といった、縄文文化の胎動ともいうべき文化変化が次々と起こったが、こうした動きも晩氷期の激しい気候変動と密接に関連していたと推定される。ベーリング・アレレード期に相当する温暖期には、隆起線文土器が出現し列島各地で土器の使用が広がる兆候が現れ、竪穴住居を構えた集落跡も散見されるようになるが、新ドリアス期に相当する寒冷期になると土器使用量は低迷した（谷口 2011）。こうした文化的変化の要因を探る前提として、アイソトープ・ステージや気候変動イベントと考古学的変化の年代的な対比作業が進められている（工藤 2012）。

縄文時代の気候変動

後期旧石器時代には最終氷期の寒冷な気候がつづいていた。宮城県富沢遺跡で地下５mに埋没していた約２万年前の森林は、トウヒ・グイマツなどの針葉樹を主体とするもので、年間の平均気温は現在より７～８℃も低かったと推定されている。東京都内で見つかった江古田《えごた》泥炭層や野川中洲北遺跡の泥炭層でも、出土する木材はトウヒやチョウセンゴヨウなどの針葉樹が主体である。縄文時代の気候は旧石器時代のそれとは対照的であり、完新世への移行にともなって温暖化が進んだ。縄文海進によって東京低地の地下に堆積した有楽町層や千葉県館山市にある沼サンゴ層などは、温暖な完新世の気候を象徴する地層である。

約１万1700年前におこった急激な気温上昇が完新世の始まりとされる。約8600年前には地質編年でアトランティック期と呼ばれる温暖期を迎え、地球の気温が現在より２～３℃高く、海水準も急激に上昇して現在より３～５m高くなった。約8000年前から6000年前の2000年間は完新世の最温暖期であり、日本列島では縄文早期後半から前期に相当する（図19）。

しかし、完新世に移行した後にも比較的短期の寒冷化イベントが繰り返し起こっていた事実が明らかとなってきた。縄文早期以降少なくとも８回あり、とくに約8200年前と約4200年前のそれは地球規模で大きな環境変化を引き起こしたと考えられている。こうした急

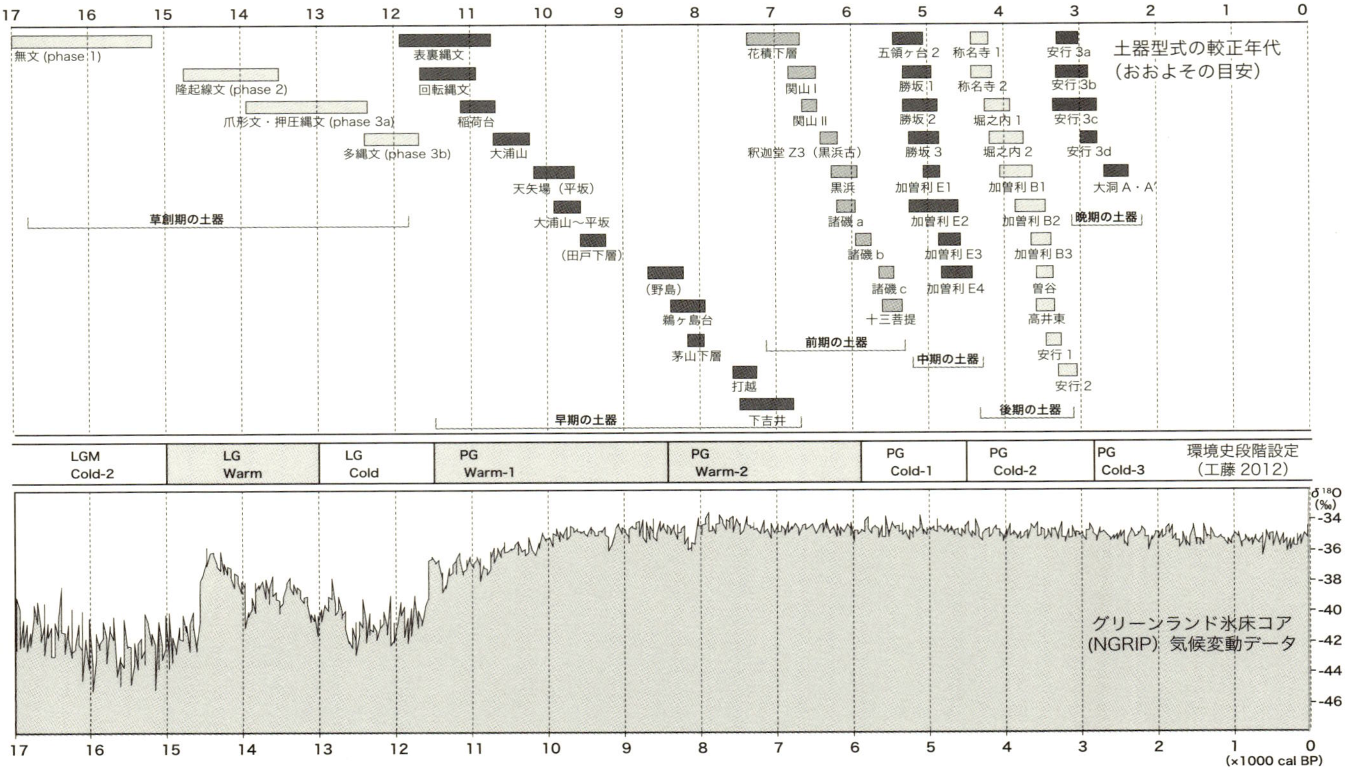

図 19　縄文時代の環境史と段階区分

激な気候変動に対して、縄文時代の地域集団がどのように適応したのかを具体的に検討しなければならない。安斎正人は草創期・早期後葉・中期の寒冷化イベントに対応した地域的な文化変化を検討し、数次にわたる気候変動が縄文文化の構造的変動を招く原因になっていたことを論じている（安斎 2014)。

気温の変動は、植生をはじめ地域の生態系を変容させるだけでなく、降水量や積雪量などの気象条件をも変化させるので、人間の生活が被る直接的・間接的な影響は想像以上に大きかっただろう。ササ属の植物珪酸体分析を進めた杉山真二によると、最大積雪量が50cmを超える地域に卓越するミヤコザサが、草創期から早期初頭の頃の日本海側で増加する現象がみられ、日本海側の多雪化がこの時期に開始していた可能性があるという（杉山 2000)。日本海側に豪雪が訪れた時期は、海水準上昇によって対馬暖流が日本海に流入するようになる前期と考えられていたが、完新世の初頭にすでに始まっていた可能性がある。多雪化は動物の行動や分布にも大きな影響を及ぼし、結果的に地域の生態系を変容させることになる。そうなれば縄文人自身の生業活動や行動パターンも、それに適応して変わらざるをえなくなる。

列島南部と北部の差

鹿児島県と宮崎県を中心とした九州南部では、草創期から早期にかけて独特な地域文化の興隆があった。草創期の隆帯文土器・爪形文土器、早期前半の貝殻文円筒土器・角筒土器など、独特な土器文化がその象徴である。土器や石皿・磨石類の出土量は同時期の他地域をはるかに凌ぐ。また、竪穴住居や煙道付き炉穴の発達など定住化の動きもみられる。鹿児島県種子島にある鬼ヶ野遺跡では、草創期の竪穴住居跡や集石土坑などとともに約1万4000点もの隆起線文土器・隆帯文土器が出土している。早期初頭の集落跡が発掘された

図20　先進的な南九州地域の早期縄文文化
（鹿児島県定塚遺跡出土）

鹿児島県定塚《じょうづか》遺跡では、竪穴住居跡97棟をはじめ炉穴（連結土坑）や集石遺構など大量の遺構・遺物が出土しており、定住度の強まりを如実に示している（図20）。列島内で最も温暖な風土が他の地域に先駆けて縄文化の動きを加速させていたものと推測される。

一方、列島北部の様相は対照的である。北海道における土器文化の定着は早期に入ってからのことであり、本州以南にくらべて数千年遅れる。草創期にさかのぼる土器の確実な出土例は今のところ帯広市大正３遺跡など数カ所に留まっており、無土器の時代が長らくつづいた。北海道で土器使用が広がるのは早期前葉の暁《あかつき》式土器や早期中葉の住吉町式土器の頃であり、完新世に移行して以後のことである。寒冷な自然環境に適応した生態的な地域特性と考えられる。北海道に縄文草創期という時代の枠組みを適用できるかどうかも疑問である。

日本列島は南北に長く連なっているため、北部と南部では気候や自然環境が大きく異なる。縄文時代の始まる頃には、その風土のちがいが地域文化の様相を大きく変容させる背景となっていた。縄文文化の成立過程を考えるためには、グローバルな気候変動だけでなく、ローカルな環境特性を調べる視点が大切である。

中期の寒冷化

縄文時代の環境史の段階区分をおこなった工藤雄一郎によると、早期初頭から前期後半までが温暖期（PG Warm１・２）、前期末以降、中期・後期・晩期が寒冷期（PG Cold１・２・３）にあたる（図19、工藤 2012）。最温暖期に海進が最高レベルに達した前期の関東地方では、貝塚の形成が活発化して集落遺跡の数と規模も著しく増大した。しかし、前期末を境に貝塚文化は霞ケ浦沿岸などに縮小し、中期になると中部高地や関東西部の丘陵地帯を中心に、前期とは様相の異なる内陸性の文化が開化した。温暖期から寒冷期への気候の推移とこうした文化的変化がどのように関連していたのかが知りたいところである。

中期は縄文文化の様相にさまざまな変化が生じた変動期である。図21のグラフは、千葉県の東京湾沿岸（上段）、長野県の八ヶ岳西南麓（中段）、青森県八戸市域および宮城県域（下段）において、縄文時代の遺跡数と集落数の年代的変遷を調べたものである。地域ごとにちがいも見られるが、早期・前期から増加してきた遺跡数が中期にピークを迎えたことがはっきり表れている。集落数の増大がとくに顕著である。

東日本一帯ではこの例のごとく集落遺跡の飛躍的な増大が見られ、集落規模の拡大も著しい。第６章で取り上げる拠点的な環状集

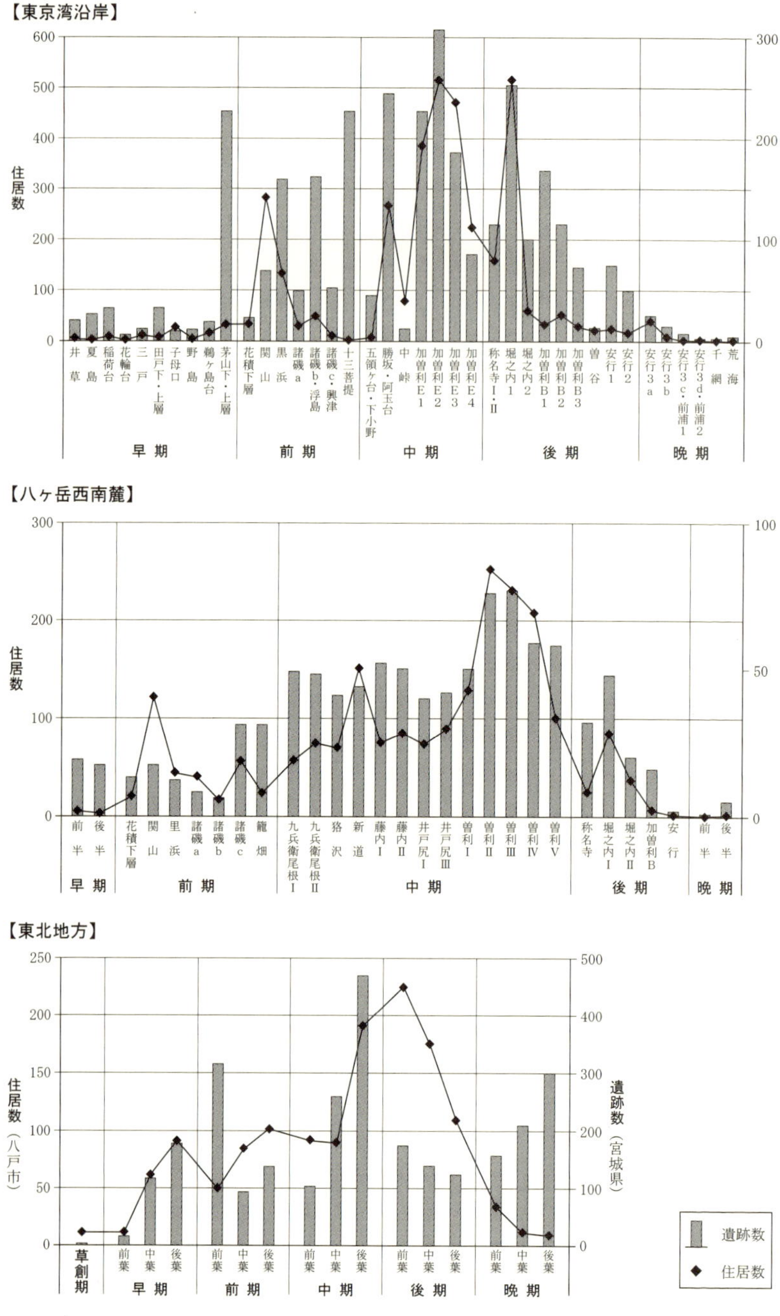

図21　縄文時代遺跡数の年代的推移

落も中期に著しく発展したことが知られている。地域人口の増大をともなった社会的・文化的な昂揚がその背景となったことは確実である。また勝坂式土器や火焔型土器のような個性的な土器群が各地に出現し、地域性を強めた。さらに、土偶や大形石棒のような宗教的遺物の発達も注目され、精神文化の面にも昂揚が認められる。中期に現れたこれらの諸現象は、前期の海進期に先行して開化した貝塚文化に代わって、内陸性の文化が発達し最盛期を迎えたことを示している。

ところが、中期末になると内陸地帯の中期縄文文化が急激に衰退する事態が起こった。関東西部と中部高地では拠点的集落の継続性が失われ、小規模な集落への分散化が生じた。中期末から後期初頭にかけての集落遺跡の急激な凋落《ちょうらく》は、中期縄文文化の繁栄が久しかった八ヶ岳西南麓でも顕著に現れている。また、土器や土偶の造形も退嬰《たいえい》的なものとなる。中部・関東地方の内陸部にこれほどの社会的・文化的な変動をもたらした原因について、気候の寒冷化や富士山の火山活動が一因と推測されている。ただし、凋落が顕著な中部・関東地方に対して、東北地方にはそれほど急激な落ち込みは認められない。

中期までに東日本地域で発達したさまざまな文化要素が後期以降に西日本に流伝していく動きがある（佐原 1987）。磨消《すりけし》縄文・注口土器・打製石斧・土偶・石剣類・異形勾玉などがその例である。最近の研究ではダイズ・アズキの栽培技術が伝えられた可能性も指摘されている（小畑 2011）。中期の中部地方で繁栄した内陸性の文化が気候のさらなる寒冷化によって持続性と安定性を失い、人口密度の高い地域で社会的動揺が起こったことが、他地域への移住や文化的波及を引き起こす原因となった可能性が考えられる。こうした問題を追究していくためにも、寒冷化の実態を正確に知り、社会的変動との関連性を解明していく必要がある。

2. 海洋環境と貝塚

貝塚文化の成立

縄文時代に貝塚が数多く残されたことは周知の事実である。貝塚に象徴される漁撈文化の発達は、縄文文化の顕著な一側面となっており、それを「貝塚文化」ともいう（杉原・戸沢 1971）。貝塚遺跡がとくに集中しているのは、東京湾沿岸、霞ケ浦沿岸、内浦湾沿岸、三陸沿岸、瀬戸内海沿岸、有明海沿岸などであり、太平洋側により多く分布する傾向がある。堀越正行の集計によると、縄文時代の貝塚は2688カ所にも上り、なかでも東京湾沿岸・霞ケ浦沿岸を含む関東地方に1659カ所、全体の約62%が集中している（堀越 2018）。時期別では前期・中期に増加し、後期が最盛期となっている（西野雅 2004）。縄文時代の貝塚遺跡群は、その分布密度からみても、堆積物の規模からみても、世界の先史時代の中でも屈指の内容を誇る。中期から後期にかけて直径約140mの環状貝塚（北貝塚）と長径約190mの馬蹄形貝塚（南貝塚）が連接して形成された千葉市加曽利貝塚（国特別史跡）は、貝塚文化を象徴する代表的な事例である。東京都中里貝塚では縄文中期の海岸線に沿って厚さ約5mの最大規模の貝塚が形成されており、その延長は約800mとも推定されている。

貝塚文化の発展は、更新世末から完新世への海洋環境の変化によって誘引されたものである。ヨーロッパのスカンジナビア氷床や北米のローレンタイド氷床などの大陸氷河が最大化した最終氷期の極相期（約2万5000～1万8000年前）には、海水準が120m程度低下していた。更新世末の晩氷期から完新世初頭になると温暖化によって氷河が後退し、世界全体の海水準が上昇に転じた。日本列島では、対馬海峡・朝鮮海峡が拡大して大陸から隔絶されるととも

図22　出現期の貝塚（千葉県取掛西貝塚）

に、かつての沿岸低地に海水が浸入して東京湾や瀬戸内海のような大きな内湾や内海が形成されるに至った。また、こうした氷河性海面変動による地理的変化に加え、日本近海の海流や海況が変化したことにより、海洋生態系も大きく変化することとなった。こうした海洋環境の変化に誘われるように漁撈活動が活発となり、貝塚文化が発達することになったのである。

貝塚の形成が始まるのは早期初頭である。神奈川県夏島貝塚・千葉県取掛西貝塚・千葉県西之城《にしのじょう》貝塚などが初期の貝塚遺跡として知られている。その当時の海水準は現在よりも40m近く低かったと推定されているが、海水温は現在よりも高かった。夏島貝塚第一貝層でマガキとともに多数を占めるハイガイは、東南アジアなどに生息する暖海性の種であり、現在の東京湾ではみられない貝である。暖流の影響で海水温がかなり高かったことを示している。取掛西貝塚（図22）から出土した魚骨は、タイ・ボラ・イワシ・アイナメ・カサゴ・スズキ・カレイ・ヒラメ・コチ・マグロ・コイ・フナ・ウグイなど、非常に多様な種を含んでいる。魚の生態と最適な漁法を熟知していなければ、これだけ多様な魚種を獲得することはできないであろう。初期の貝塚文化がすでに新たな海洋環境に深く適応する技術水準に達していたことを如実に物語る。

早期初頭の貝塚は全国的にも少数しか知られていないが、当時の海岸レベルには多くの貝塚が埋没している可能性が高い。早期初頭の九州南部では、特徴的な貝殻文円筒土器・角筒土器をともなう地域文化が開化したが、それらの土器に付けられた貝殻文が活発な漁撈活動を間接的に示している。海底に眠る初期の貝塚の水中考古学調査が将来の課題となる。

縄文海進と海洋生態系

縄文海進とは、気候温暖化とともに縄文早期に急速に進行した海水準上昇による海岸線の移動を指す。地質学では指標となる地層（有楽町層）の名称を冠して「有楽町海進」と称している。早期末から前期にかけて「縄文海進」がピークを迎えると、貝塚形成の動向はいっそう活発になり、貝塚文化が各地で開化した。関東平野では利根川水系や鬼怒川水系の低地に沿って海が大きく湾入し、複雑に入り組んだ巨大な内湾が出現した。現在の東京低地・中川低地から埼玉県幸手市付近まで入り込んだ奥東京湾や、霞ケ浦・北浦に名残をとどめる古鬼怒湾がそれである。その沿岸部には、埼玉県黒浜貝塚群や神奈川県古鶴見湾の貝塚群のような貝塚遺跡が各所に残されることとなった。図23は、前期・中期の頃の奥東京湾の古地理と主な貝塚の分布を示したものである。

播磨灘と備後灘が海域でつながり瀬戸内海が成立したのも縄文海進によるものである。瀬戸大橋がかけられた岡山県と香川県の間の島々には、その当時の貝塚が点在する。早期中頃の岡山県黄島貝塚では、貝層を構成する主な貝が、汽水域に棲むヤマトシジミから干

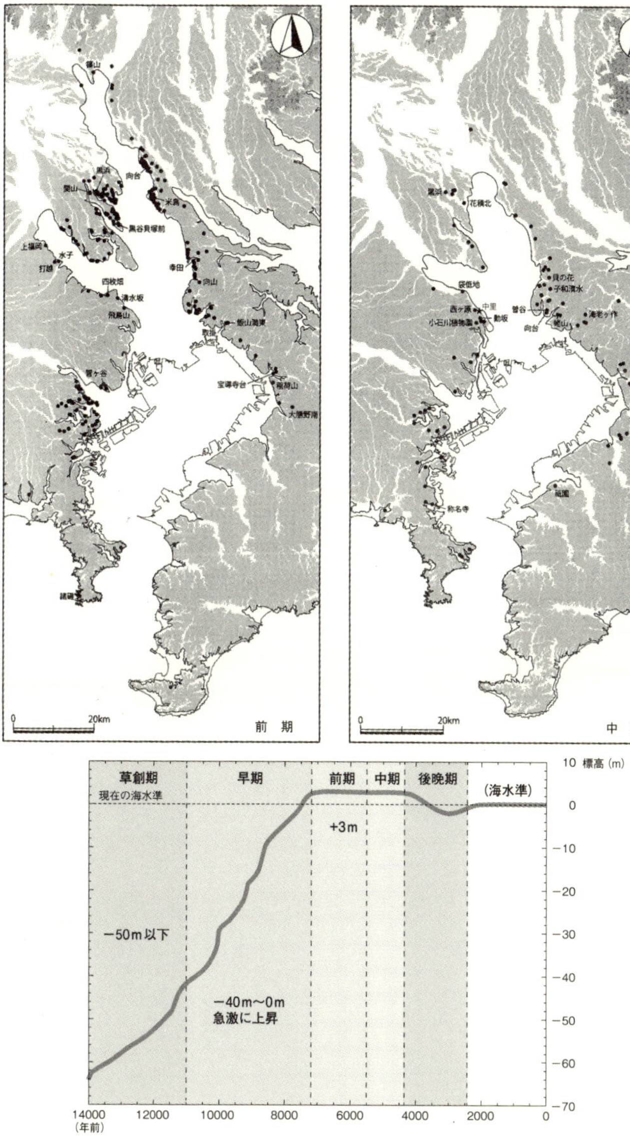

図 23　縄文海進と奥東京湾の古地理変遷

潟群集のハイガイ・マガキに遷り変わる様子が見られ、瀬戸内海成立前後の環境変化を示している。貝塚の活発な形成は、東北地方の陸奥湾・仙台湾や東海地方の伊勢湾沿岸などでも確認されている。

縄文海進は地球温暖化によって引き起こされた大陸氷河の融解を原因とする氷河性海面変動と一般的には説明されているが、海進・海退のメカニズムは単純ではないことがわかってきた。ユースタティック・ムーブメントと呼ばれる現象がその一つであり、海水量の増大による地殻表層への負荷が海岸や海底の地形を浮き沈みさせる作用を指す。また、海水準の変化は河川の運搬作用や海岸砂丘の形成などにも影響する。こうした複雑な要因を含めて、各地で海洋環境とその変化が調べられている。

考古学者が知りたいのは、人間生活と関係の深い海洋生態系の変化である。貝塚に残る魚類・貝類の種を調べることで、遺跡形成当時の古生態を推定復元することができる。海底堆積物のボーリング調査による有孔虫化石群集の分析も、海水温や海流についての情報を得るのに有効である。

貝塚出土の貝類を調査した松島義章は、暖流種の分布が縄文前期から後期にかけて北日本沿岸に伸張している事実を捉え、黒潮前線が現在よりもかなり北方にあったことを明らかにしている（松島 1984）。北海道内の貝塚からハマグリやシオフキが出土することがあるのも、黒潮の北上に関連した海況の変化を示す。また、列島各地の貝塚出土の魚類相を調べた樋泉岳二は、寒流域にある北海道と暖流域にある本州との生態学的な差を指摘している（樋泉 2014）。北海道ではニシンやホッケなど大魚群をなして回遊する種が主体であるために資源と漁の季節性が強いのに対して、本州沿岸の貝塚では魚種が多様で魚類相の季節的変動が不明瞭になるという。こうした生態的な地域差は、漁撈活動の季節性や労働編成にも大きなちがいを生み出していたにちがいない。

３．陸上生態系

植生史

陸上生態系の中でも縄文人ととくに関わり合いが深いのは植生である。堅果類・根茎類・山菜類をはじめとする植物食が縄文人の食料の中で大きな比重を占めているからである。

縄文時代の森林植生史に関する初期の重要な研究として、塚田松雄による花粉帯区分がある（塚田 1967）。中部高地の森林植生を晩氷期のＬ帯、後氷期のＲⅠ帯、ＲⅡ帯、ＲⅢａ帯、ＲⅢｂ帯に区分したもので、ＲⅠ帯に起こった落葉広葉樹林の拡大、つづくＲⅡ帯での針葉樹の急減が明確に捉えられた。考古学者の間では、温暖化が顕著なＲⅠ帯・ＲⅡ帯と、冷涼化が進んだＲⅢａ帯以後の植生変化が、中部高地における縄文文化の発展と衰退の原因になったのではないかとの観測が広がった。同じく、大阪府古市《ふるいち》湿原での花粉帯区分などから旧石器・縄文時代の日本列島の環境変遷を明らかにした安田喜憲の『環境考古学事始』も、考古学者の眼を環境史に向けさせる好著となった（安田 1980）。

現在は出土木材遺体にもとづいて森林植生史の復元が進められている。更新世末から完新世への移行期における主要な森林構成種の変化を調べた辻誠一郎の研究が総合的で参考になる（図24、辻 1997）。それによると、九州から関東にかけての列島南西部では、約１万年前以降にコナラ・クマシデ属・クリ・カシワを主体とする落葉広葉樹林が広がった後、約9000年前にはエノキ・ムクノキ・ケヤキを主体とする森林へと変化し、約8000年前にイヌマキ・シイノキ属・アカガシを主体とする照葉樹林が形成された。主要樹種の変遷は暖かさの指数の変化を表し、気候の温暖化・多雨化をはっきりと示している。中部地方から東北地方でも、チョウセンゴヨウとコ

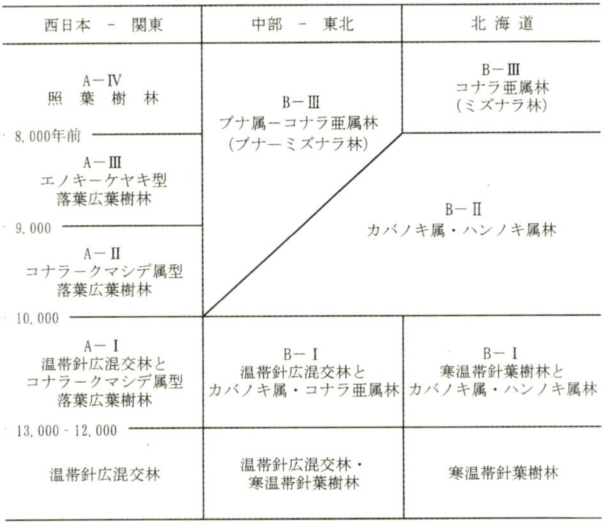

図 24　更新世末から完新世にかけての日本列島の植生変遷（辻 2009）

ナラ属を含む針広混交林から、カバノキ属・ハンノキ属などからなる落葉広葉樹林、そして現在の列島東北部に広がるブナ林と同様の、ブナ属とコナラ亜属を主体とするブナ・ミズナラ林へと変遷した。

落葉樹のコナラ・ミズナラ・カシワ・クリ、常緑樹のアカガシ・ツブラジイなど、ブナ科の樹木には種実が食用となるものが多い。これらの堅果類は澱粉質であり、脱殻とアク抜き処理をおこなえば主食として利用できる。堅果類を多産する温帯森林の発達は、縄文人の食生活の安定につながる重要な生態的条件となった。ブナに代表される落葉広葉樹林の広がる列島東部と、アカガシを代表とする常緑広葉樹林が広がる列島西部では、利用された堅果類の種類にも地域差があり、東日本ではコナラ亜属、西日本ではアカガシ亜属、九州ではシイノキ属・マテバシイ属が卓越することが遺跡出土例から明らかとなっている（吉川 2009）。

また、温帯森林の発達とともに、縄文人の木材利用技術も本格化した。遺跡出土の木材を研究している能城修一は、縄文前期にさまざまな用途に応じて最適な木材を利用する技術が確立したことを指摘する（能城 2009）。木材利用は自然木の伐採だけでなく、中国原産のウルシの植栽や、クリを中心とした二次林の管理など、より能動的な植生との関わりがすでに開始していたとされる。

後期・晩期になるとクリやドングリ類に加えてトチの実の食利用が盛んになる。種実が大きいとはいえ他の堅果類にくらべてアク抜きに手間のかかるトチが利用されるようになるのは、中期以降の気候の寒冷化による植生変化や海退による低湿地の形成が一因と考えられている。縄文時代の植物利用に詳しい佐々木由香は、縄文人の植物利用の幅と技術水準が高まったものと肯定的に評価する（佐々木由 2009）。トチの実の貯蔵と加工処理をおこなう水場遺構を低湿地に展開した埼玉県赤山陣屋遺跡・栃木県寺野東遺跡などに、後晩期のそうした植物利用の特徴を見ることができる。

動物相

縄文時代の日本列島における動物相は、オオヤマネコなど少数の絶滅種を除けば、現生のそれとほぼ同一である。山形県日向《ひなた》洞窟遺跡、愛媛県上黒岩《かみくろいわ》岩陰遺跡、長崎県泉福寺《せんぷくじ》洞穴遺跡など、草創期の洞窟・岩陰遺跡から出土した動物骨の種の組成を見ると、大部分がニホンジカ・イノシシなどの現生種であり、更新世最終氷期に生息したナウマンゾウ・ヤギュウなどの大型草食獣は含まれていない。早期までわずかに出土例のあるオオツノジカも、その頃に絶滅したと考えられている。更新世最終氷期の動物相を特徴づけていた大型哺乳類が絶滅したことにより、それらを狩猟対象とした後期旧石器時代の生存戦略は維持できなくなり、狩猟システムを改変せざるをえなかった。有舌尖頭器《ゆうぜつせんとうき》の出現・盛行につづき、弓矢の使用が草創

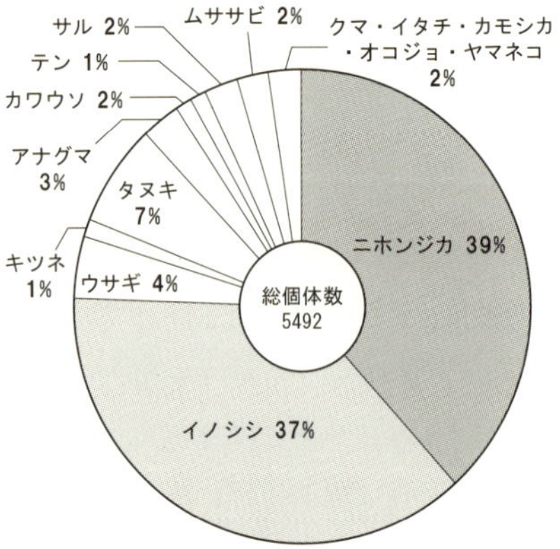

図 25　縄文時代の狩猟対象獣

期に一般化したことは、中小型の動物を狩猟対象としたことに対応する技術的適応であった。また、陥し穴猟の発達やイヌの飼育化なども狩猟法の変化を物語る。

縄文時代の遺跡から出土する動物遺体を種ごとに集計した西本豊弘と新美倫子によると、各地域・各時期を通じてニホンジカとイノシシの2種が約8割を占め、縄文人の主要な狩猟対象であった（西本 1991、新美 2010）。タヌキ・ノウサギ・アナグマ・サル・ムササビなどの小型獣もよく利用されているが、食料資源としても骨角器の素材獲得の面でもニホンジカとイノシシの重要度が最も高かった（図25）。

日本列島の動物相には地域性がある。本州と北海道の間の生物分布を分けるブラキストン線がよく知られているが、過去の生物分布はグローバルな気候変動とともに変動していたと推測される。森林植生の変化や日本海側の多雪化といった地域的な気候条件の変化によって、動物種の分布や資源量にも大きな影響が及んだことであろう。

縄文人の最も主要な狩猟対象であったニホンジカとイノシシは、積雪量が50cm を超えるところでは行動が阻害されて生存に適さないとされる。海水準上昇によって対馬海峡・朝鮮海峡が拡張し日本海に対馬暖流が流入するようになった早期以降、日本海側で多雪化が進行した。ニホンジカとイノシシの分布が制約された地域では、生業活動を再編成する必要が生じたはずである。東北北部や北海道では、Ｔピットと呼ばれる溝型の陥し穴を用いた罠猟が特徴的にみられ、ニホンジカの一種であるエゾシカを対象とした猟が想定されている（藤原 2013）。Ｔピットを用いた狩猟は中期末・後期初頭に最も盛行したが、こうした現象の背景にも気象変化にともなった生物分布そのものの変動が想定される。生物分布の地域性とその変遷を詳しく復元していくことが、動物考古学の検討課題となる。

４．地史と自然災害

地下深くに埋没した遺跡

遺跡の空間的分布は考古学の重要な情報であるが、現地表面に見える分布が真の分布とは限らない。地形の変遷や地層の形成過程など、地史に関する知識が必要になる。

信濃川水系の下流部に広がる越後平野の沖積地では、現地表面近くのレベルで遺跡が確認されるのは縄文前期以降であり、それ以前の遺跡が見つかることは稀である。新潟の地質を研究している卜部厚志の教示によると、信濃川の河口がある新潟市付近のボーリング調査では、旧石器時代末頃に噴出した浅間－草津火山灰（As-K）が地下約160m で確認された例がある。As-K が降下した約１万6000年前から縄文海進が最高潮となる約7000年前までに、信濃川の運搬作用による沖積層、海進期に形成された海成層、さらに海岸砂丘などが積み重なって、厚さ100m を超える地層が堆積し、地下深くに沈降してしまったのである。縄文早期以前の遺跡もまた地下深くに埋没していると考えなければならない。

こうした現象は越後平野だけに限ったことではない。多量の編籠などが出土して注目を集めた佐賀県東名《ひがしみょう》貝塚（早期後半）は、現在の水田面から約５～７ｍも深いレベルで見つかった低湿地性の遺跡である。愛知県知多半島にある先苅《まずかり》貝塚（早期中葉）も同様で、貝塚が残されたレベルは現海抜下約11mである。水深の浅い東京湾の底には更新世に刻み込まれた河川地形が残っており、当時の河岸段丘面には縄文早期以前の遺跡が多数埋没していると推定される。長野盆地の犀川流域にある屋代遺跡群では、縄文前期の遺物包含層が地表下約15mから発見されている。長年にわたる洪水堆積物に遺跡が厚く覆われて埋没した例である。平野部の沖積低地や海岸低地では、程度の差はあれ埋没によって真の遺跡分布が見えなくなっていることに注意が必要である。

地震と火山災害

太平洋プレートとユーラシアプレートとフィリピン海プレートが衝突する日本列島は、過去から現在まで自然災害のリスクが非常に大きい地域である。東日本大震災のような大地震と津波、そして天明３年の浅間山噴火のような火山災害が繰り返されてきたことが、遺跡調査からも明らかとなっている。縄文時代においても、そのような突発的な自然災害によってムラが埋没することがあった。大規模な火山噴火が引き起こす火砕流や火山泥流は、ときに大きな被害をもたらす。

九州には阿蘇カルデラや姶良《あいら》カルデラをはじめ巨大カルデラが列をなして位置し、火山活動を繰り返してきた。鹿児島県の大隅半島南方の海底にある鬼界《きかい》カルデラは、縄文早期末に大噴火を起こしたのであるが、このときの大爆発で噴出した大量の火山灰（アカホヤ）と火砕流は、九州南部の広大な地域を覆いつくし、同地域の縄文社会に壊滅的な被害をもたらした。大隅半島にある鹿児島県大中原遺跡は、標高約230m以上の丘陵上に立地するにもかかわらず、１mほどの厚さの火砕流堆積物に覆われていた。火砕流の猛烈な勢いで一方向になぎ倒された高木なども発掘されている（図26）。火砕流の及んだ半径100kmほどの範囲では、相当の人的被害が出

図 26　鬼界アカホヤテフラ（幸屋火砕流）になぎ倒された樹木
（鹿児島県大中原遺跡）

たことは想像に難くない。しかしながら、鬼界アカホヤ噴火による自然災害と社会への影響について検討した桒畑光博によると、噴火直後の南九州では森林や浅海の生態系が大きなダメージを受けたが、未曾有の自然災害を被りながらも九州各地の縄文社会がそれを克服し、再定住をはたして地域社会を再建するプロセスが辿れるという（桒畑 2016）。

青森・秋田県境に位置する十和田カルデラでも、縄文時代を通じて数度の大噴火が繰り返されており、その都度大量の火山灰や軽石が噴出して青森県東部を覆った。草創期の十和田八戸テフラ、早期の十和田南部テフラなどはとくに分厚く堆積しており、被害の大きさが推し測れる。十和田八戸火砕流の直下からは埋没した木材がよく出土し、噴火直前の森林の様子や寒冷な気候を正確に知る手かがりとなっている。

富士山の北東麓に広がる山梨県富士吉田市は、縄文中期・後期の頃に噴出した溶岩流の上に現在の市街地が載る。それ以前の時期の遺跡が確認できるのは溶岩流が及ばなかった山寄りの区域だけであり、多くが溶岩流の下敷きになったものと推定される。新富士火山の火山活動に関する最近の研究成果によると、活動が比較的静穏で腐植質の富士黒土層（FB）の土壌形成がつづいた約8000～5600年前に対して、約5600年前から約3500年前には様相が一変し、規模の大きな爆発的噴火が起こって溶岩や火砕流が噴出した。中期後半の頃にあたる約4800～4400年前には、火砕サージや火砕流が発生していたとされる。富士吉田市にある上中丸遺跡では、中期後半の曽利式期の竪穴住居跡が富士火山のテフラによって埋没し、その後さらに火砕流によって遺跡が埋没した状況が捉えられている。富士山の火山活動が中期後半頃に活発化していたことは、東京都多摩地域や神奈川県西部に堆積する赤色スコリアやローム質の新期テフラからも知られ、火山活動の影響は関東地方にも広く及んでいた可能性がある。

地震もときに甚大な被害をもたらす恐ろしい自然災害である。福島県段ノ原Ｂ遺跡の発掘調査では、縄文前期の集落跡から最大幅約６m、長さ約92mの地割れの跡が発見された。大地震の痕跡と推定される。地面を引き裂いたその割れ目からは縄文土器の破片などが多数出土しており、震災後に片付けられたものと推定されている。神奈川県矢頭《やがしら》遺跡などでも、地割れで分断された縄文前期後半の竪穴住居跡が見つかっている。

東日本大震災では東北地方から関東地方にかけての太平洋沿岸に津波による甚大な被害が生じた。津波もまた過去から繰り返されてきた自然災害であり、仙台平野など三陸沿岸の低地部の遺跡発掘調査では津波による堆積物も確認されている。宮城県・岩手県内の震災復興関連の遺跡発掘調査では、縄文時代の集落遺跡が津波の及ばない高台に立地する事実があらためて注目された。縄文人が津波や高波の怖さを認識し、高台移転を先取りする知恵をもっていたことを物語っている。

第4章　縄文人の生態

暮らしを支える生活技術には、物質的なものと知的なものとがある。前者は衣食住を支えるさまざまな道具や設備であり、遺物・遺構として残されているものも多い。しかし、生活の体系は道具や設備だけに支えられているのではなく、生業をはじめさまざまな活動を効率よく進め適切に処理する知的技術が必要である。

縄文人の生態を支える知的技術は、食料獲得に関わるものに限ってもじつにさまざまなものがある。動植物に関する生態学的知識、資源増殖につながる栽培や飼育の技術、多様な食材とその調理法、食料の保存法、生業活動のスケジュールの編成、季節の遷り変わりを知る暦の知識などが主なものである。本章ではそうした知的技術の面から縄文人の生態について考える。

1．資源利用方式

資源利用のバランス

縄文人の資源利用は、地域の環境特性によく適応し、自然の生態系を大きく損なうことなく持続可能な方式でおこなわれていた。狩猟・漁撈・採集による複合的な生業形態をもち、多種多様な動植物資源を組み合わせて利用する点に特長がある。縄文人が食料として利用した動植物はじつに多種多様である。縄文人の資源利用の巧みな点は、いくつかの種を集中的に獲得しつつ、一方でその他の多様な種を併用している点である。

動物を例にそのバランスの取り方をみると、イノシシとニホンジカの２種が最も重要な狩猟対象であったが、その他の多くの小動物も捕獲されている。縄文時代の狩猟対象獣を全国規模で調べた西本豊弘は、イノシシとニホンジカが全体の80％前後を占め最も重要な狩猟対象であったこと、残りの20％はタヌキ・ノウサギ・テンなどの多様な小動物が占めている実態を明らかにしている（西本1991）。特定種だけに過度に偏った狩猟は避け、資源が荒廃しないように自主規制をかけていたものと考えられる。

また、遺跡出土のニホンジカの年齢構成を調べた小池裕子は、縄文人口が増大した中期・後期には、早期・前期にくらべて若い個体の比率が増え、老齢個体が少なくなると指摘している（小池1992）。シカの年齢構成に影響が出るほど狩猟圧がかかり、個体数を維持できる持続収量の限界に近い状況だったのではないかと小池は推測している。千葉県貝ノ花貝塚出土のシカ・イノシシ骨を分析した林謙作は、四肢骨の部位別の出土数に不自然な偏りがあることを見出し、複数のムラが共同した組織的な集団狩猟と獲物の分配があったものと推定した（林 1980）。狩猟に関しては、個々のムラがテリトリーと資源を独占できるほどの余裕はなかったことが示唆されている。

集中と多様のバランスは貝塚出土の貝類からも読み取れる。貝塚出土の動物遺体をリストアップした酒詰仲男の『日本縄文石器時代食料総説』（酒詰 1961）によると、最も出土頻度の高い貝種はハマグリとマガキであり、アサリも上位を占める。これらは現代の私たちもよく食べる美味しい貝であり、縄文人がそれを好んだのも至極当然である。ところが、300以上の貝塚から出土した利用頻度の高い10種の中には、シオフキ・オオノガイ・ツメタガイなど、私たちの食卓には上らない種も含まれている。貝塚遺跡が密集する東京湾沿岸地域では、小型巻貝のイボキサゴもよく利用されている。これも縄文人が特定の種だけに偏った資源利用を避けていた証拠である。

植物食については、山菜やきのこのように遺体が残りにくいものが多いため正確な復元は困難である。知《ち》里《り》真《ま》志《し》保《ほ》によれば、アイヌが利用した有用植物は472種類、そのうち食用とされたものは120種類以上にも及ぶ（知里 1976）。利用頻度の高い常用の木の実・山菜類に限っても、その数は50〜60種類を下らない。更科源蔵は、種実が食用となる主な樹木22種類、食用の草本類46種を記載している（更科・更科 1976）。飲用・薬用とされた種類やきのこ・海草類をも含めれば、その数はさらにふくらむ。縄文時代の野生植物食の多様さも同等もしくはそれ以上と類推してもよかろう。

縄文里山—自然と人工の間—

「縄文里山」というのは、植生史学者の辻誠一郎が創り出した名辞である（辻 2002）。自然のままの植生と人工的に作られた田畑との間にある里山的な生態ゾーンを指す。日本の村落の生活は農耕生産の場である田畑だけに支えられていたわけではなく、燃料となる薪や山菜・木の実などの山の糧を得るための森林が必要であった。人間の生活に密着したこうした里山の生態系は自然そのものではなく、人間の必要に合わせて管理され改変されたものである。辻は、縄文時代に定住的生活が始まったことを契機として、集落の周囲に同様の人為生態系が作り出されていたと考察している。

第2章でも紹介したように、青森県三内丸山遺跡では集落造営が始まった前期後半以降に、土壌中のクリの花粉化石が急増する変化が起こっている。縄文人がクリの木を保護し、日当たりを好むクリに有利な生育環境を作り出すことにより、食料の安定供給や増産につながる植生改変をおこなっていた可能性が高い（辻・能城編 2006）。三内丸山遺跡からは、クリ以外にも食用となる木の実が数多く出土している。オニグルミ・エゾニワトコ・キイチゴ・クワ・

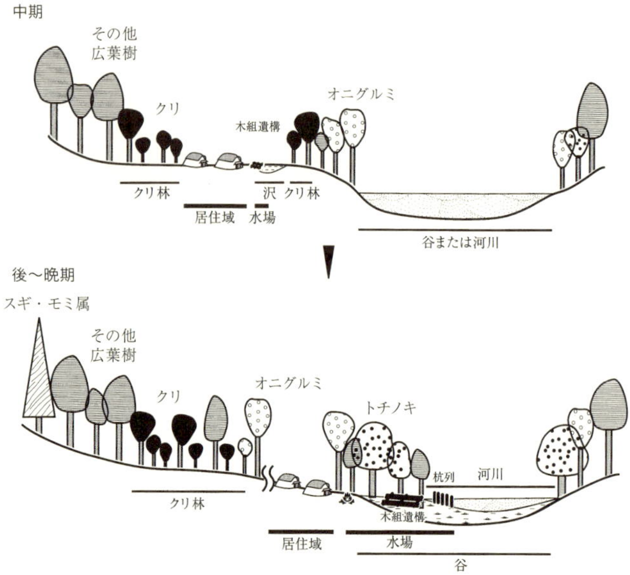

図 27　集落周辺の土地利用と人為生態系

サルナシなどが多く、ニワトコやキイチゴのベリー類は酒造りに利用されたとも推定されている。縄文里山には、こうした有用な樹種も選択的に残されていたことであろう。

西田正規も同様の見方を示しており、定住の開始によって人間と植物の関係性が深まり、集落周辺にクリ・クルミ・サンショウ・エゴノキなど多くの有用植物を含む二次植生が現れたことが、縄文人の生活に革命的な経済的効果をもたらしたと考察している。そして、その中からクリの栽培化が始まったと推定する（西田正 1986）。

植生利用と集落周辺の土地利用の年代的変遷も明らかとなってきた。縄文人の植物利用を研究している佐々木由香によると、中期に集落周辺にクリ林が形成され、後期・晩期にはそれに加えて低湿地に多いトチの利用が本格化し、トチの実の加工処理をおこなう水場が設けられるようになった（図27、佐々木由 2007）。縄文人の植物利用および集落周辺の植生改変の程度は、年代とともに明らかに深まっていることがわかる。

食料の保存と貯蔵

食料の保存と貯蔵の技術も、生活の安定を保証する重要な生活技術であった。食料の不足する冬を越して定住生活をおこなうには、食料の保存・貯蔵が絶対的条件であった。主要な食料である堅果《けんか》類が実る季節には、ムラ総出で木の実を集め、長い冬に備えたことであろう。

縄文人は集落内の特定の場所に貯蔵穴や掘立柱式のクラを作って堅果類などを貯蔵した。貯蔵穴はすでに膨大な調査例があり、各地域・各時期の様相について詳細な研究がおこなわれている（坂口 2003）。鹿児島県東黒土田遺跡では、ドングリ（クヌギ・コナラ）を保存した草創期の貯蔵穴が発掘されている。新潟県卯ノ木南遺跡でも草創期の貯蔵穴約20基が密集して検出されている。食料貯蔵が草創期にすでにおこなわれていたことがわかる。千葉県・茨城県・栃木県一帯に展開する中期の集落遺跡では、大型のフラスコ状土坑が特定のゾーンに群集し、数百基が累積して激しく切り合うような遺跡もしばしば見られる。茨城県宮後《みやうしろ》遺跡（中期中葉〜中期末）では、環状集落の内側に沿って繰り返し造られた貯蔵穴の数は1940基以上にも達する。大型のフラスコ状土坑は東北地方にも広く分布する。大きいものでは直径２m以上に達する例もあり、貯蔵量は優に１石（約180ℓ）を超える。貯蔵穴が集落の中央部分に密集しているあり方は、食料がムラの共同管理の下に置かれていたことを映し出している。

一つのムラの人口と食料貯蔵量が正確に把握できた事例は今のところないが、ムラの成員が次の収穫期までの間を食いつなぐだけの

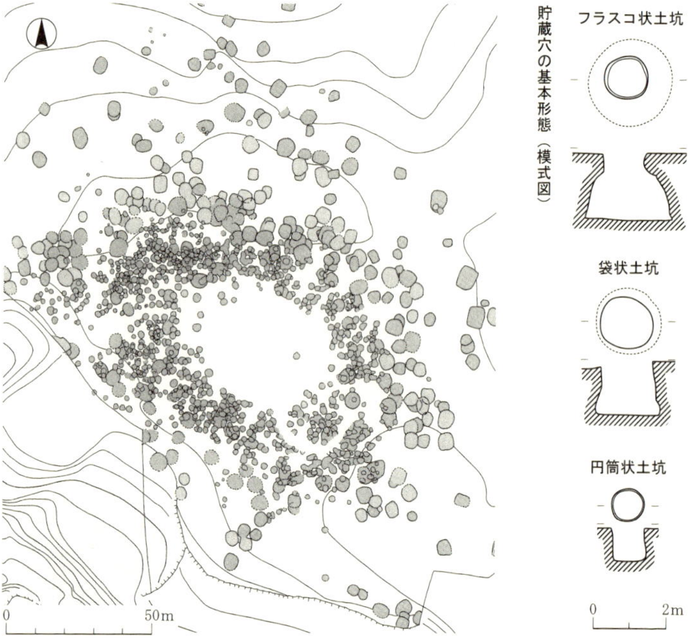

図28　集落内に群集する貯蔵穴（千葉県草刈貝塚、中期）

量が貯蔵されたと推定される。千葉県有吉北貝塚の中期集落では、竪穴住居跡146棟に対して貯蔵穴はその4倍にあたる590基も残されている。千葉県草刈貝塚の中期環状集落では、竪穴住居跡約300棟に対して貯蔵穴1000基以上の比となっている（図28）。貯蔵穴の方が造り替えの頻度が高かったと思われるが、それを考慮しても相当の貯蔵量が見込まれる。中期初頭の円筒上層ａ式期の遺構だけが残された青森県笹ノ沢⑶遺跡では、竪穴住居跡19棟に対してフラスコ形・ビーカー形の貯蔵穴が102基発掘されている。深さ50cmから200cmに及ぶ大容量の貯蔵穴である。単純にいえば住居1棟あたり約5基の貯蔵穴が掘られたことになる。貯蔵穴以外の貯蔵法も併用されただろうが、これらの貯蔵穴が集落存続の基盤であったことは確実である。

集落から離れた低湿地から貯蔵穴群が発掘されるケースも多く、堅果類が詰まったまま見出された例も少なくない。岡山県南方前池《みなみがたまえいけ》遺跡（晩期）では、カシ・トチ・クリを樹皮・葉と粘土で封印した状態で、貯蔵穴10基に約30石を貯蔵していた。水の湧く低湿地に木の実を貯蔵したのは、虫殺しを確実におこなって長期保存するための技術であり、水溶性のタンニンをアク抜きする効果を併せ持っていたとされる。数年に一度発生する不作に備えた救荒用の保存食であった可能性もあるが、一年間の消費量を超えた余剰生産物にはちがいなく、食料資源の豊富さとその計画的利用が読み取れる。

屋内貯蔵については調査例の不足のため復元がむずかしい。長野県藤内《とうない》遺跡９号住居跡（中期）では格子状の構造物の上にクリ約20ℓが載った状態で出土した。新潟県中道遺跡51号住居跡（中期）では、長方形住居の妻側にある柱の間に、炭化したトチの実が集積していた。籠に入れて棚の上に置かれていたものが火災で焼け落ちたらしい。これらは虫殺しと保存を兼ねた天棚《あまだな》貯蔵と考えられている。

栽培技術と生産力

縄文人は植物栽培の知識をもっていた。エゴマやヒョウタンの栽培が実証されて以来、さまざまな証拠が蓄積されてきた。近年ではダイズ・アズキの栽培化に注目が集まっている。縄文人は自然の恵みだけに依存する単純な狩猟採集民とはいえず、高い植物利用技術の一つとして栽培技術をもっていたことが確実となってきた。

クリは現在、日本の果樹栽培面積の第２位を占めるほどの主要な作物であるが、その栽培化は縄文時代にすでに開始していた可能性が高い（鈴木三 2016）。また、中期の中部地方や関東地方西部で急増した打製石斧の用途に関連して、自然薯《じねんじょ》（ヤマノイモ）の栽培化がおこなわれたという説がある（今村 1989）。打製石斧がヤマノイモをはじめワラビの根茎やユリ科の鱗茎など食用となる地下茎の採取に用いられた可能性は高いが、遺物として残りにくい食材であるため証明が困難であった。最近では、石皿に残る残留デンプンの分析から利用植物が検討され始めており、地下茎類の食用が証明される日も近いと思われる。

打製石斧が盛行した縄文中期には面積あたりの生産力が著しく高まっていたことが集落領域の推計からもうかがえる。筆者は関東地方南西部に展開した中期の拠点集落の分布状態を分析し、各集落の生活の基盤となったテリトリーの規模の推計を試みた（谷口 2005）。各集落の生活領域の規模は平均値で約54km^2、およそ半径4.2km の円の面積と同等と推定された。これは狩猟採集民の平均的なテリトリーと一般に仮定されている半径10km からみると、およそ５分の１にあたる狭い領域規模である。単位面積あたりの生産力を飛躍的に高める何らかの生活技術が獲得された可能性が高い。集落周辺でのクリ林の管理や人為生態系の生成、マメ類・ヤマノイモの栽培化、食料貯蔵量の増加などが想定される。植物考古学的な証拠に加え、このような領域研究からも、栽培技術と生産力の高さが読み取れるのである。

ただし、食用植物の栽培技術がすでに獲得されていたことは確実となったが、栽培生産量を推し量ることはむずかしく、生産システムが農耕にどれだけ近づいていたのか研究者の評価は分かれている。焼畑の有無など栽培技術の復元にも課題が残されている。

２．食料獲得の技術

堅果類と根茎類の利用技術

狩猟・漁撈・採集の生業部門のうちでも最も大きな比重を占めて

いたのは植物採集であった。とくに重要な食料となっていたのがクリ・トチ・ドングリなどの堅果類である。

琵琶湖底に水没した滋賀県粟津湖底《あわづこてい》貝塚（中期）では、貝殻や動物骨だけでなくトチ・ヒシ・イチイガシなどの植物遺体が多量に出土し、それらの食料残滓をもとにカロリー量比の復元が試みられた（瀬口 2016）。この遺跡を残した集団の年間の食料全体に占める植物食の割合は約52％にも及ぶ。魚貝食が約37％でこれに次ぎ、陸上動物の割合は最も小さく約11％にすぎない。実際には山菜、たけのこ、きのこなども相当利用されたはずである。遺物として残らなかったそれらを考慮すれば、植物食の比重はさらに大きいものであったと推定される。一方、必須栄養源であるタンパク質や脂肪は、主に漁撈と狩猟により獲得されていた。粟津湖底貝塚集団の場合は、湖で獲れるシジミ、フナ、ナマズ、スッポンなどの魚介類と、ニホンジカ・イノシシを中心とする陸上動物が主な対象である。福井県鳥浜貝塚（前期）の場合も同様で、西田正規による食料のカロリー量比の復元では、クルミ・クリ・ヒシ・ドングリなどの植物食が42～43％、三方湖や鰣川・高瀬川で獲れる魚貝類が16～32％、陸上獣が18％と推計されている（西田正 1980）。

1873（明治６）年にまとめられた岐阜県飛驒地方の地誌である『斐太後風土記』には、全村の産物が克明に記録され野生食の収穫量についても詳細な記述がある（小山ほか 1982）。堅果類の採集量はとりわけ多く、飛驒地域全体の年間の採取量はミズナラ211ｔ、トチ311ｔ、クリ170ｔと推計されている。トチ40石、ナラ50石を毎年採集した村もあるという。栄養学者の五島淑子は、この史料に記録されたすべての野生食を一日一人あたり2000キロカロリーとなるように比例配分して食べたと想定して、それを参考に縄文時代の食料構成の復元を試みた（五島 1992）。それによると堅果類は炭水化物の摂取源としてとくに重要であり、エネルギー量の約35％を占

図 29　石皿・磨石と打製石斧

めている。タンパク源としてはウグイ・ハエなどの川魚とイノシシ・シカが主に利用されていたが、川魚の比重が大きい。

縄文時代の森林にはブナ科の樹木が特徴的に含まれており、多種多様な堅果類が産出したことが、縄文人の食生活にはとりわけ大きな意味をもっていた。クリもブナ科の樹木であり、縄文人の重要な食料となった。食用とされたドングリ類は種類が多く、落葉樹のコナラ亜属ではミズナラ・コナラ・カシワ・クヌギ・アベマキなど、常緑樹のアカガシ属ではアカガシ・アラカシ・ウラジロガシ・イチイガシ・シラカシが主に利用された。そのほかシイノキ属のスダジイ、マテバシイ属のマテバシイの利用も確認される。ブナ科以外の木の実では、トチ（トチノキ科）とオニグルミ（クルミ科）の利用頻度が高い。

クリ・トチ・ドングリはいずれも澱粉質の種実であり、ヒトの食に欠かせない栄養素のうち炭水化物を摂取できる大切な食料であった。これらの堅果類を食利用するためには、堅い殻をむき、種実を取り出してアク抜きや虫殺しをする技術が不可欠である。縄文時代の石器群に、脱殻・粉砕用の道具として石皿・磨石《すりいし》・敲石《たたきいし》などの礫石器類が含まれているのはそのためである（図29）。

また、ユリネ・カタクリ・クズ・ワラビ・ヤマノイモなどの根茎類も良質の澱粉を含んでおり、堅果類とともに縄文人の主要な食料資源になっていたものと推定される。中期の中部・関東地方で爆発的増加をみた打製石斧は、そうした根茎類の採集もしくは栽培に用いられた可能性がある（図29）。殻が残りやすい堅果類とはちがって根茎類は遺物としてほとんど残らないため、食糧としての重要度を正確に把握しづらいが、日本の山村に伝えられてきた民俗技術の研究から処理工程や加工具が類推されている（山本直 2002）。

漁撈の技術

漁撈活動をおこなうには魚の生態に関する知識と漁場・漁法の知識が必要である。縄文時代の漁撈技術の幅広さは、その多様な遺構・遺物に表れている。

河川に設置された定置式の罠として漁撈柵の発掘例がある。北海道石狩紅葉山49遺跡では、河川を横切るように設置された長さ5～10mほどの杭列と、細い枝をブドウ蔓で編んだ漁撈柵が多数出土している。アイヌがサケ・マスの捕獲に用いたテシと同類の誘導柵と推定される。また岩手県萪内《しだない》遺跡でも杭を立て並べて作った囲いの中に魚を誘導する魞《えり》が発掘されている。産卵のために季節的に河川を遡上するサケ・マス類や逆に下流に下るアユの捕獲には、こうした漁撈柵による漁法がとくに効果的であっただろう。

河川や湖沼での漁撈が活発におこなわれていたことは、内陸の遺跡から漁網用の石錘・土錘が出土する事実からもわかる。標高約1400mの深山に立地する長野県湯倉《ゆぐら》洞窟遺跡では、サケ・マス類の椎骨や歯、コイの椎骨などが出土しており、骨製の釣針も見つかっている。こうした事例からも内水面漁撈が広くおこなわれてい

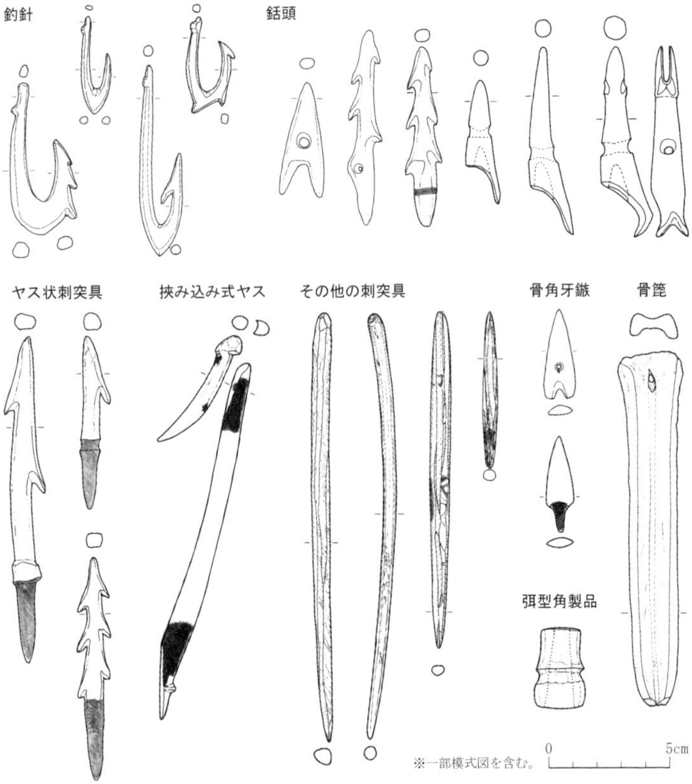

図 30　骨角製漁具（宮城県田柄貝塚出土、後期〜晩期）

た実態がうかがえる。

漁具は種類が豊富であり、形態・製作技術・漁法の研究が進められている（渡辺誠 1973、金子・忍沢 1986）。骨角製の漁具として、単式釣針・結合式釣針・ヤス・固定銛・離頭銛・貝おこしなどがある。東北地方三陸沿岸の貝塚遺跡では骨角製漁具がとくに豊富である。図30には宮城県田柄貝塚（後期）から出土した漁具の種類を例示した。骨角器以外では、石製または土製の漁網錘、籠製の筌《うけ(うえ)》などがある（図31）。続縄文期の北海道と東北地方には、魚形石器と

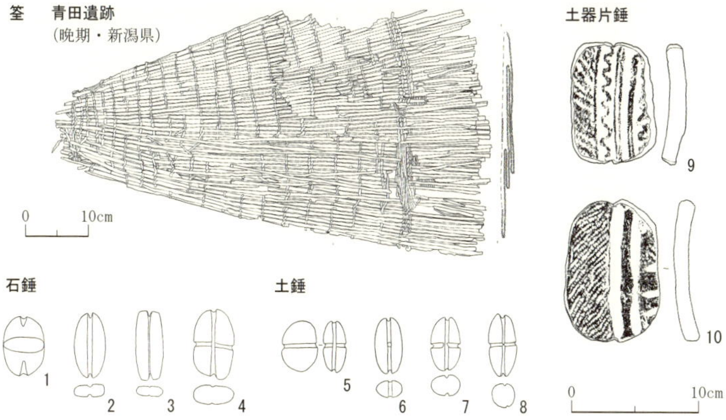

1. 井沼（埼玉県） 2. 三貫地貝塚（福島県） 3・8. 奈良瀬戸（埼玉県）
4. 万開（福島県） 5. 馬場（千葉県） 6. 下大越西（福島県）
7. 蟹沢（福島県） 9. 中野久木谷頭（千葉県） 10. 荒屋敷貝塚（千葉県）

図 31　筌と漁網錘

よばれる鰹節形の石製品が見られる。海獣類やオヒョウ・ヒラメなどの大型魚の漁に用いられた疑似餌《ぎじえ》と考えられている。

石川県真脇遺跡の前期末の遺物包含層では、大量のイルカ骨が密集して発掘されている。能都湾でのイルカ漁が縄文時代からおこなわれていたことを示すものであり、多くの丸木舟を漕ぎ出して組織的におこなう漁が想定できる。また、高度な技術と経験を必要とする特殊な猟漁として、回転式離頭銛を用いた海獣猟やマグロ漁が東北地方と北海道沿岸でおこなわれた。北海道の貝塚遺跡からは、アザラシ・トド・オットセイなどの海獣類がよく出土する。

漁撈活動に関する研究成果で注目されるのは、生業圏が具体的に把握された事例である。福井県鳥浜貝塚（前期）出土の魚貝類は、遺跡の近くの三方湖および鰣川・高瀬川で獲得できる淡水種と汽水種が主体であり、半径10km 圏に含まれる若狭湾産の魚貝類は少ない。このことから日常的な生業テリトリーは半径10km 圏よりも狭いと推定されている（西田正 1980）。また、愛知県渥美半島西部に位置する伊川津貝塚（晩期）では古環境と漁場の推定がおこなわれ、主な魚貝の漁場が遺跡から１～２kmの近距離にあり、カロリー量全体の90～95%がそのゾーンで獲得可能であったと推定されている（樋泉 1993）。このように比較的狭い生業テリトリーからも、縄文人の漁撈技術の高さと生態学的知識の深さがうかがえる。

狩猟の技術

縄文時代の狩猟技術の特徴として、弓矢の使用、猟犬の飼育、陥し穴猟（罠猟）の盛行、鳥猟の定着などが挙げられる。ヤギュウやオオツノジカのような大型絶滅動物を対象とした旧石器時代からは大きく様変わりした、新しい狩猟システムの確立を示している。

土器の使用が始まった草創期には、狩猟の装備もまた大きく変化した。旧石器文化を特徴づけていた石刃や細石刃のような規格的な剝片剝離技術が衰退し、器種では骨角器の製作に用いた彫刻刀形石器が消失した。長崎県福井洞穴・泉福寺洞穴など九州地域では細石刃が草創期まで継続したが、本州一帯では、弓矢・矢柄研磨器《やがらけんまき》・石斧・礫石器などを特徴とする石器組成が一般化した。これは動植物相の変容とともに生業活動の内容や男女の労働が変化したことに対応した変化と考えられている（稲田 1986）。

縄文時代の最も一般的な狩猟具は弓矢であり、出土遺物として石鏃が普通にみられる。草創期前半には槍先形尖頭器や有舌尖頭器などの石槍が中心であったが、隆起線文土器の頃になると石鏃が石器組成の中に定着する。また、まっすぐな矢柄を製作するのに用いる矢柄研磨器が特徴的にみられる。弓矢と矢柄研磨器の起源については、自生・外来のいずれであるのか明確でない。縄文時代の弓はすべて、木の枝を削って作られた丸木弓である。素材には主にニシキギ属・イヌガヤなどの樹種が選択された。矢柄の出土例は少ないが、北海道ユカンボシ E11遺跡で中期前葉の焼失住居跡の床から石

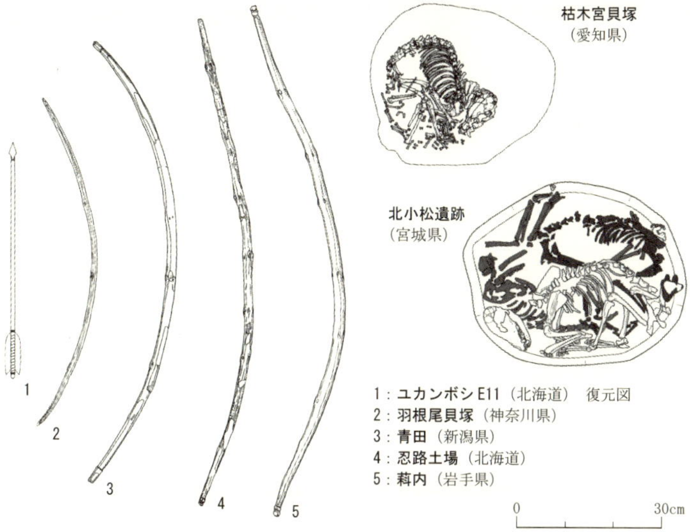

図32　弓矢の出土例とイヌの埋葬例

鏃の付いた矢柄が出土している。長さ50cm、直径7～8mmほどの短い木製の矢柄で、材質はノリウツギと推定されている。基部に鳥の羽を付けた形態が復元できるという。埼玉県寿能《じゅのう》遺跡や秋田県下成沢遺跡では篠竹の矢柄に石鏃を装着し漆やアスファルトで接着した出土例がある。宮城県中沢目貝塚の出土例は骨製の根挟みに石鏃をアスファルトで固定している。

弓矢の普及は、ニホンジカ・イノシシ・ノウサギなどの中小の動物や鳥類が狩猟対象となったことによる技術的適応といえる。また、狩猟組織や活動季節の変化にも関係していたと考えられる。千葉県取掛西貝塚では、早期初頭の竪穴住居跡に堆積した貝塚からガン・カモ類などの鳥類の骨が多数出土している。渡り鳥や水鳥を対象にした猟がおこなわれていたことを示すが、こうした猟でも弓矢はその効力を発揮したことであろう。ほぼ同時期の東京都武蔵台遺跡では、長さわずか6mmの超小形の石鏃が出土している。これな

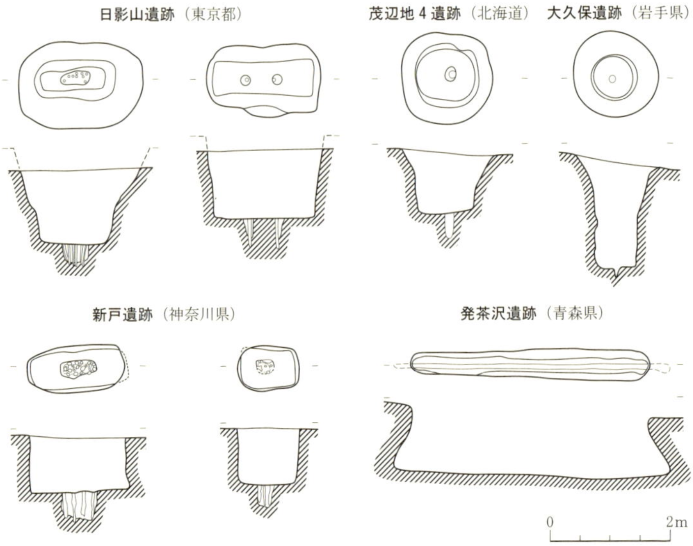

図33　さまざまな形態の陥し穴

ども鳥用の可能性が高い。

イヌの飼育も主な目的は猟犬と考えられ、狩猟法と狩猟組織の変容を物語る。イヌが大切に飼われていたことは埋葬例（図32）の多さからも読み取れる。千葉県高根木戸遺跡2号住居跡の埋葬例は有名で、同時に埋葬された3体のうち1号犬は左前肢が不自由な12才以上の老犬と推定されている。千葉県白井大宮台貝塚SK01では、成人男性とイヌが合葬されイノシシの幼獣が添えられていた。狩猟者である男性とイヌとの関係の深さを示す例である。

陥し穴猟は後期旧石器時代にも発掘例があるが、縄文時代に著しく発達した（図33）。定住化にともなう土地利用や狩猟行動の変化を示している。細長い溝型や楕円形の陥し穴が草創期からみられる。早期・前期の関東地方では丘陵斜面や尾根上に多数の陥し穴を構築するやり方が盛行し、複数の陥し穴を列状に配置した仕掛け方

図34　狩猟用の誘導柵（北海道キウス5遺跡）

も特徴的である。陥し穴猟の変遷を検討した佐藤宏之によると、獣道などに沿って陥し穴を仕掛ける待ち伏せタイプの罠猟が主であった早期・前期から、誘導柵などを併用したより効果的な猟が発達する中期へと、猟法の変化がみられる（佐藤宏 1989）。

北海道・青森県を中心とする北日本地域では、中期から後期にかけて、細長い溝型の陥し穴が盛んに用いられた。Tピットと呼ばれるもので、長さ2～4mほどの細長く下部がすぼまった形態をしている。青森県発茶沢《はっちゃざわ》遺跡では、尾駮沼《おぶちぬま》の南岸に沿って665基ものTピットが仕掛けられており、数基を並列させた配置パターンが特徴的にみられる。北海道における8000基以上のTピットの分布を調べた藤原秀樹は、エゾシカの分布や季節的移動に合わせた季節的な猟を想定している（藤原 2013）。

北海道キウス5遺跡では並列するように設けられた長い杭列が発見されており、シカ猟に関係した誘導柵と推定されている（図34）。アイヌが河岸段丘などに仕掛けたクテキは、シカを仕掛け弓へと誘導する柵であり、キウス5遺跡の柵列もこうした罠猟に関係した遺構の可能性がある。

遺跡に残る動物骨には、解体の際に肉を取り外したカットマークや、骨髄を取り出した破砕の痕跡がよくみられるが、獲物の解体処理については研究が不足している。後期旧石器時代には骨角器製作などに用いる彫刻刀形石器や皮革加工用の掻器など、狩猟に関係した標準的装備があったが、縄文時代には継承されておらず、狩猟システムの転換が示唆されている。狩猟の目的は食肉の獲得だけでなく、皮革・骨角器・装身具製作などにも関係している。動物を猟るための技術だけでなく、狩猟システム全体を復元することが課題になる。

3．生業暦と居住システム

生活の季節的編成

コメ農家の生活が米作りを中心とした農事暦に従ったものになっているのと同様に、縄文人集団にも一年間のさまざまな活動を体系づける生活暦があった。生業活動と組織を季節的にうまく編成する生業スケジュールはとくに重要なものであった。

縄文人の生活の季節性に最初に着目したのは小林達雄である。小林は、縄文時代の竪穴住居跡の埋没過程と遺物の出土状態を注意深く観察し、「吹上パターン」と呼ぶ特徴的なサイクルがあることを見出した。そして、それを手がかりにすれば、住居の建て替え、土器作り、貝類採取などの活動がおこなわれた季節的サイクルを復元できるのではないかと考えた（小林達 1974）。1970年代に導入されたばかりの貝殻成長線分析の研究成果を取り入れ、縄文人の生業暦をモデル化したのが有名な「縄文カレンダー」である。春季の潮干狩り・山菜採取、夏季中心の漁撈、秋季の木の実の収穫、冬季中心の狩猟という生業活動の季節的編成を中心として、家作り・土器作

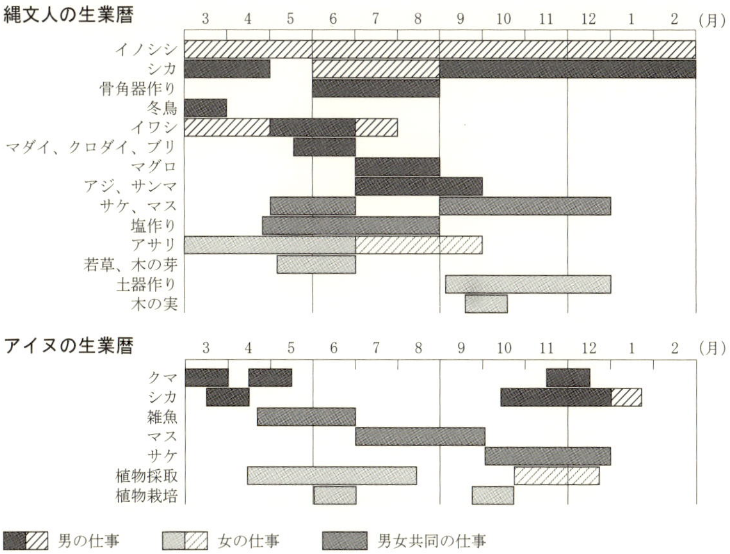

※ 斜線部分は仕事の粗な期間を示す。

図35　宮城県里浜貝塚西畑地点の生業暦とアイヌ民族例との比較

り・石器作りなどの活動が規則的な生活暦の中に埋め込まれていたという見方が示された（小林達 1996）。

この先駆的な研究をきっかけとして、縄文時代の生業と季節性についての実証的研究が進められることとなった。小林の縄文カレンダーは集団差や時期差を捨象した平均的なモデルであったが、現在の研究では特定の遺跡を残した縄文人集団の生活が具体的に復元されている。遺跡に残された動物遺存体を徹底的に調べ、動物種と出土量を正確に把握するとともに、死亡時期査定法を応用して狩猟・漁撈の季節を絞り込んでいく。また、遺跡を取り巻いていた古環境や古生態を復元しながら、どこで・いつ・何が捕獲されていたのかを推定していく。こうした分析にもとづいて、縄文人集団の資源利用の実態や季節的な労働編成を復元していくのである。宮城県里浜貝塚西畑地点（晩期、図35）や愛知県伊川津貝塚（晩期）における生業復元は、最も総合的な事例研究といえる（岡村 2000、樋泉 1993）。

中緯度に位置する日本列島では、四季の移ろいによって動植物の分布や資源量が季節的に大きく変動する。季節を正確に把握することは、縄文人の生活暦を運用する上で重要なことがらであったにちがいない。小林は佐賀県唐津地方に伝わる「ユリの花とウニ」という言葉を紹介している。ユリの花の咲く頃にウニの生殖巣が一杯になるという民俗的な経験的知識を例に引いて、縄文時代にもこのような民俗知が数多く伝えられていたであろうと述べている。生活環境に適合した生業暦を編成する知的技術は、縄文人自身の生活をより安定的で適応力の高いものにしたことであろう。季節を正確に把握するための暦の知識については第７章で取り上げる。

居住システムと定住化

民族誌にもとづいて狩猟採集民の居住形態を検討した渡辺仁は、遊動型から定住型までの５つのパターンに分類し、一年を通して恒久的住居に住む居住形態を「定住」と定義した（渡辺仁 1990）。北米北西海岸先住民や北海道アイヌ、極東アジアのナナイ・ニヴヒなどのように、狩猟採集民の中にも定住をおこなっていた例があることを明らかにしている。

縄文人の居住形態は定住的傾向が強いと考えられている。竪穴住居の普及、大規模な集落の造営、長期間にわたる集団墓の造営、多種多様な道具の装備、定置式の猟漁場、貝塚や盛り土にみる多量の堆積物など、縄文時代の遺跡のなかには定住度の高さを示す要素がたしかに多い。これらの特徴は、移動性のキャンプ生活がつづけられた旧石器時代にはみられなかったものであり、縄文時代における定住化を表している。住居の構造的な安定性が強まる前期以降についていえば、狩猟採集民のなかでも定住度の高い部類に属することはまちがいない。

縄文集落を構成する竪穴住居は、深い掘り込みと炉を備え丈夫な上屋を架構する主柱配置をもち、定住の指標となる恒久的住居と判断してよいであろう。なかには床面積が100m²を超えるような大形住居も含まれている。また掘立柱建物の中にも、太くて深い柱穴をもつ本格的な家屋が少なくない。こうした住居構造の安定性にも定住度の高さが表れている。また、縄文集落には計画的に設営された貯蔵穴群をともなうものがある。特に東日本地域の中期の大規模な集落遺跡には、群集する貯蔵穴をともなうものが多い（図28）。また、集落に近接した低湿地に貯蔵穴が作られる例も見られる。越冬を可能とする本格的な食料貯蔵も定住度の高さを示す指標である。

草創期の洞窟遺跡（長崎県福井洞穴）

中期環状集落の竪穴住居群（東京都忠生遺跡Ａ地区）

図36　居住形態の多様性

ただし、前期・中期に定住度が強まったのは事実だが、そのような居住形態が縄文時代の当初からあったと考えることはできない。草創期と早期には山地の洞窟や岩陰が盛んに利用された（図36）。草創期の遺跡群が集中する信濃川上流域では、河川低地に立地する遺跡と、標高の高い山地にある洞窟・岩陰遺跡という、両極的な遺跡立地がみられ、河川と山地の季節的活動を組み合わせた移動がおこなわれたものと推定される。草創期の居住形態は地域差が大きく、比較的温暖な九州南部や東海地方では竪穴住居や堅果類の貯蔵穴がすでにみられるが、寒冷な北海道では土器文化も低調であり旧石器的な遊動生活がつづいていた。

貝塚文化が開化した前期の関東地方でも、居住形態の地理的変異はまだ大きい。堅固な構造の竪穴住居からなる集落をつくり貝塚を形成する定住性の強い集団がいる一方、小規模な集団で山地や丘陵に展開した移動性の強いグループもある（谷口 2005）。こうした地理的変異は、テリトリーの環境特性に合わせた居住形態のちがいを映し出しており、縄文人の生態が一様でなかったことを表している。

一年を通した通年定住がいつ定着したのかは厳密な証明を要する。縄文時代の定住度に関する評価は研究者の間でも分かれている。中期の東日本に発達した大規模な環状集落についても、地域社会の定住拠点とみる評価がある一方、小規模な集団が移動と回帰を頻繁に繰り返した結果にすぎないとする対照的な見解もあり、大きな争点となっている。定住度は縄文時代の社会水準や生産力の評価にも関わる重要なバロメーターである。竪穴住居などの家屋の構造を正確に復元するとともに、貝殻成長線分析などによる採取季節推定から定住度を実証的に検討していくことが課題である。

縄文人の廃棄行動

縄文人の廃棄行動は驚くほど規律正しい。無秩序なゴミ捨ては生活環境を悪化させてしまう。そうした事態を防ぎ、生活空間を維持する知恵もまた重要な生活技術である。縄文時代の遺跡の姿は、そのような自律的な廃棄行動によって形作られている面がある。

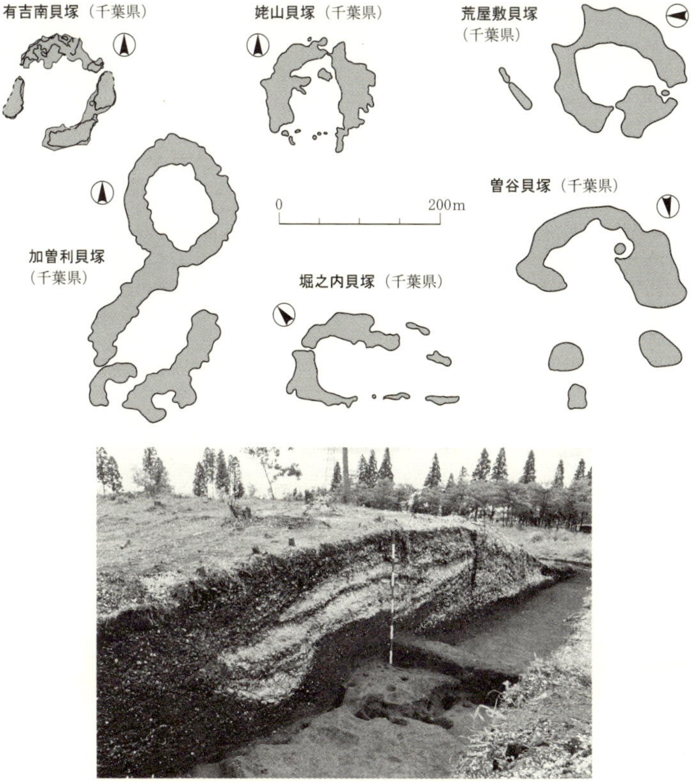

図37　主な大型貝塚の規模と加曽利北貝塚の貝層断面

貝塚や土器捨て場に見られる多量の廃棄物は、定住度の高さを示すと同時に、一定の場所に廃棄物を積み上げていく行為の所産でもある。竪穴住居跡に貝殻や獣骨を投棄する行為は縄文時代を通じてみられ、前述の吹上パターンもその典型といえる。こうした行為が数百年にわたって踏襲的につづけられると、貝層は数メートルもの厚さに達し、大規模な環状貝塚や馬《ば》蹄形《ていけい》貝塚となっていく（図37）。貝塚は単なるゴミ捨て場ではなく、死者が埋葬される場でもあった。それは遺体が粗略に扱われた結果ではなく、縄文人の文化的行

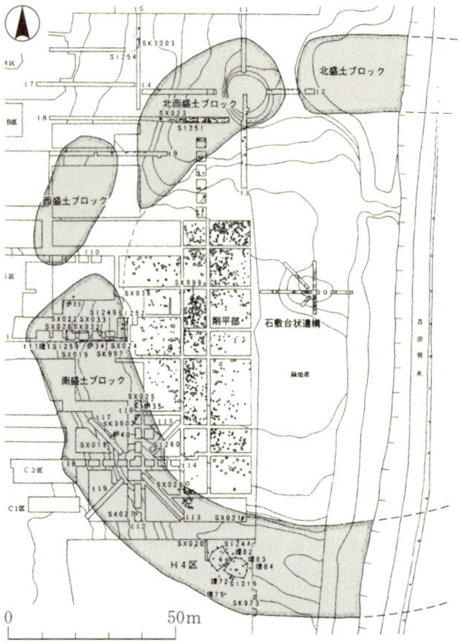

図 38　環状盛土遺構　(栃木県寺野東遺跡)

動の一部である。アイヌ研究で知られる河野広道は、縄文時代の貝塚が単なるゴミの集積ではなく、アイヌの送り儀礼と同様に生命を失ったものを他界に送る儀礼の場であったと考察している（河野 1935）。

宮城県里浜貝塚西畑地点（晩期）の発掘調査では、厚さ2.5mの貝塚を400層以上に区分する徹底的な分層にもとづいて、貝層の形成過程や生業活動の季節性が詳細に復元された。分析に当たった岡村道雄によれば、春に形成されるアサリの純貝層を別にすれば、三つの単位集団がそれぞれ一定の場所に貝殻その他の生活廃棄物を順次廃棄していた様子がうかがえるという（岡村 1984）。

関東地方の後期・晩期の拠点的集落では、多量の遺物と炭・焼土などが混じった土が土手状に盛り上げられた環状盛土遺構が形成されていることがある。栃木県寺野東遺跡（図38、直径約130m）、埼玉県長竹遺跡（推定径150m）、埼玉県真福寺貝塚（推定径160m）などに典型的な例がある。また、膨大な量の土器片が集積した土器塚や、クリやトチの外殻が集中して堆積したクリ塚・トチ塚なども特徴的にみられる。これもまた、定住度の高まりとともに廃棄の場が決められ、生活空間が秩序づけられていた結果である。

第5章　縄文人の技術力

縄文文化の安定と発展は縄文人の技術力に支えられていた。前章では、動植物資源の利用や居住システムなど縄文人の基本的な生き方を組織する知的技術について概説した。こちらはいわば生存の知恵であり、ソフトウェアといってもよい。一方、縄文人の生活を支えたもう一つの重要な基盤が物質的な技術力である。こちらはソフトウェアと対をなして機能するハードウェアということができる。

この章では、縄文時代の遺跡に残された道具や設備から、縄文人の生活を支えていた技術について考える。縄文人の生態に直結する食料獲得の技術については第４章で取り上げたので、ここではさまざまな素材の利用と道具の製作技術、縄文土器の造形、住まいと生活設備を中心に、縄文人の物質文化を成り立たせていた技術力の水準をみる。

1．縄文人の技

道具の素材と加工技術

縄文時代の道具には、石器・土器・木器・骨角器・貝器・漆器・籠類・縄紐などがある。鉄や銅などの金属を除き、自然に産出する素材を幅広く利用している点に特徴がある。縄文人はそれぞれの素材の特性を熟知し、有効利用する技術を有していた。

縄文人のもつ優れた技術として、硬い岩石を加工して磨製石斧や玉類を作る「研磨・穿孔・擦切技術」、木材を加工して器物や彫刻を作る「木工・彫刻技術」、樹皮などから採取した繊維で縄・編

図39　擦切磨製石斧
（秋田県上掵遺跡出土、最長60cm）

籠・敷物・網・編布などを作る「撚糸《ねんし》・編組《へんそ》技術」、漆の樹液を用いて器物や装身具を作る「漆工《しっこう》技術」、窯やロクロを用いずに自在な造形の土器を作る「製陶技術」がある。

秋田県上掵《うわはば》遺跡で出土した長さ約60cmの4本の磨製石斧は、擦切り・研磨技術の高さを示す好例である（図39）。中期に流行した鰹節形の硬《こう》玉《ぎょく》製大珠《せいたいしゅ》も研磨・穿孔技術の粋を集めた逸品といえる。分厚いヒスイの中央に貫通孔を作り出すその穿孔技術は、研磨剤として石英粒子を用いたと推定され、当時の手工業では先端的技術であった。擦切りと研磨の技術は、硬くかつ弾力性に富む鹿角を用いた釣針や銛頭などの製作にも幅広く応用された。また、穿孔用の石錐も縄文時代の代表的な工具の一種である。土器の補修孔などにも穿孔技術の応用がみられる。

撚糸・編組は地味な技術ではあるが、これもまた重要な生活技術であり、縄紐・網・編布・編籠・敷物などのさまざまな生活用具の製作に応用されている。植物繊維や樹皮・木材を有効利用する技術は縄文時代に確立し、日本列島の民俗文化として現代まで受け継がれてきたものである。

漆工の歴史は古く早期にさかのぼるが、前期以降になると工芸技術として本格的な発達を遂げた。前期の漆製品には、土器表面に漆と彩色で装飾した漆塗り土器や竪櫛などがある。後期・晩期の漆器類には奢侈工芸品が多い。東京都下宅部《しもやけべ》遺跡では樹液採取の痕跡を留めるウルシの材とともに、赤漆塗りの飾り弓や竪櫛、木胎漆器などが出土している。青森県是川中居《これかわなかい》遺跡の泥炭層からも、編籠を芯にして漆を重ね塗りした籃胎《らんたい》漆器や透かしのある竪櫛などみごとな漆器類が多数出土しており、縄文時代の漆工技術の最高水準を示している。縄文時代に確立した漆工技術は弥生時代以降にも受け継がれ、日本の伝統的工芸としてその技術を高め発展してきた。

土器づくりの技術水準の高さにも目を見張るものがあるが、これについては次節で詳しく述べる。

素材開発と加工技術には進歩の軌跡が認められる。技術水準の推移を大まかにみると、植物繊維や粘土のような生活領域に産出するローカルな素材とその利用技術が確立した段階（草創期～早期）と、特定地域に産出する高品質素材が開発され製品が広範囲に流通する段階（前期以降）に区分できる。

木と繊維の利用技術

縄文人は樹皮・繊維・へぎ板（木材を薄く剥いだ板）・樹脂などを生活素材として幅広く利用する技術を有していた。完新世の温暖化により多様な植生からなる森林が形成され素材調達が容易になったことや、定住的生活の開始とともに生活領域に産出する資源と素材に関する技術的知識が深められたことが、「木の文化」を育む要因となった。

植物繊維やへぎ板から作られた製品の出土例には、縄・網・編布・編籠・樹皮籠などがある。低湿地遺跡の発掘の進展とともに事例が徐々に増えており、製作技術の高さに注目が集まっている（工藤・国立歴史民俗博物館編 2017）。種類・用途に応じて多様な植物が選択的に利用されている。縄や紐にはタイマ・カラムシなどの草

亀ヶ岡遺跡（晩期・青森県）

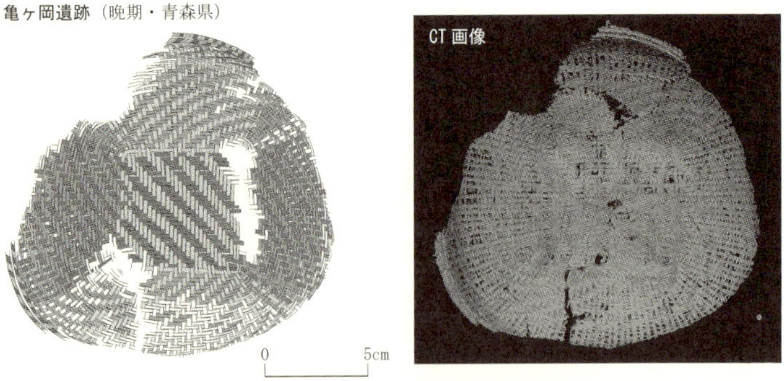

東名貝塚（早期・佐賀県）

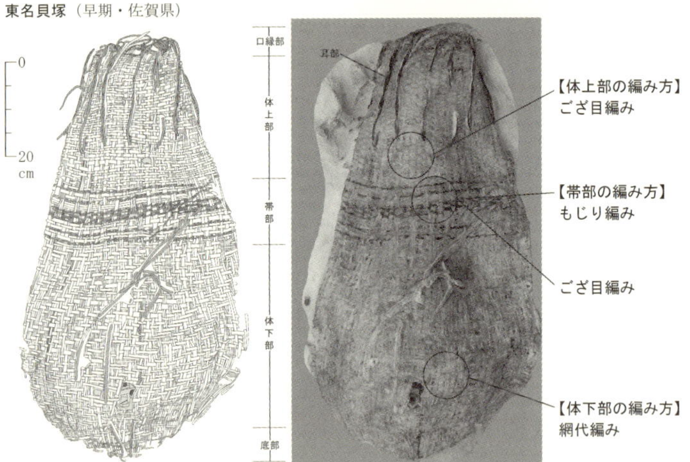

図 40　藍胎漆器と編籠

本類、オヒョウ・カバノキ属・シナノキ属などの樹木、ヤマブドウなどのツル植物、リョウメンシダなどのシダ類が、また編籠その他の編組製品には、カバノキ属・カエデ属・ムクロジ・イヌビワなどの広葉樹、ヒノキ・アスナロなど針葉樹、マタタビ・ツヅラフジ・テイカカズラなどのツル植物、ネマガリダケなどのササ類などが利用されている。生活領域に産する植物素材の特性を熟知し、最適な素材を有効に利用していたことがわかる。

植物繊維に撚《よ》りをかけて紐や縄を作る技術は縄文時代の基本的な技術の一つであり、草創期にすでに確立していた。草創期後半の押圧縄文土器には多種多様な原体が用いられているが、木や竹の軸に縄を巻き付けた絡条体《らくじょうたい》や縄を軸にした自縄自巻《じじょうじまき》が特徴的に含まれている。矢柄の製作や容器の釣り手などに幅広く利用されていた技術と推定される。前期前半の関山式土器には組紐の回転文があり、より複雑な組紐の技術もあったことがわかる。山内清男による縄文の研究によって、縄の撚り方や絡条体の作り方が詳細に復元されている（山内 1979）。

撚糸を編んで布を作る技術もあり、編布《あんぎん》と呼ばれている。縄文時代の編布の出土例はまだ少ないが、早期以降広くその存在が確認され、製作技術の復元が進められている（渡辺誠 1985、尾関 1996）。土器底面に残る圧痕資料は多い。安孫子昭二は東京都本宿町遺跡出土の中期の勝坂式土器の粘土帯の継ぎ目に細密な編布の圧痕を発見し、土器づくりにも編布が使用されていたことを明らかにした（安孫子 2015）。土器を焼成したときの収縮を考慮しても、タテ糸1.65mm、ヨコ糸0.75mm ほどのきわめて細密かつ柔らかい編布が復元できるという。

へぎ板やツル・ササ類を用いた編組製品の技術にも注目が集まっている。その技術水準は現代の日本の民俗技術と比較してもほとんど変わらない。佐賀県東名貝塚の発掘調査により、そうした優れた編組技術が早期にすでに確立されていたことも明らかとなった（図40）。

漆工技術もウルシの樹脂を利用する技術であり、工芸品の製作はもちろん接着剤などとしても幅広く利用されていた。北海道垣ノ島《かきのしま》B 遺跡の墓壙から出土した早期中葉の漆製品が現在知られる最古の漆製品であり、早期にすでに漆工技術が確立していたことを伝える資料となっている。晩期の東北地方では、編み籠を芯に漆を塗り重ねた籃胎漆器《らんたいしっき》が盛んに作られた（図40）。これも現代につながる優れた漆工技術の一つである。

高品質素材の開発

前期以降になると、素材の獲得と利用技術に質的な変化が現れてくる。産地の限られる高品質素材を用いた、より専門性の高い技術がさまざまな面にみられるようになる。

素材利用の変化は、たとえば伐採・木工用の磨製石斧によく表れている。早期には円礫を使用した局部磨製石斧などがあり、特定の石材へのこだわりはまだあまり認められない。しかし前期・中期に発達した乳棒状磨製石斧には主に緑色凝灰岩や角閃岩が使用されており、石材を厳選する傾向が強まる。丹沢山地に位置する神奈川県尾崎遺跡では、緑色凝灰岩を用いた乳棒状《にゅうぼうじょう》磨製石斧の製作跡が発見されており、石斧の完成品・未製品のほか敲打成形用の石製ハンマーや研磨用の砥石、柄の加工用と考えられる片刃石斧など、製作関連資料が一式出土している。中期以降に発達した定角式磨製石斧の石材には主に蛇紋岩《じゃもんがん》が用いられている。富山県境Ａ遺跡（中期～晩期）や新潟県六反田南《ろくたんだみなみ》遺跡（中期）などでは蛇紋岩製磨製石斧の大量生産がおこなわれており、境Ａ遺跡では磨製石斧1000点以上、未製品３万5000点以上が出土した。北海道地方でも神居古潭《かむいこたん》変成帯に産出する緑色片岩・黒色片岩で作られた磨製石斧が流通しており、納内《おさむない》３遺跡でその製作跡が発掘されている。このように各地に特産の石材を用いた磨製石斧の製作技術があった。

主要な石器石材である黒曜石や硬質頁岩《けつがん》も、前期にはより良質でサイズの大きい原石が用いられるようになる。長野県の霧ケ峰にある星ヶ塔山の斜面には、黒曜石の採掘跡が193カ所も確認されており、前期と晩期に掘られた深い採掘坑が発掘で確認されている。黒曜石利用の時期的変遷を検討した大工原豊によると、前期後半に信州和田峠と星ケ塔での黒曜石採掘が本格化し、各地の拠点的集落を介して広く流通する需給システムが成立する。直接採取や移動行程に埋め込まれたそれまでの石材利用に代わって、より高品質の石材の獲得と流通を担う専門的な組織が出現した可能性が高いと大工原は推定する（大工原 2002）。東北地方の主要石材である硬質頁岩も、米沢盆地周辺の集団によって良質の石材が開発され、石器製作の技術も練磨された。山形県押出《おんだし》遺跡や一ノ坂遺跡などに特徴的にみられる両尖匕首《りょうせんあいくち》や押出型石匙《いしさじ》は、それを象徴する遺物である。

最も希少価値の高い最高級の石材が、新潟県上越地域の姫川流域や青海川流域、富山県宮崎海岸に産出するヒスイ（硬玉）である。これらの原産地周辺では、前期末にヒスイの玉作りが開始し、中期以降には専門的生産が拡大して、東日本一帯から東北・北海道方面へと広く製品が流通した（図59）。硬度６～７のヒスイの加工、とりわけその穿孔作業には高い研磨技術を必要としたが、原産地周辺の玉作り集団はその技術を獲得し伝統的に受け継いでいた。

特定石材へのこだわりは、中期に発達する大形石棒や後晩期に発達する石剣類にもみられ、その素材自体に象徴的な価値や意味がともなっていた可能性がある。大形石棒には群馬県内に産出する白色の石英質安山岩と緑色の結晶片岩、岐阜県飛騨市に産出する白色の塩屋石（黒雲母《くろうんも》流紋岩質溶結凝灰岩《りゅうもんがんしつようけつぎょうかいがん》）などが用いられており、群馬県西野牧小山平遺跡（恩賀遺跡）や岐阜県塩屋《しおや》金清神社《きんせいじんじゃ》遺跡では石棒の製作跡が確認されている。石剣類の石材として人気があったのは東北地方の北上山地に産出する黒色のスレート（粘板岩）である。近世に硯の石材として珍重された「雄勝石《おがついし》」が有名で、宮城県田柄貝塚などでその魅力ある漆黒の石材を用いた石棒・石剣の製作址が見つかっている。

後期に三重県天白《てんぱく》遺跡・森添遺跡や徳島県加茂宮ノ前遺跡などで生産が開始された朱（辰砂）は、ベンガラに代わるより鮮やかな赤色顔料として好まれ、広域に流通した。これは硫化水銀を含む石英片岩やアプライトなどの原石を焼き、砕いて粉末にする技術である。また、東北・北海道地方で主に接着剤として利用されたアスファルトも、鉱物利用の一つであった。

前期以降に顕著となるこうした高品質素材の開発と専門的加工技術の発達は、第6章で述べる特殊生産の開始と交換組織の発達と相まって進展したものである。

2．縄文土器

煮炊き用の深鉢

食生活に不可欠な調理器具としては、煮炊き用の土器がとくに重要であった。器高が口径の3分の2を上回る鉢形の土器を「深鉢」という。深鉢の内面を観察すると、喫水線の直下や底部近くにコゲの付着や炭化物の吸着がよくみられる（図41）。また、土器の外面をみると胴部の下側が二次的な火熱を受けて酸化作用で明るい褐色に変色している場合も多い。これらは深鉢が火にかけられて煮炊きに用いられたことを示している。縄文土器の深鉢に残るスス・コゲの特徴と生成実験から調理方法を研究している小林正史は、オキ火の中に置いて長時間加熱する調理方法が多かったと推定している（小林正 2008）。

煮炊き用の土器の利用は、土器がなかった旧石器時代にくらべて、食品の種類を大幅に増やしたであろう。たとえば、すぐに鮮度が落ちて生食に向かない魚介類を、煮炊きによって効率よく衛生的に調理することができた。貝の剝き身や魚油の採取にも深鉢は大いに役立ったにちがいない。縄文時代に貝塚が盛んに残された一つの要因は、煮沸によってアサリやシジミのような貝類を大量かつ衛生的に調理することができたためである。また、ナラ類のドングリやトチの実のような渋み・えぐみの強い木の実を食品として利用できたのも、煮沸によるアク抜きが可能となったからである。また、北海道アイヌの保存食であるアタッ（サケ・マスの乾燥保存食）のように、天日や炉の煙でカチカチに乾燥された魚や肉を食べる際にも、煮炊きで柔らかくもどす必要があった。

深鉢は縄文人の食生活になくてはならない基本的な調理器具であり、縄文時代を通じて最も主要な器種であった。煮炊き調理は衛生的にも栄養面でも食の質を向上させ、縄文人の健康を助け寿命を延ばす効果を社会にもたらしたと考えられる。土器の出現を縄文時代開始の指標と考える説は、こうした煮炊きの効能を最大限に評価す

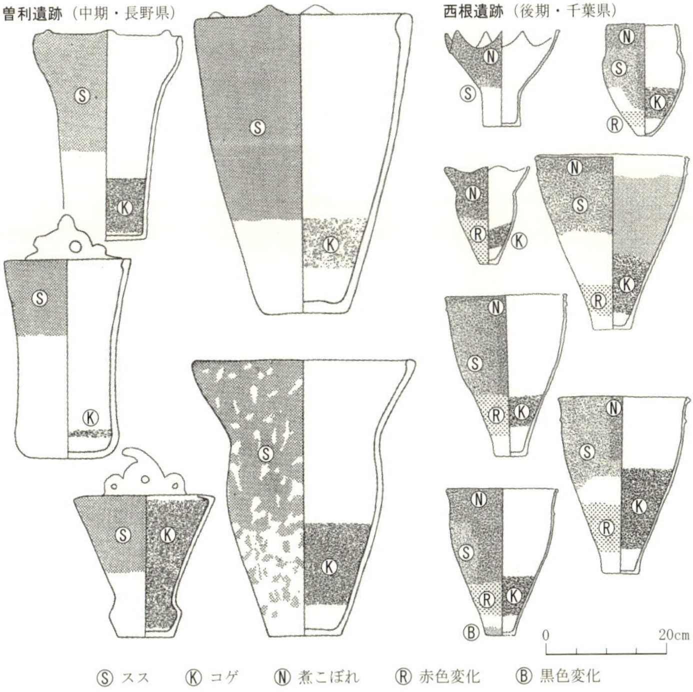

図41　深鉢に残る煮炊きの使用痕

るものである（小林達 1994）。

縄文土器の形式

考古学では「型式」と「形式」の２つの用語を別の意味で使い分けている。「形式」とは機能や用途にかかわる形を分類する概念である。私たちが使う器にも壺・皿・鉢などさまざまな器種があり、用途の使い分けがあるが、この器種の分類が形式にあたる。壺の中にも頸の細長い形、口の広い形、頸のない形などが含まれるように、形式は細別することもできる。一方、「型式」の方は、素材の上にデザインされた形を分類する概念であり、製作技術のちがいや文様パターンのちがいなどにもとづいて分類される。こちらは機能や用途による分類ではなく、年代や産地、系統などを映し出す面が強い。ここでは「形式」からみた縄文土器の特徴を説明する。

縄文土器と弥生土器を比較してみると、デザインや製作技術が異なるだけでなく形式の組成がまったく異なっている。弥生土器には米や種籾を貯蔵する壺と炊飯用の甕が必ず含まれ、稲作農耕の生活スタイルに適合した基本的なセットを構成している。一方、縄文土器の場合は煮炊き用の深鉢が最も基本的な形式となっているが、それ以外に必須といえる器種はなく、日常生活で使われる形式の種類はそれほど多くない。とくに貯蔵形態の壺は、後期・晩期の東北地方で比較的多くみられるほかは、縄文時代を通してあまり一般的な形式にはならなかった。

深鉢以外の形式は、草創期から前期までの前半期には少ない。前期に漆器生産が本格的に始まると、漆塗りの浅鉢なども作られるようになるが、土器の形式が一気に増加するような劇的な変化はどの地域にもみられない。煮炊き以外の用途には、土器以外の編籠や樹皮籠が一般的に用いられていたと考えられる。草創期・早期の土器の中には編籠や樹皮籠の形を模倣したものがあるが（小林達 1994、

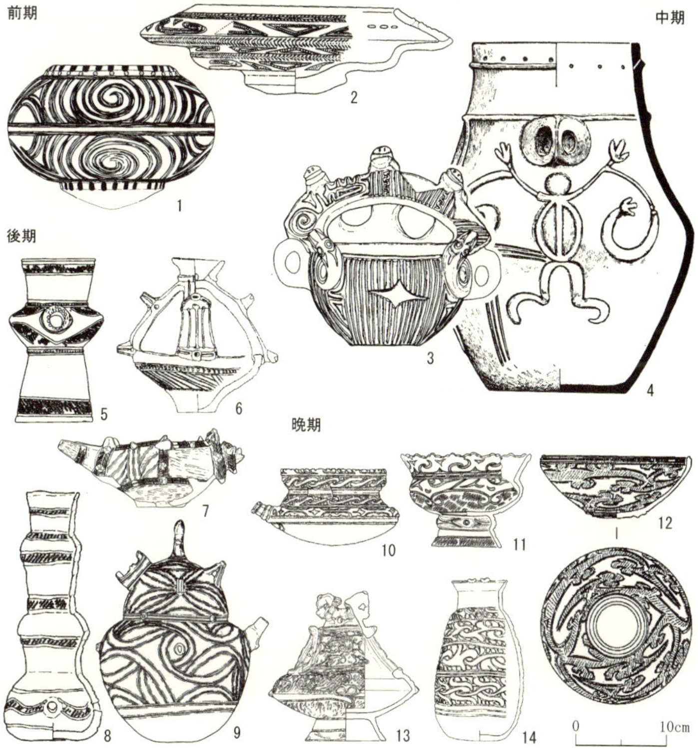

1. 押出（山形県）2. 糠塚（岐阜県）3. 穴場（長野県）4. 井戸尻（長野県）5. 加曽利貝塚（千葉県）
6. 高井東（埼玉県）7. 元屋敷（新潟県）8. 王子ノ台（神奈川県）9. 野田生1（北海道）
10. 大野（秋田県）11・13. 是川中居（青森県）12. 細野（青森県）14. 蒔前（岩手県）

図42　精巧に作られた儀礼用の土器形式

水ノ江 2015）、こうした造形が散見されるのもその証拠であろう。中期になると、深鉢以外の形式が定着するが、地域差が大きい。太鼓説や醸造器説のある有孔鍔付《ゆうこうつばつき》土器は中期の独特な形式の一つであるが、その分布は中部・関東地方にほぼ限られている。

形式からみた縄文土器の際立った特徴は、儀礼や祭祀に使われる精製土器の種類が多いことである（図42）。この傾向は後期・晩期に顕著となり、土瓶形の注口《ちゅうこう》土器が盛んに用いられたほか、浅鉢形土器や台付土器、香炉形土器などが作られた。こうした形式には、手の込んだ文様や丁寧な磨き、赤彩や漆塗りなどで美しく飾られた器が多く、美術工芸品のようなみごとな作りの精製品もみられる。儀礼祭祀用の精製土器には、器形からは具体的な用途を推定することのできない、不思議な形態のものが少なくない。口が２つある双口土器、孔の開いた胴に脚を付けた異形台付土器、土偶の頭とそっくりな香炉形土器などがその例である。実用的な機能性よりも象徴性が上回っているために、当事者たちにしか用法がわからないのである。

日常的な煮炊きやアク抜きには、質素な作りの粗製深鉢が用いられた。後期・晩期の東日本地域では、儀礼祭祀用の精製土器と日常生活用の粗製土器がはっきりと分化した。土器の形式にみられる晴《ハレ》と褻《ケ》の区別は、縄文人の生活が日常生活と宗教的生活の二面から成り立っていたことを映し出している。

３．住まいと建築技術

竪穴住居

縄文時代の遺跡から出土する住まいの遺構で最も一般的なものは竪穴住居である。地面を数十 cm ほど掘り下げて床面と壁を作り出した半地下式の家屋である。竪穴住居内の床面には普通１カ所の炉が設けられている。北海道大船《おおふね》Ｃ遺跡で見つかった中期の竪穴住居跡は掘り込み面からの深さが2.4m もある。本州以南の縄文集落ではこれほど深い例はみられない。なお、本書では慣用の術語である「竪穴住居」を用いるが、厳密にいえばすべてが居住用であったのかどうかはわからないので、「竪穴建物跡」と称する方がより適切である。

竪穴住居は住まいの形式としては寒冷地に適した北方系の家屋で

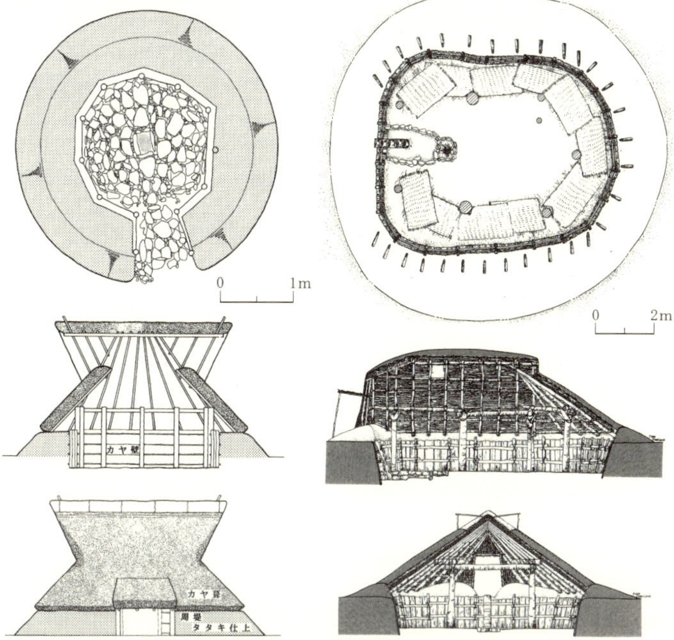

図43　竪穴住居の復元例　草葺屋根と土屋根

ある。北太平洋沿岸地域には竪穴住居を住まいとする諸民族が分布しており、巨視的にみれば縄文時代の竪穴住居もその分布の南限にあたる。佐原真は竪穴住居とイヌを北方系の文化要素と考えて、縄文文化の成立に北方系文化が関与した可能性があると論じている(佐原 1987)。その見方を裏付けるように、縄文時代の日本列島でも竪穴住居が一般的にみられるのは中部・関東・東北地方の東日本一帯と北海道であり、比較的寒冷な地域に広がっている。それに対して近畿地方以西の西日本一帯では、竪穴住居の発掘事例が極端に少なくなる。東日本と西日本では縄文時代の遺跡分布密度が異なり人口の差を考慮しなければならないが、住まいの形式が異なっていた可能性がある。

竪穴住居が通年居住用の住まいであったのかどうかについては、確証がまだ得られていない。前述した北方系の民族例では、屋根に土を被せた土屋根の竪穴住居を冬季の防寒用に使用している場合が多いことから、縄文時代の竪穴住居を冬季防寒用と類推する論者もいる。実際に屋根に土を被せた痕跡が確認された発掘事例もある。新潟県和泉A遺跡では遺跡全体を覆いつくす妙高火山の泥流堆積物によって中期の竪穴住居跡がパックされ原状をよく留めていたが、竪穴内に流れ込んだ土の堆積状態から屋根の半分ほどを土で覆った構造が復元されている。岩手県御所野《ごしょの》遺跡では、中期後半の竪穴住居内に多量の焼土が堆積している状況から、屋根に被せた土が火災により崩落したものと推定されている（図43）。

土屋根住居の中には冬季防寒用の家屋が含まれていた可能性も考えられる。しかし、東日本一帯では弥生・古墳時代から奈良・平安時代まで竪穴住居が伝統的に継承されており、主要な住まいの形式と考えるのが自然である。奈良県佐味田《さみだ》宝塚《たからづか》古墳出土の「家屋文鏡」の背面には、豪族の居館を構成していたとみられる4種類の家屋が写実的に描かれているが、そのうちの一つは寄棟式の屋根を地面に伏せた形の竪穴住居である。北海道栄浜1遺跡では、それとそっくりの竪穴住居をかたどったとみられる軽石製品が出土している。このような茅葺屋根の竪穴住居も多かったと考えるべきであろう（図43）。

竪穴住居の上屋構造は、住まいとしての居住性能や定住度にかかわる要素であり、竪穴内に堆積する覆土の観察と分析を丁寧におこなって実態を解明していく必要がある。

床や室内の構造もまだよくわかっていない。千葉県大膳野《だいぜんの》南《みなみ》貝塚（中期）では貝殻粉を用いた漆喰塗りの床が見つかっており、千葉県内に類例が散見される。群馬県茅野《かやの》遺跡の晩期の住居跡では、網代《あじろ》状の敷物が残っていた。

縄文時代の竪穴住居には、同じ竪穴を繰り返し利用しながら上屋を建て替えた痕跡が頻繁にみられる。その中には旧い竪穴をほぼそのまま利用し主柱をほぼ同じ場所で立て直しているケースもある。主柱の位置や本数を変えずに上屋を作り変えるのは、屋根の重みを支える梁をはじめ、長年使いつづけた主な建材を再利用したことを示す特徴である。多数の柱穴がほぼ同じ場所で重複している現象は、弥生・古墳時代の竪穴住居にはそれほど見出せない。ここに縄文時代の建築流儀の一端を読み取ることができる。

住まいの多様性

住まいの構造は地域の気象条件や建材となる樹木の分布に規定される。積雪・降雨量、気温・湿度、台風の頻度、火山噴火のリスクなどは、家屋の建築に影響する自然条件となる。また、屋根を葺き替える材料や上屋の建材なども住まいの構造を規定する要素となっていたであろう。東日本と西日本の間にみられる竪穴住居の採用頻度の地域差は、そうした諸条件のちがいを想定させる。実際、縄文時代の住まいには地域や時期による多様性が認められる（図44・45）。

縄文時代の竪穴住居は、床面積15～25m^2程度のサイズが標準的である。数人から10人程度の小規模な世帯を想定させるサイズといえる。しかし、その数倍の面積をもつ長大な家屋が前期・中期の東北地方を中心に発達した。「長方形大形住居」あるいは「ロングハウス」と呼ばれる家屋の形式である。一般的な竪穴住居の数倍の規模をもつことや、長軸上に複数の炉を設置する特徴から、複数の家族が共住する複合家屋とみる説が有力である。渡辺誠は、堅果類の貯蔵と集中的な処理の機能を兼ね備えた雪国特有の家屋と想定している（渡辺誠 1980）。蓋然性のある仮説の一つだが、確証はまだ得

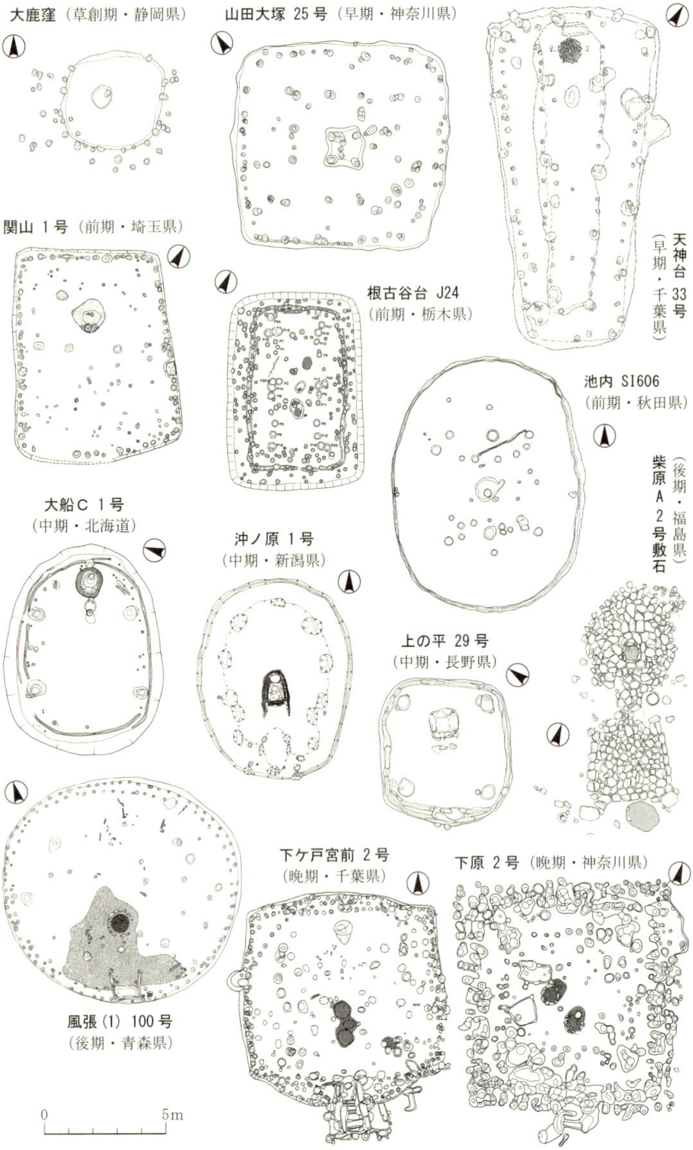

図 44　竪穴住居の平面形

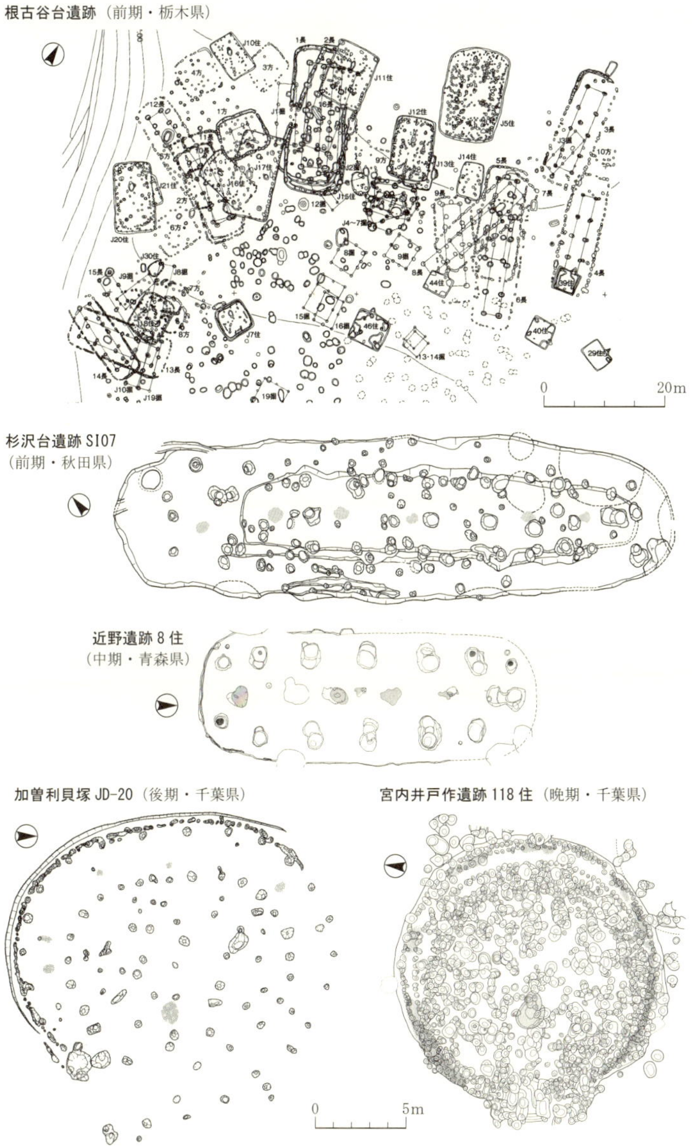

図45　大形住居と大形掘立柱建物

られていない。

竪穴住居以外の建物の遺構として掘立柱建物跡がある。長方形・方形・六角形など柱穴配置のプランや規模に変化がみられる。中期の新潟県和泉A遺跡や神奈川県ナデッ原遺跡では、最大20mの長大な例を含め掘立柱建物を環状に配列した集落跡が発掘されている。これらの遺跡では掘立柱建物が主要な住まいの形式であった。新潟県青田遺跡（晩期）では、萱・葦のようなササ類と木材で作られた壁が出土している。

日本海側の新潟県・山形県地域では、中期後半頃から竪穴をもたない長方形住居や太い柱を方形に配置した掘立柱建物が増加してくる。後期後半から晩期の東北地方および新潟県地域では、掘立柱建物を環状に配置した特徴的な環状集落が発達する。青森県上野尻《かみのじり》遺跡（後期後半）、福島県宮畑遺跡（晩期）、新潟県籠峰遺跡（晩期）、元屋敷遺跡（晩期）などに典型的な例がみられる。新潟県藤橋遺跡の晩期の掘立柱建物は、柱穴の深さが1.5m以上に達するものもあり、相当の荷重にも耐える構造となっている。積雪への備えと屋内貯蔵の機能を兼ね備えた、この地域特有の家屋構造と考えられる。

関東・中部地方でも、後期中頃から深い掘り込みをともなう竪穴住居は減少し、住まいの輪郭が捉えにくくなる。多数の貝塚をはじめ地域の遺跡群の動向は活発だが、住まいの遺構が明瞭でなくなるのである。プランの輪郭に沿って多数の壁柱を立て並べた壁立式の家屋が普及したことがその一因とみられる。土壁の住居を想定するのは阿部芳郎である。西アジアには日干し煉瓦などが積み重なって丘状になったテルと呼ばれる遺跡が多いが、阿部は崩れた土壁が長年の間に積み重なってテルのような遺丘となったものが、この時期に点在する「環状盛土遺構」の正体ではないかと論じている（阿部芳 2005）。

ヨーロッパ・アルプス山脈の周辺地域では、湖や湿地の上に杭を立て並べて作った「杭上《こうじょう》住居」の集落遺跡が数多く存在する。これと同様の杭上住居が縄文時代にも存在したかどうか検討の余地がある。山形県押出《おんだし》遺跡（前期）では、木柱列で囲まれた楕円形の建物跡や、転ばし根太と呼ばれる丸太敷を基礎にした盛土遺構が、漆器・石器など多量の遺物をともなって多数発掘されており、低湿地に生活の場があったことを示している。新潟県青田遺跡（晩期）では、当時の河川に沿った低地に掘立柱建物を立て並べた集落を営んでいた。低湿地に作られた水場遺構が各地で発掘されているが、それらの機能については堅果類のアク抜き処理施設との見方に偏りすぎているきらいがある。低湿地を意図的に選択した家屋の形態がありうることを念頭に置いて、今後の調査を注視していきたい。

設計と建築技術

家屋の設計や建築技術の研究はあまり進展しておらず、これからの研究課題である。竪穴住居の平面形をほぼ線対称に二分するラインを「主軸」と呼ぶ。縄文時代の竪穴住居の多くには主軸があり、柱穴が規則的に配置されている。棟をもつ屋根の構造を想定させる特徴である。竪穴住居には主軸と柱穴の配置によってさまざまな型式が識別でき（橋本 1976）、ここに家屋の建築技術を復元する手がかりがある。

竪穴住居の平面形は時期・地域ごとにさまざまだが、大まかにいえば円形と方形のちがいがある。前者には正円に近いものや楕円形・卵型などの種類がある。後者にも正方形に近いものから長方形までの変異が含まれる。円形・方形の選択がどのような理由でなされるのかは明らかでない。上屋の設計や建物の構造に関係した建築学的要因、地域文化や集団差を背景とした文化的要因、求心性や座・地位を意識した心理的要因、世帯や家族の構成・居住人数などの社会的要因が複合しているものと予測される。円形・方形の住まいを比較すると、平均的なサイズはあまり変わらないが、方形の方が面積のばらつきが大きく、かつ大形化した事例が多い傾向がある。居住人員の増減に対応しやすいのは方形プランの家屋の方とみてよかろう。環状集落が著しく発達した中期の関東・中部地方では、集落のスペースデザインにも共通する円形住居がもっぱら採用された。それらの円形住居はサイズの偏差が比較的小さく、各戸の居住人員が平均的であったことを示している。

建材がそのまま遺存する事例が乏しいことから、具体的な建築技術の研究はあまり進んでいない。北陸地方の晩期に盛行した環状巨木柱列の発掘調査では、直径が1m近いクリの巨木を断ち割り、断面半月形に加工する木取りの技術が注目を集めた。木工・製材技術の特徴を示す数少ない物証である。中期の集落遺跡から出土する炭化材にはクリ材が圧倒的に多い。クリ材は腐朽しにくい性質をもち、かつては鉄道の枕木にも利用されていたものである。縄文人もその特長を熟知していたらしく、実を食用とするだけでなく材を建築用として利用した。

住まいの設計に関しては、規準となる尺の存在を示唆する事例が注目されている。たとえば青森県三内丸山遺跡で発掘された巨木柱遺構では、6本のクリの巨木が4.2mの正確な間隔で配列されており、35cmを一単位とする尺が用いられた可能性がある。中期の竪穴住居の設計にも尺が用いられた可能性があることを、櫛原功一が甲信地方の事例の分析から明らかにしている（櫛原 2015）。

4．生活設備と交通

パイロテクノロジー

パイロテクノロジーとは火や熱を利用する技術をさす。縄文時代には還元炎を利用する密封性の高い窯はまだなく、燃料も草木に限られているため、縄文人が操作できた温度には限界があった。やきものの技術水準でみると縄文土器はすべて軟質の土器であり、野焼きによる焼成法が一般的であった。しかし、縄文人の残した遺構には、火熱を効果的に操るさまざまな技術と設備がみられる。

竪穴住居の床面には普通1カ所の炉が設けられている。炉の種類や規模はさまざまで、構造のちがいから地床炉《じしょうろ》・石囲炉《いしがこいろ》・土器埋設炉などと分類されている。屋内炉は火種保存・照明・採暖・調理・燻蒸などの機能を兼ね備えた重要な生活設備であった。竪穴住居跡からクッキー状またはパン状の加工食品が炭化して出土することがあるのは、屋内の炉端や灰の中で焼いていたためであろう。炉の上部に設置された棚の上で食料を長期保存する機能を備えた住居も多かったと推定される。東北地方の中期末には「複式炉」と呼ばれる、縄文時代の屋内炉としては最大級の炉が発達した。埋設土器と大形の土坑を併設した特殊な炉で、丁寧な石敷きをともなうものが多い。発掘された事例は数多いが、その具体的な機能・用法の解

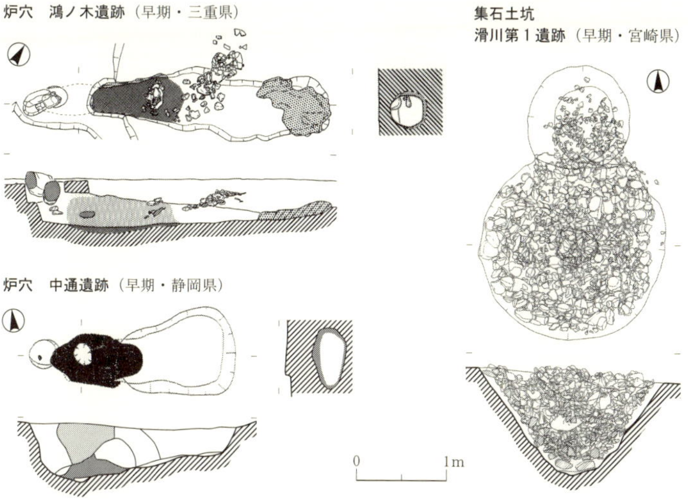

図46　集石土坑と炉穴

明には至っていない。

高温に焼いた礫を利用した集石土坑も盛んに使用された（図46）。直火でなく焼石の熱を利用したオーブンである。草創期の南九州で盛行したものが初期の例であり、早期以降には各地に普及した。使用された礫の総量が100～200kg に及ぶような大型の集石土坑もめずらしくない。宮崎県清武《きよたけ》上《かみ》猪《い》ノ《の》原《はる》遺跡で見つかった最大級の例（早期）は、直径約 4 m、使用された礫は5000個以上にも及ぶ。大掛かりな施設と燃料消費量から推して日常的な調理用とはとても考えられず、儀礼食や祭宴などに際しての特別な肉料理に使用されたものと推定される。

炉穴《ろあな》と呼ばれる半地下式の炉も特徴的な遺構である（図46）。草創期の九州南部では、集石遺構や石組の炉とともに、煙道を設けた細長い炉穴が盛んに使用された（連結土坑と呼ばれる）。煙道の上で肉を燻製にして保存食を作るための炉と推定されている。また、貝塚形成が活発化した早期後半の関東地方でも、同様の炉穴が盛んに使用された。同じ場所で炉穴の構築を繰り返した結果、複数の炉穴が複雑に重複した例が多くの遺跡に残されている。具体的な使用法は解明されていないが、これも利用頻度の高い基本的な生活施設の一種とみられる。

水場遺構

低湿地に木杭を立て並べた遺構や木枠を付けて水槽状に作られた遺構が各地で発掘されている。こうした生活設備を水場遺構と称する。図47に示した栃木県寺野東遺跡の例は、杭列と木材で作られた方形の枠が連なった構造となっている。

埼玉県赤山陣屋遺跡で発掘された晩期の水場遺構は、トチの実の貯蔵とアク抜きを集中的におこなった場所と推定されている（図48）。トチの外皮や種実が多量に出土したほか、煮沸用の深鉢も多

図 47　水場遺構（栃木県寺野東遺跡、晩期）

量に出土している。トチの外皮が堆積したトチ塚が低湿地に残された同様の例は、新潟県正面ヶ原Ａ遺跡や群馬県唐堀遺跡などでも見つかっている。

日本各地の山村にはトチの食文化が受け継がれており、さまざまなアク抜き法が知られている。灰汁で煮るか漬け置きする工程や水をかけ流す工程をともなう場合が多い。これはサポニン・アロインなどの有毒成分を灰のアルカリ成分で中和し、水で流し去るプロセスである。トチは低地や谷筋など低湿地の周囲に生育する樹種であり、アク抜き処理には豊富な水が不可欠であることから、水場の利用はたしかに合理的である。

しかし、実際には水場遺構にもさまざまな構造がみられ、その使途も一様ではなかった可能性がある。水場遺構の分類をおこなった栗島義明は、日本の民俗例ではトチ棚のような水さらし施設が一般的であり、水槽式の水場遺構の類例が見当たらないことから、水場遺構を一概にトチのアク抜き加工用の施設と考えるのは早計だと指

1. 採取　2. 虫殺し　3. 煮沸　4. 潰し　5. 水さらし　6. 搾る　7. 搬出（ムラへ）

図 48　埼玉県赤山陣屋遺跡の水場遺構の推定復元

摘している（栗島 2015）。水場での具体的な活動の復元にはなお課題が残る。

丸木舟

縄文時代にはさまざまな物資が原産地から他地域へと流通していた証拠があるが、それらにともなったはずの交通・運搬技術に関わる出土資料は限られている。交通手段としては、丸木舟が唯一のものである。関連する遺物として木製の櫂がある（図49）。

これまでに出土した縄文時代の舟はすべて１本の木材から削り出された丸木舟である。海進期に内湾域や潟湖となっていた低地に埋没していた丸木舟が各地で出土している。千葉県の九十九里地域や琵琶湖周辺での出土例の多さが目立つ。千葉県雷下《かみなりした》遺跡で出土した早期末頃のものが今のところ最古の出土例である。用材にはイヌガヤ・ムクノキ・クリなどの樹種が選択されている。木材を組み合

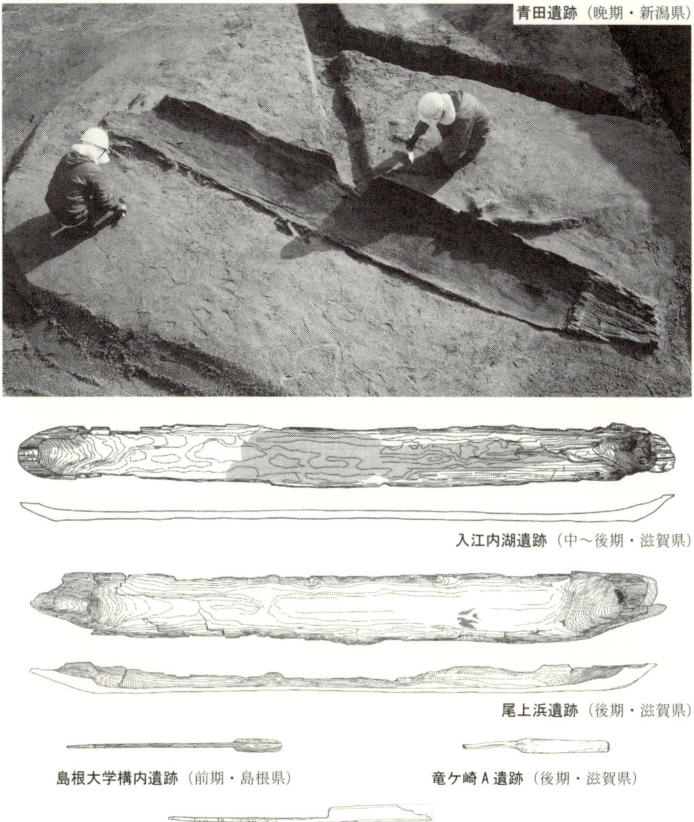

図 49　丸木舟と櫂

わせた構造船やアウトリガーをもつカヌーは出土例がない。完全な形を留めていた丸木舟の出土例をみると、全長５〜７ｍほどのものが多い。東京都中里遺跡では、縄文中期の汀線に一艘の丸木舟が係留された状況で出土している。当時の東京湾や河川を利用して移動・運搬がおこなわれていたのであろう。

　中期の関東地方南部の遺跡から出土する黒曜石は、伊豆諸島の神津島産の割合が高い事実が知られている。伊豆半島の先端付近に位置する静岡県段間《だんま》遺跡は、神津島産黒曜石の荷揚げの拠点と推定される遺跡で、大形の原石が出土している。神津島産黒曜石の獲得と運搬にも丸木舟が利用されたと考えてまちがいない。

縄文人の渡海技術は高く、黒潮の強い海流を横断して伊豆諸島南端の八丈島とも往来があった。八丈島の倉輪遺跡から出土した中期初頭の土器には、北陸地方の系統の型式が含まれ、当時の移動と交流範囲の広さを物語っている。日本海に沿った航路もすでにあり、北陸地方と東北地方の間で土器やヒスイ製品などがやりとりされていた証拠がある。本州と北海道を隔てる津軽海峡も、交通の障害とはなっておらず、前・中期の円筒土器文化の時期などはむしろ重要な航路であった。奄美大島や沖縄本島から九州の曽畑《そばた》式土器や市来《いちき》式土器が出土することがあるのも、渡航技術の高さを物語る。

これだけの航海技術をもっていながら、縄文人が朝鮮半島やサハリンに頻繁かつ積極的に進出した形跡はみられない。それは地理的条件によるのではなく、むしろ言語や領域といった文化的・社会的な要因が関係していたことを予測させる。

第6章　縄文時代の社会

人間は動物としてのヒトであると同時に、社会的な存在である。家族という相互扶助の小さな社会に誰もが属している。また、文化と歴史を共有する大きな社会の一員でもある。生きるための知識や技能はすべて社会を通して教育され、社会的に伝承されていく。そこに人間と他の動物とのちがいがある。

縄文文化も社会という基礎の上に成り立っていた。目に見えない社会組織や制度を遺跡に残る物質資料から復元することは容易でないが、社会考古学の分野でも研究が深化してきた。この章では、遺跡に残る考古資料から縄文社会の実像にどこまで接近できるのかを考える。縄文社会に関する学説には見解の相違や対立もあるが、それを含めて研究の現状を概説する。

1．婚姻と家族

原始共同体論と家族論

家族は生殖・教育・相互扶助の機能をはたす社会の基礎的な単位である。縄文社会の研究でも家族の問題は基本的な課題となる。

集落の構成から先史社会の復元を試みた和島誠一は、縄文社会の姿を端的に映し出すものとして、広場を中心に竪穴住居が集合した長野県尖石《とがりいし》遺跡の環状集落に注目した。個々の住居は小さく劣弱だが、それらが集合して強固な共同体が組織されていたものと捉え、それを「原始共同体」と称した（和島 1948）。和島は、農耕牧畜がまだおこなわれていなかった縄文時代には素朴な道具と技術しかなく、余剰を生み出すほどの生産力はなかったので、過酷な自然の中で生き抜くには共同体を組織するしかなかったと述べ、大規模な環状集落の姿に共同体の強い規制を読み取る一方、個々の住居に住む家族には社会単位としての自立性がなかったと考えた。

この学説が発表された当時は、先史社会を語る具体的な考古資料がまだ乏しく、L.モルガンの『古代社会』やF.エンゲルスの『家族・私有財産・国家の起源』が説明のモデルとされた。モルガンは北米先住民の親族名称や婚姻の研究をもとに古代社会の進化を野蛮・未開・文明の段階に区分し、エンゲルスはそれを生産力の増大による社会と経済の発展段階として説明した。原始共同体という社会像は、マルクス主義の史的唯物論が描く人類社会の発展法則を縄文時代にそのまま当てはめたものであった。

遺跡の発掘調査が急増した1970年代以降になると、実資料にもとづいた縄文社会の研究が本格的に始まった。佐々木藤雄は、食料貯蔵の発展過程を明らかにして原始共同体論を批判し、前期・中期には家族単位の個別労働と生産物の占有が生じていたと論じている(佐々木藤 1973)。そして、そのような見地から家族や婚姻の復元に取り組み、千葉県姥山《うばやま》貝塚における廃屋葬の再検討や埋甕《うめがめ》の分析などから、ゆるやかな婚姻規制をもった単婚家族が一般的な形態であったと推論した(佐々木藤 2008)。

社会人類学の分野でも家族の研究が進展し、モルガンらの古典的学説の見直しが進んだ。G.マードックが提起した核家族普遍説が紹介されたことも、縄文時代における家族の見方を変える一つの契機となった。現在では、縄文社会にも家族制度が存在したという見方が一般的な理解となっている。

住居面積からみた家族

家族構成を正確に復元するためには家族全員が合葬された埋葬例

が必要だが、そのような理想的事例はほとんどない。竪穴住居の分析からアプローチするほうが、十分な数のサンプルが得られる点で有効である。竪穴住居の平面形や床面積は、一つの家屋に共住する世帯の規模や家族構成を推定する手がかりとなる。

竪穴住居が普及した前期・中期の東日本地域では、15～25m²程度の住居規模が一般的である。神奈川県西ノ谷《にしのやと》貝塚で発掘された前期中頃（黒浜式～諸磯ａ式期）の竪穴住居跡67棟を例に挙げると、最小約６m²から最大約43m²の変異幅を示し、平均値は19.4m²となっている。炉・柱・通路を除いた起居のスペースから推定すると、平均的なサイズの居住人員はせいぜい６～７人であろう。核家族の住まいとしては適当な規模である。しかし、床面積30m²以上の比較的大きい方形住居も含まれており、世帯の規模は一定ではなかった。埼玉県打越《おっこし》遺跡の前期前半（関山式期）の方形竪穴住居でも、10m²前後の小型から60m²以上の大型まで、床面積にかなり大きな差がみられる（図50）。

一方、寒冷で積雪の多い北陸・東北地方では、前期から中期にかけて長軸上に複数の炉を並べた長方形住居が発達した（図45）。ロングハウスとも呼ばれるこの種の住居は、長径が10ｍを超える長大なものであり、中には面積が100m²を超える例も含まれる。20m²前後の標準的サイズにくらべれば明らかに規模が大きい。武藤康弘は、複数の炉をもつことや間仕切りをもつ事例の存在から、複合家族の住居と推定している（武藤 1997）。複数の核家族が結合して、大人数の複合家族を構成していた可能性がある。

住居面積の傾向は時期・地域ごとに変動している。青森県三内丸山遺跡を例にみると、前期末の円筒下層ｄ式期から中期前葉の円筒上層ａ式・ｂ式期には、６本ないし８本柱の長楕円形住居が特徴的で全体的に規模が大きい。これは一家屋に共住する世帯の規模が比較的大きかったことを示している。しかし、円筒土器に代わって

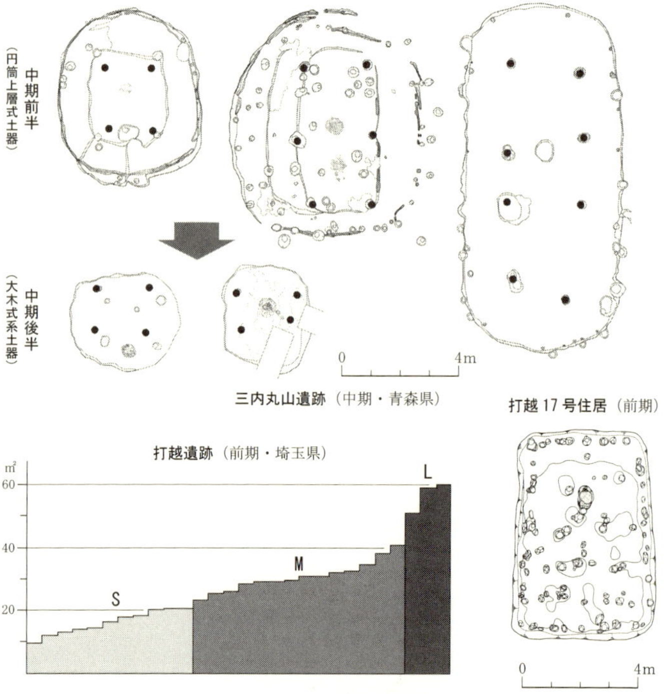

図50　竪穴住居面積の変異

大木《だいぎ》式の系統の土器が使われる中期後半になると、住居型式が一新され、住居面積は小さく平均的となる。比較的小規模で人数の変異が小さい家族形態が想定できる。後者は核家族的であり、前者は複数の核家族が共住するような家族形態を想定させる（図50）。

家族の規模や構成は婚姻制度と居住規則によって決まる。北米先住民社会を対象とした研究では、夫方居住にくらべて妻方居住の方が家屋の面積が大きいという研究例がある。縄文時代の竪穴住居に大小さまざまなものが含まれ1戸あたりの面積の変異が大きいのも、婚姻規則と家族形態がさまざまな要因により変動していたことを示唆している。住居面積の時期的な推移や地域的な傾向を詳しく調べ、家族制度を復元する基礎データとしていく必要がある。

有力世帯

後期・晩期の集落では家屋の規模に大きな格差が見られる場合がある。家族構成がかならずしも均質ではなく、大人数をかかえる有力世帯が存在した可能性が示唆されている。

中期末になると、関東・甲信地方に展開していた多くの環状集落が急に衰退し、柄鏡形住居という特異な家屋が出現した（図67）。細長い出入口が取りつけられた形態で、石を敷き並べた敷石住居が多いことも特徴となっている（山本暉 2002）。柄鏡形住居の性格については、一般的な住居なのか特殊な施設なのか議論がつづいている。神奈川県小丸遺跡の後期集落を分析した石井寛は、集落全体を見渡す位置に大形の柄鏡形住居が位置し、同じ場所で構築を繰り返している現象に注目する。しかもその家屋の前面には密集する土壙墓群がある。石井はそれを「核家屋」と称し、葬送儀礼などに中心的な役割をはたした長の家と解釈した（石井 1994）。その後の調査で核家屋の類例が増え、後期前葉から中葉に点在することがわかってきた。それらの核家屋の前面には墓群や配石遺構が造営されているケースが多く、葬送儀礼や祖先祭祀を司るリーダーの住まいと考える状況証拠が確かにある。

後期中葉から晩期になると、千葉県を中心とする地域では、一般的な住居から隔絶したサイズの大形住居が出現した（吉野 2007）。千葉県加曽利貝塚の東側斜面で発見された後期中葉の例は床面積が226m^2もある。千葉県吉見台遺跡で発掘された晩期の大形住居は直径約18m、床面積約255m^2もの規模であり、現在知られる最大の例である（図51）。階級社会に移行していた弥生時代でさえ、これほど大きな住居は稀である。千葉県宮内井戸作遺跡では、一般的な住居が集中するエリアから離れて大形住居が位置し、ほぼ同じ場所で

図 51　晩期の大形住居（千葉県吉見台遺跡）

建築が繰り返されている。この種の住居からは、石剣類・異形台付土器・土偶などの儀器類が出土することが多く、ここでもやはり儀礼祭祀との関連性が示唆されている。家屋の規模からみて一般的な単婚家族の住まいとは考えられず、ムラの有力者が一夫多妻のような大家族を構成していた可能性も考慮しなければなるまい。儀礼用の公共施設という推測もあるが、明確な根拠はない。前段階に存在した核家屋の構造を継承している点からみても、儀礼祭祀を司るムラのリーダーの住まいと理解する方が妥当である。大林太良がその存在を予測した秘密結社（大林 1971）などもあながち想像ではなく、現実味が出てきた。

2．部族と親族組織

土器型式圏と部族

縄文土器型式の分布圏は、数万 km^2 に及ぶ広域なものから、古代の郡ほどの比較的狭いものまで、さまざまな広がりを示しているが、その分布圏内には多数の集落と遺跡が含まれているのが普通である。山内清男は土器型式の分布圏を部族とその領域に相当すると推定した（山内 1964）。佐藤達夫は、異系統の土器型式が一遺跡内に共存する現象や、一個体の中に異系統の文様が共存する折衷土器に着目し、こうした現象が生じる要因として、婚姻関係による土器の作り手の移動を想定した（佐藤達 1974）。土器型式の分布圏は、個々のムラを超えた大きな社会組織の存在を示している。また、隣接する地域の間の土器型式の交流は、婚姻を含めた社会関係が成り立っていたことを映し出している。

中期の東日本一帯では土器型式の地域色が強まる現象がみられる。個性的な造形の土器型式が各地に生み出され、あたかも群雄割拠するように地域圏を形成した。新潟県の信濃川流域に分布する火焔型土器はその典型である。その頃の隣接地域には、上山田・天神山式（富山県・石川県）、勝坂式土器（長野県・山梨県・西関東）、焼町《やけまち》土器（長野県佐久地方・群馬県）、大木《だいぎ》7b式・8a式土器（福島県・山形県）などが展開し、相互に関係しながらそれぞれが固有の分布圏を形作っていた。早期・前期にくらべて中期の土器型式は地域化の傾向を明らかに強めている。

火焔型土器のように複雑で規則的な造形は単なる模倣では容易に複製できず、土器作りを伝習する仕組みが背後にあったはずである。小林達雄は「範型」という社会心理学的なモデルで土器型式の社会的な成り立ちを説明し、集団表象としての性格を想定した（小林達 1994）。中期は縄文時代の人口増加がピークに達した時期と推定されている。そのような社会状況の下で個々の地域集団がアイデンティティーを強め、自分たちの存在を誇示するような動きが激しくなってくる。それを物質化したものが、互いに張り合うように発達した個性的な土器型式であったと考えられる。

一般に「部族」とは、同一の言語と文化を共有し、血縁関係による同族意識をもち、一定の領域をもつ人びとを意味する。縄文時代の部族とその領域を厳密に把握することはむずかしいが、土器型式の分布圏は一つの指標となる。同じ型式の土器を用い、土偶や墓制のような文化を共有する人びとは、その地理的広がりや多数の集落を包含する人口規模からみて部族に該当する可能性が高い。とくに、独自の造形と地域色を強めた中期の土器型式は、部族とその領域をかなり正確に反映していると考えてよいであろう。

環状集落と部族社会

部族社会の存在は、環状集落の成り立ちからも推定できる。環状集落とは、集落の外周に住居が環状にめぐる、縄文時代集落の最も特徴的な形態である（図52）。住居を建築する場所は一定のゾーンに限られ、集落の中央部には造られない。そのため、長期間にわたって継続的に営まれた集落では、新旧の住居跡が切り合い重複することになる。こうした空間規制が世代を超えて踏襲された結果、環状ないし馬蹄形の規則的な形態が形作られていく。

環状集落の中央部分には、しばしば多数の土壙墓からなる集団墓が造営されている。ここに環状集落の性格が端的に表れている。集団墓を中央に位置づけた環状集落のスペースデザインは、亡くなった祖先たちとのつながりを大切に考えていた、当時の社会的意識を映し出している。死霊を恐れて忌み嫌うのではなく、祖霊として大切に扱っていたことが読み取れる。血縁関係で取り結ばれた何らかの親族組織が環状集落の背後に存在したことは確実である。

このような環状集落が成立するのは前期のことである。集団墓造営が本格的に始まり、墓地での儀礼祭祀や副葬習俗が発達する。長野県阿久《あきゅう》遺跡では700基以上の土壙と立石・列石遺構をともなう大規模な集団墓が中央部にあり、５万点以上の礫と多量の遺物、280基もの集石土坑からなる環状集石群が墓域の周囲に残された。集団

大清水上遺跡（前期・岩手県）

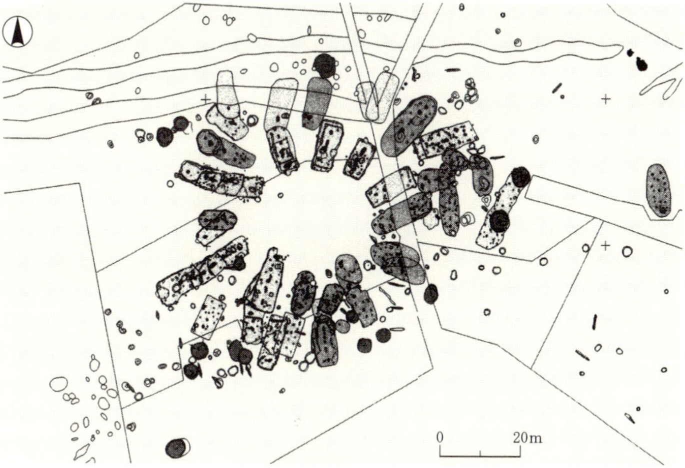

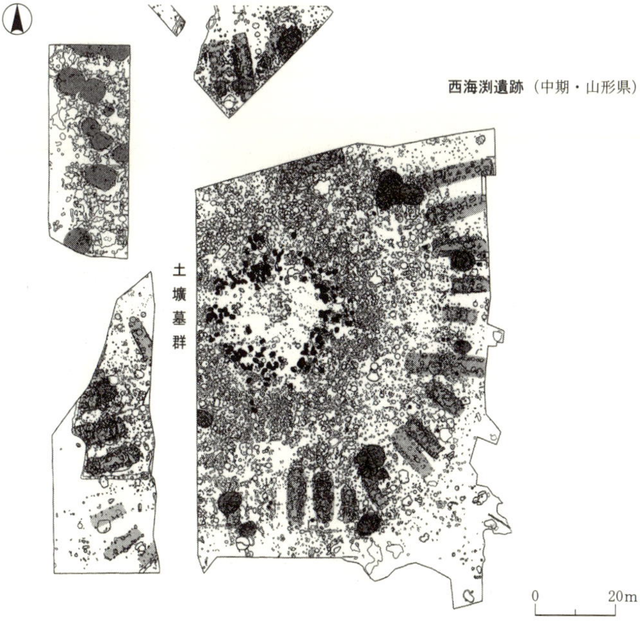

図 52　環状集落の空間構成

墓の造営と儀礼が繰り返しおこなわれた場と推定される。発掘された住居跡は意外と少なく、阿久遺跡の住民だけの墓地とは考えにくい。おそらく、八ヶ岳南麓に展開する多くの集団が関係した特別な場所であったのだろう。

阿久遺跡と同様の性格をもつ遺跡が、前期の関東地方や東北地方にも点々と分布している。集団墓造営という社会的行為は、祖先との血縁的なつながりが強く意識されていたことを示す。直近の血縁だけではなく、世代を超えてつながる出自や系譜が社会的に認知されるようになったことで、同族意識をもった部族が組織された可能性が高い。同族集団にとって集団墓は最も求心的な場であり、葬送と儀礼を通じて部族全体の社会統合が図られていたのであろう。

分節構造と出自集団

中期になると環状集落の造営が最盛期を迎え、その様相も前期とは大きく異なったものとなる。長期継続的でおびただしい数の住居跡が集中する拠点的な集落が各地に現れてくる。たとえば群馬県三原田遺跡では、300棟以上の竪穴住居跡と1000基以上の土壙やピットが累積し、遺構の重複が激しい。個々の竪穴住居跡を観察すると、改築や建て直しの痕跡を留めているものが多く、同じ竪穴を利用しながら何度も建築を繰り返したことが見て取れる。住居建築の延べ棟数は300棟どころではなく、1000棟近くに達する可能性さえある。中期になるとこうした様相の「拠点集落」が各地に点々と現れてくる。

拠点集落の形成とともに、集団墓の様相もまた大きく変容する。多数の土壙墓を環状に配置した環状墓群が発達するとともに、墓群の内部をいくつかの単位に区分する構造がみられるようになる。山形県西海渕《さいかいぶち》遺跡、岩手県西田遺跡、東京都向郷遺跡、同多摩ニュータウン№107遺跡などに典型的な例がある。全体が大きく二分され

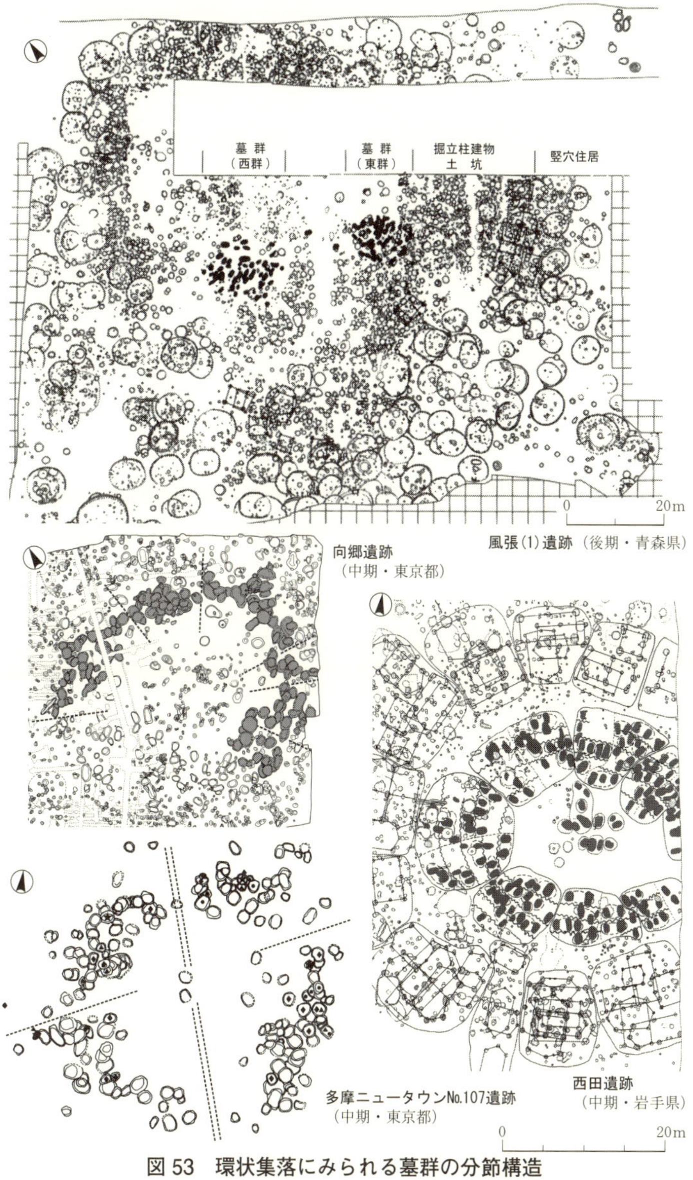

図 53　環状集落にみられる墓群の分節構造

た例や、さらに多数の単位が内包される場合もある。このような構造を「分節構造」と称している（図53、谷口 2005）。

最も特徴的なパターンとなっているのが住居群や墓群の全体を二分する構造である。大林太良はこれを「双分組織」の証拠と考えた（大林 1971）。双分組織とは、部族あるいは村落が２つの集団から成り立ち、補完的な関係になっている組織のことを指す。親族組織の発達した部族社会にしばしばみられる特徴的な社会構造である。中期の環状集落に頻出する二分の分節構造は、大林が想定したとおり双分組織の存在を表している可能性が高い。

分節構造の発達は、部族内に血縁の細かな区別が生じてきたことを表している。墓群の区分がかなり長期間、世代を超えて継承されている例も少なくない。東京都多摩ニュータウン№107遺跡では、４単位に分節化した埋葬区分が中期後半から後期初頭にかけて、200年以上にわたって踏襲されている。このような事例から、永続性をもった親族集団が部族内に分立していた状態が想定できる。それは世代交代を繰り返す家族のような居住単位ではなく、世代を超えて系譜を受け継ぐリネージやクランのような出自集団であった可能性が高い。生物学的な意味での血縁関係ではなく、父系ないし母系の出自が社会的に認知されるようになり、それにより部族内が分節化していた状態が読み取れるのである。このような形に分節化した部族を、社会人類学では「分節的部族社会」という。

人口密度の高さ

中期の東日本地域に現れたこのような社会構造の背景には、人口密度の高まりがあった。

図54は関東地方南西部における拠点的な環状集落の分布状態を、前期と中期で比較したものである（谷口 2014）。環状集落の数と分布密度は、前期と中期でまったく異なることがわかる。縄文海進が

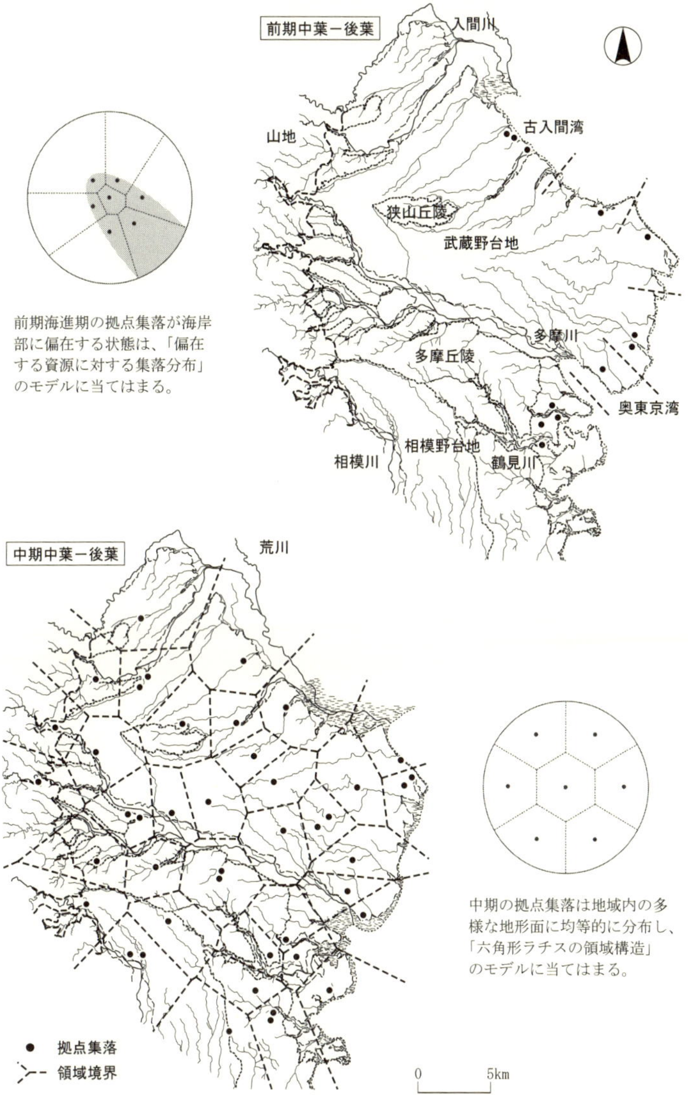

図 54　拠点集落の分布と領域構造の変化

ピークを迎えた前期に環状集落の最初の発達がみられるが、その数は限定的で海岸部に分布が限られていた。ところが、中期になると数多くの拠点集落が現れ、内陸部を含めた地域全体にその分布を拡大した。地域人口は増大し、各集落が占有できる領域はそれだけ細分化することとなった。遺跡の分布状態からそれぞれの拠点集落の生活領域を推計してみると、平均50km^{2}ほどになる。狩猟採集民の生活領域としてはかなり狭い規模である。藤本強は、一つの拠点集落の住民を仮に100人として、1km^{2}あたりの人口密度がほぼ2人、狩猟採集民社会としては極限的な高さに達していたと推計している（藤本 1994）。

個々のムラにとって、食料や燃料などを獲得する生活領域を維持することは必須の生存条件であった。部族や出自集団の役割とは、個々の居住集団を組織化し、テリトリーの秩序を守ることにあったと考えられる。人口密度の高まりと領域の細分化の中に社会の分節化を引き起こす必然的な要因があったといえる。

環状集落の成り立ちが人口密度と関連していたことは、日本列島での巨視的な分布からも捉えられる。環状集落が盛行した地域は、遺跡分布密度の高い関東・中部・北陸地方から東北地方南部にかけての東日本一帯にほぼ限定されている。それとは対照的に、遺跡分布の希薄な西日本一帯には環状集落はまったく分布しない。中期に生じた環状集落の増大、拠点集落の形成、そして分節構造の発達は、人口密度の高揚とともに生じた社会の複雑化を映し出している（谷口 2017b）。

3．社会の複雑化

平等とはかぎらない狩猟採集民社会

日本の先史時代において階級社会が形成され始めたのは弥生時代

と考えられている。稲作農耕の開始とともに、労働組織の編成や生産物の管理、戦闘の指揮、農耕祭祀などを担う政治的首長が発生したと説明されている。それに対して、農耕をもたず余剰を生み出す生産力をもたなかった縄文社会では、階級分化や権力形成は起こらず、平等な社会が維持されていたと考えられてきた。しかし、そのような常識を疑わせる事例もある。

北米北西海岸先住民のハイダ族やトリンギット族は、漁撈を主な生業とする狩猟採集民でありながら立派な木造家屋に住み、みごとな彫刻のトーテムポールを建てたことで有名であるが、彼らの社会には貴族・平民・奴隷の社会階層があった。「ポトラッチ」という盛大な祭宴で気前よく賓客をもてなし惜しみなく私財を投ずることが、貴族層が威信を獲得する手段であった。こうした民族例は、狩猟採集民の社会でも資源が豊かで定住化が実現するようなところでは社会の階層化が起こりうることを示している。

佐原真は、縄文文化の豊かさと社会水準が19世紀の北米北西海岸民の社会に匹敵するものとし、「北西海岸の人びとは、魚、とくにサケに依存する食料採集民でありながら、ひじょうに豊かであって、自由民は常勤の専門技術者をかかえ、そして奴隷をもっていた。彼らが奴隷を所有できたなら、生活基盤の勝ったわが縄紋文化に、とくに東北地方晩期の亀ヶ岡文化に奴隷がいたとしても不思議ではない」と述べている（佐原 1985）。

生態人類学者の渡辺仁も、土俗考古学（民族考古学）の知見をもとに縄文時代後半に階層化社会が存在したと主張する（渡辺仁 1990）。渡辺が調査した北海道アイヌの社会にも、神聖なクマ猟に従事する家系とサケ・マス漁を主な生業とする漁撈系の家族との間に貴賤の区別があった。こうした男性の生業分化が社会階層化の要因となり、特殊な技能と知識をもつ狩猟者がエリート層になると渡辺は考えている。

社会階層

縄文時代に社会階層が存在したかもしれないとの見解は、かなり早い段階からあった。後藤守一と大林太良は、権威的首長や世襲的酋長の存在に言及し、平等な原始共同体という一般的な理解とはちがった見方を示している（後藤 1952、大林 1971）。

鈴木公雄は、縄文時代後半に呪術や儀礼を取り仕切る首長の存在を想定する。そして、当時の最もすぐれた技術である木工や漆工芸が儀礼のための器物の製作におしげもなく投入されている点に注目し、そうした人物が呪術的世界と日常的な生産活動の両面での指導者の性格を合わせ持っていたと論じている（鈴木公 1984）。縄文人の労働が彼らの生活の維持には直接結びつかないものへと拡大されていった事情について、集団の有力者が権威を保持するためにおこなう富の消費や競争が、社会全体の経済活動を活発化させていた、との重要な見解を示している（鈴木公 1979）。

高橋龍三郎は後期・晩期に格差や不平等を示唆する状況証拠が増えてくることを具体的に示している（高橋 2004）。社会複雑化の指標として、①実用を超えた規模の製品や豪華な装飾をもつ器物の出現、②戦争の証拠、③ポトラッチを含む贈与交換の痕跡、④祭祀・儀礼の催行、⑤先祖祭祀の事例、⑥大型施設の有無、⑦親族組織の分節化、⑧威信財的なレガリア（位階表示装置）の有無、⑨子供の厚葬、⑩墓にともなう特別な施設、副葬品または佩用品の格差、を挙げ、中期以降にこうした要素の増大を認めて平等社会から階層化社会への移行が始まっていたと論じている。高橋はその過程にある社会を「トランスエガリタリアン社会」と呼ぶ。

筆者は、環状集落の分節構造に表れた親族身分による集団・個人の差別化が社会階層化につながったと考えている。中期の環状墓群の中には中心埋葬をもつ事例があり、葬儀において特別扱いを受ける少数の人物がいたことを示している。中期後半には墓域を結界する環状列石が現れ、後期には墓地と一体となった記念物造営がさらに盛行する。祖霊祭祀が組織的におこなわれるようになり、儀礼祭祀に関係した工芸品や儀器の生産が促進され、希少品を入手するための長距離交易も発達した。儀礼祭祀の盛行とともに社会の複雑化が加速した、というのが筆者の考えである（谷口 2017a）。

社会階層論への批判

一方、社会階層については慎重な見方もある。林謙作は、豊かな物質文化をもつ亀ヶ岡文化について、前述の佐原とは正反対の見方を示している。亀ヶ岡式土器や漆器、土偶などの遺物は一見非常に豊かだが、それは余剰になりうるものを浪費することによって経済格差の増大を抑制し、平等社会の秩序を維持しようとしたからだと考える（林 1976）。縄文社会には隔絶した家柄や突出した個人は存在せず、ムラの指導者はいたとしても世話役程度にとどまるというのが林の理解である（林 2001）。

勅使河原彰も社会階層化の議論には強く反論している（勅使河原 2016）。一部の人物が手厚く埋葬された事例は確かにあるが、そうした人物も共同墓地の中に埋葬されている点こそが平等社会の証であると考える。狩猟・漁撈の優れた技能や呪術をおこなう霊能などの個人の資質がリーダーの条件となっていただけであって、首長や貴族のような世襲化された不平等は存在しなかったと主張する。

縄文時代の墓制と装身具・副葬品等の埋葬属性を通時的に検討した山田康弘も、社会階層化について慎重な見解を示し、貴族・平民・奴隷のように不平等が世襲されるような階層化社会の存在を肯定するだけの資料は存在しないと論じている（山田康 2008）。羽生淳子は、環状列石などの記念物造営や長距離交易の発達、特殊専門化した工芸品などに社会階層化の傾向を見て取るが、リーダーたちが権力操作に用いることのできる余剰は少なく、墓制も共同墓地の枠を超えないことから、階層化の程度は小さいと論じている（Habu 2004）。

このように社会階層化については研究者の間でも見解が分かれており、大きな争点となっている。階層をどのように定義するのか、個人間の優劣や差別を考古資料からどのように認定するのかなど、今後もしばらく議論がつづいていくことになる。

埋葬に表れた格差

縄文人は死者を丁寧に埋葬した。最も一般的な埋葬法である屈葬は、早期にすでにおこなわれていた。長崎県岩下洞穴・大分県枌《へぎ》洞穴・群馬県居家以《いやい》岩陰などでは、複数の遺体を岩陰や洞窟内に埋葬しており、早期の特徴的な葬法となっている。前期には多くの土壙墓を集合させた集団墓が出現し、土器の副葬や装身具の出土例が増加することは前述のとおりである。

縄文時代の墓地は基本的に集団墓である。特定個人のために築造された大規模な墳丘墓は縄文時代には存在しない。しかし、埋葬の取り扱いや墓の種類、副葬品の多寡には格差がみられる。安斎正人は、秋田県池内《いけない》遺跡の前期後半の集団墓の中に、多数の石鏃や大形の石槍が副葬された墓がみられることに注目し、威信を集める特殊な狩猟者の存在を想定する。とくに大形石槍を保有する人物はごく少数に限られ、狩猟の中でも最も危険なクマ猟に従事するような別格の狩猟者として、社会的威信を集める存在であったと推定している（安斎 2007）。渡辺仁が想定するエリート層としての「退役狩猟者」（渡辺仁 1990）が実在したとみるのである。

埋葬や副葬品の格差は後期以降にしだいに目立ったものとなってくる。後期に出現した配石墓や石棺墓の中には、大型で造作の入念な上級な墓が散見される。また、複雑な葬制として再葬墓が知られている。東北地方北部の後期初頭から前葉には、一次埋葬用とみら

丸子山遺跡１号周堤墓（後期末・北海道）

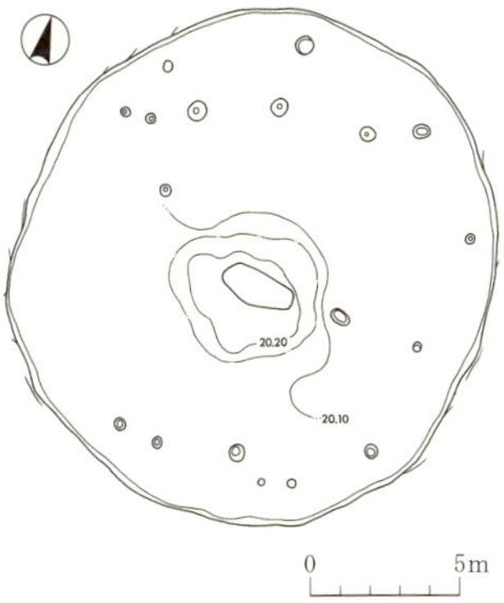

美々４遺跡 BS-3（後期末・北海道）

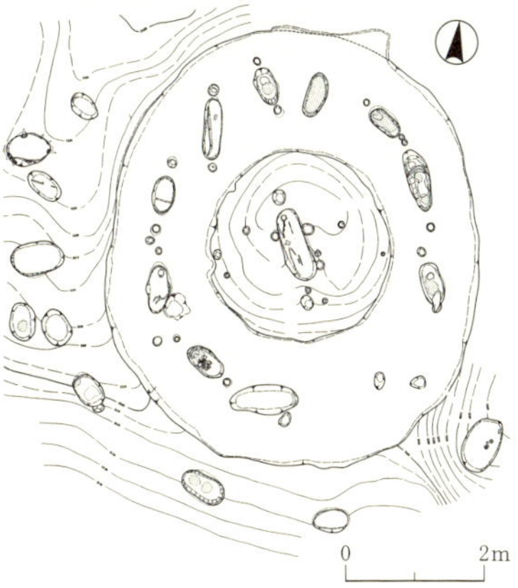

カリンバ遺跡 123 号合葬墓（後期末・北海道）

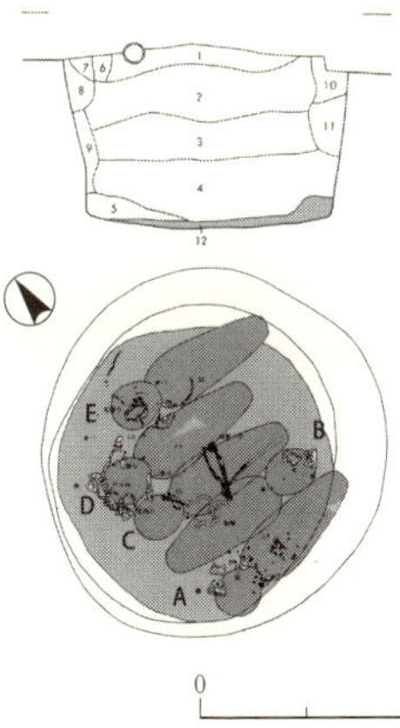

下布田遺跡方形配石遺構（晩期・東京都）

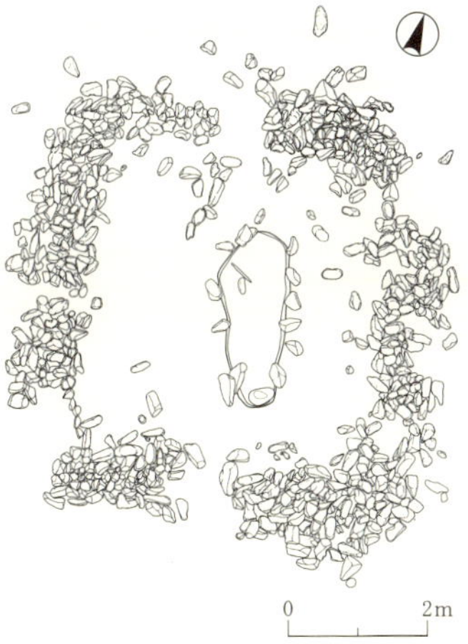

図 55　埋葬にみられる個人格差

れる石棺墓と再葬用の土器棺墓が盛行する（葛西 2002）。再葬の対象となったのはすべての死者ではなく、ごく少数の人物であった。土器棺に人骨が遺存した例はすべて成人で男女をともに含んでいる。青森県薬師前遺跡の３号棺に納められた壮年女性は、左手首に７個のベンケイガイ製貝輪を装着し、イノシシ牙製の首飾り一連12

点が棺内に納められていた（図69）。被葬者の特殊な地位あるいは階層を彷彿とさせる一例である。

後期末から晩期になると、特定個人ないし少数者のための区画墓が一部に出現する（図55）。配石や低い墳丘をともなう事例も存在する。北海道の丸子山遺跡1号周堤墓（後期末）や美々《びび》4遺跡SB-3（後期末）、東京都下布田遺跡の方形配石遺構（晩期中葉）などは、弥生時代の方形周溝墓とくらべても遜色のない規模をもっている。墓壙から出土する装身具や副葬品にも格差がみられる。北海道カリンバ3遺跡の墓地には、竪櫛などの漆製品が集中して出土した特殊な合葬墓が4基あり、埋葬の取り扱いと副葬品の保有に著しい格差が認められる（上屋・木村 2016）。晩期後半以降の北海道では、多量の副葬品をもつ人物の突出ぶりが際立ったものになる。

特別扱いされたのは大人だけではない。子供でありながら並みの大人がもてないような装身具を付けて丁重に埋葬された事例が散見される。中村大は、貴重な財を副葬された子供の墓が後期・晩期の東北地方で増加する現象に注目し、これを社会的不平等の世襲化を示す「子供への投資」と解釈する。中村は後期・晩期の北日本に世襲的な階層社会がすでに存在したと主張している（中村 2000）。

より大胆な推測もある。小林達雄は子供と大人の合葬例が多いのは不自然であるとして、「身分の高い子供に無理矢理あの世までのお供を命ぜられた奴隷あるいは奴隷身分の乳母たちなのではないかと推測する余地がある」と述べている（小林達 2000）。高貴な人物の死にともなった殉死の可能性は、前述の北海道カリンバ3遺跡の合葬墓についても論じられている（上屋・木村 2016）。

葬制は社会の状態を映し出す鏡である。縄文時代の社会階層化がどのように、どこまで進展していたのかを、埋葬例から注意深く読み取らねばならない。

抜歯の意味

現代の日本では、心と体の発達過程を区分する幼児期・思春期のような言葉が広く通用する半面、成人式や結婚式のような人生儀礼にはあまり意義がないと考える人が多くなった。しかし、社会の中での人間は、子どもと大人、親と子、夫と妻のようなカテゴリーに区別されており、それぞれの社会的役割をはたしている。個人の社会的位置づけを転生させる節目におこなう儀礼を「通過儀礼」という。成人式は子どもが大人になるための通過儀礼であり、この儀礼を経て大人として社会的に認知され、それなりの権利や義務・役割が与えられる。葬儀もまたこの世からあの世への通過儀礼であり、死者に先祖という社会的位置づけを与えるものである。

縄文時代の通過儀礼を知る手がかりの一つに抜歯《ばっし》がある。健康な永久歯を抜く危険な儀礼行為で、縄文・弥生時代に盛行した。世界にも民族例が数多く知られている。抜き去る歯は口を開いたときに見える切歯・犬歯・第一小臼歯が普通である。抜歯は身体加工の一種であり、社会的地位の表示あるいは通過儀礼にともなった施術という説が有力である。

縄文時代における抜歯の起源は古く前期には確実な事例があるが、盛行するのは縄文時代後半である。とくに晩期には8本の歯を抜いた著しい例や、残る切歯に刻みを入れフォーク状に加工した「叉状研歯《さじょうけんし》」という特殊な事例もみられる（図56）。

抜歯には規則的なパターンがある。春成秀爾は、抜歯の施術率が高い晩期の東海地方以西における抜歯人骨を検討し、二系列の型式が区別されていたと推定した。そして、成人・結婚・服喪などの人生儀礼の中で抜歯が段階的におこなわれ、抜歯型式によって個人の社会での位置づけが表示されたと考えた（図57）。春成によると、出現頻度が最も高い上顎犬歯の抜歯は成人式で施術された可能性が高く、その次に施される抜歯は婚姻によるものと推定され、下顎の

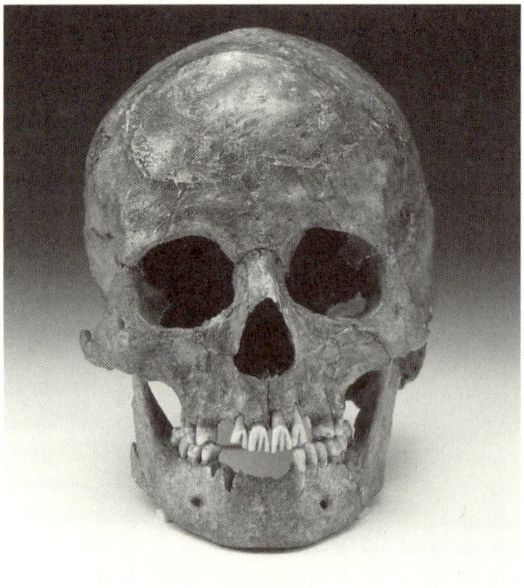

図 56　抜歯人骨
（愛知県伊川津貝塚 40 号人骨・男性）

切歯４本を抜く型（４I型）と下顎の犬歯２本を抜く型（２C型）があった。異なる抜歯型式が一つの墓地の中に共存するのは、ムラの生来の成員（４I型）と他所から婚入してきた者（２C型）を区別するためであったと春成は推定する。そして、婚姻抜歯と性別との関係を調べ、東海地方の愛知県吉胡《よしご》貝塚では選択居住婚、中国地方の岡山県津雲《つくも》貝塚では妻方居住婚がおこなわれていたと結論したのである（春成 1979・2002）。縄文時代の婚姻制度と居住規則に踏み込む挑戦的な研究であった。

抜歯の型式にはさらに重要な情報が秘められている可能性がある。山田康弘は、福岡県桑原飛櫛貝塚や熊本県七津江・カキワラ貝塚など九州地方の出土人骨に散見される上顎左右側切歯抜歯が、中国の大紋口文化などに共通する大陸系の抜歯型式であるとし、海峡を越えた人的・文化的交流を表す証拠になると論じている（山田康 2008）。抜歯研究の基礎資料とされた人骨資料は、大正期に発掘された例など、かなり古い時期に調査されたものも多く、年齢・性別などの基本情報を再検討する必要性も指摘されている。

愛知県伊川津貝塚には、４I型抜歯と叉状犬歯を施された３体を合葬した埋葬例がある。特異な抜歯型式と特殊な装身具をもつ３人が一つの土壙に合葬された事情とは一体何だったのか。死亡理由をめぐって想像がかきたてられる。愛知県保美貝塚出土の壮年男性

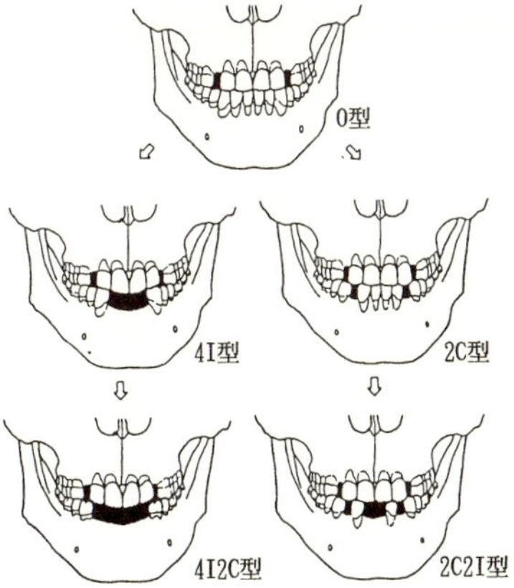

		津雲			吉胡		
0型	男	14			1		
	女	1			1		
4I型	男	5	男	9	31	男	37
	女	18			17		
4I2C型	男	4	女	24	6	女	28
	女	6			11		
2C型	男	13			22		
	女	5	男	23	12	男	29
2C2I型	男	10	女	12	7	女	20
	女	7			8		
合計	男	46			67		
	女	37			49		

図 57　春成秀爾による抜歯型式の研究

（７号人骨）は、頭蓋骨に石斧で攻撃されたと思われる大きな穴が７カ所もあり、闘争や殺人があったことを暗示している（図18）。緊張した社会状況の中ではリーダーの役割もそれだけ大きくなり、集団の結束と秩序を強固にしなければならなかったであろう。身体加工によって個人の帰属や出自を明らかにすることは、おそらくそのような社会状況を背景としたものであり、決して教科書に書かれているような呪術的な奇習ではなかった。

４．特殊生産と交易の組織

交換と分業の始まり

縄文時代の遺跡から出土する遺物の中には、そのムラで作られた自製品でないものや、自分たちの領域内では獲得できなかったものが含まれている。黒曜石・ヒスイ（硬玉《こうぎょく》）・アスファルトなどは、長距離を運ばれたものの例としてよく知られている。縄文時代の生産と消費は単純な自給自足ではなく、さまざまな物資が集団間で交換されていた。そして、専門的な生産と製品の流通をおこなう組織もすでに存在した。

生産の専門化と交易組織の成立にはいくつかの要因があった。第一に、定住化によって生活領域が固定的で比較的狭いものとなり、自分たちの生活圏にない物資を交換によって入手する必要が生じた事情がある。竪穴住居が普及した早期初頭の関東地方では、在地の型式である撚糸文《よりいともん》土器に混じって中部高地の押型文土器が少量出土することがよくある。他地域から運び込まれたこのような土器を「搬入土器」と呼ぶが、早期になると搬入土器が目立つようになる。東京都はけうえ遺跡では、多量の撚糸文土器に混じって樋沢式の押型文土器と黒曜石製の局部磨製石鏃が出土している。いずれも長野県・山梨県地域に広がる型式であり、関東地方と甲信地方との間で交換がおこなわれたことを示している。

第二に、専門的技術が練磨され良質な素材の開発が進んだことが挙げられる。ヒスイ（硬玉）の玉作りにみられる研磨・穿孔技術や漆工技術などは、高度な技術と専門的知識を必要とするものであり、土器・編籠・縄のような基本的な生活用具の製作とは技術的レベルが異なる。製作技術の進歩とともに高品質で価値のある素材が追求され、各地で開発が進められた。

豪雪地帯の冬の季節的労働も、特殊生産を助長した一因である。山形県一ノ坂遺跡（前期）では、全長が約43m もある特殊な竪穴建物跡が見つかり、その内部から総数100万点以上の石器と製作時の石屑が出土した。良質な硬質頁岩が得られるこの地で、大勢の製作者たちが協働して石器を作った工房跡である。不思議なことに、おびただしい数の石器や石屑は屋内の床に埋め込まれており、床を張り直して次の製作がつづけられている。石屑が屋外に廃棄されなかったのは、おそらく雪に閉ざされる冬の仕事だったためであり、また大量の石屑を片付ける手間も省いたのであろう。熟練の工人たちが高い技巧を秘匿した可能性もある。

前期には専門的な手工業生産が本格的に始まった。玦状《けつじょう》耳飾・管玉などの装身具、漆器や漆塗り土器などが前期の代表的な交易品である。前期末にはヒスイ（硬玉）の加工技術も確立し、玉作りが本格化した。黒曜石の開発も進み、より高品質で大きな原石が流通するようになる。関東地方に流通した黒曜石の産地やサイズは前期に大きく変化しており、信州星ヶ塔で良質な原石を採掘する専門的集団が前期末に現れ、各地に供給する交易組織が成立したと考察されている（大工原 2002）。

日常生活に不可欠の土器も単純な自給自足ではなく、中期以降には専門的な生産をおこなう遺跡が現れた。東京都多摩ニュータウン№245遺跡では中期の住居跡から未焼成の土器や粘土、器台などが出土し、土器作りのムラと考えられている（山本孝 2007）。また、近傍に位置する同№248遺跡では、丘陵上で製陶用の粘土を採掘した土坑が5000m^{2}以上もの範囲に密集して発見されている。土器作りを専門的におこなう集団が組織的に生産活動をおこなっていたのであろう。後期の千葉県江原台遺跡・遠部台遺跡では、土器の破片だけが厚さ30cmほどに堆積した特異な堆積層があり、土器塚と呼ばれている。甲野勇はこうした特定の集落に土器作りの専門集団がいたのではないかと想定した（甲野 1953）。

装身具と威信財

特殊生産と交易の拡大に弾みをつけたのが装身具である。装身具は単に身を飾るためのものではなく、先史社会では社会的地位や身分を表示する性格があった。儀礼やまつりの際の盛装にも、威儀を正す装身具が必要とされた。装身具の歴史は、工芸技術の発達過程を示すとともに、社会の複雑化を映し出すものでもある。図58に縄文時代に用いられた装身具のうち、社会的価値のとくに高かった品、威信財となりうる高級品の類を集めた。

縄文前期に流行した玦状《けつじょう》耳飾は東アジアに類例が広く分布し、大陸起源の装身具と考えられている。初期の玦状耳飾が多数出土した福井県桑野遺跡の墓地に埋葬されたのは大陸系移民であったという推測もある。この新たな玉の登場は、装身具の流行に留まらず専門的な玉作りや交換組織の広域化を促し、縄文社会の内部に変化をもたらした。縄文時代にみられる外来の文化要素は多くはないが、波状的な渡来があったことは事実である（浅川・安孫子編 2002)。稲作農耕技術の伝来によって生活と社会の構造的変動が起こったように、大陸系文化要素の伝播が契機となって文化・社会が変容することは他の時期でも起こりうる。渡来文物は少ないが、それが列島の文化・社会に及ぼした影響は無視できない。

新潟県上越地方の姫川流域とその周辺だけに産出するヒスイ（硬玉）は、縄文人の美意識をかきたてる憧憬の品であり、原産地周辺で製作された玉が、東日本全域から北海道にかけて広域に運ばれた。北海道礼文島・船泊遺跡の埋葬人骨が装着していた硬玉製大珠や、沖縄本島の伊礼原《いれいばる》遺跡で出土した硬玉製の玉が、最も遠方まで運ばれた例である。また、原産地周辺ではヒスイの玉作りをおこなった工房が発掘調査で確認されている。新潟県糸魚川市の長者ヶ原遺跡・寺地遺跡や宮崎海岸（ヒスイ海岸）の直上に位置する富山県朝日町境A遺跡などがそれであり、原石から完成品までの製作工程を示す遺物や玉を磨く砥石などが出土している。

ヒスイ製品の分布は原産地から主に東方・北方へと伸びており、とくに中期の大珠は大部分が中部・関東・東北・北海道方面へと運ばれた（寺村 1995、栗島 2007)。これに対して近畿以西の西日本への流通量は明らかに少なく、東日本とは対照的である。ヒスイ製品の分布にみられるこの偏りは、交換ネットワークが東日本・北日本に広がっていたことを表すと同時に、ヒスイ製品の需要が東日本・北日本でそれだけ大きかったことを映し出している（図59)。交易品の広がり方

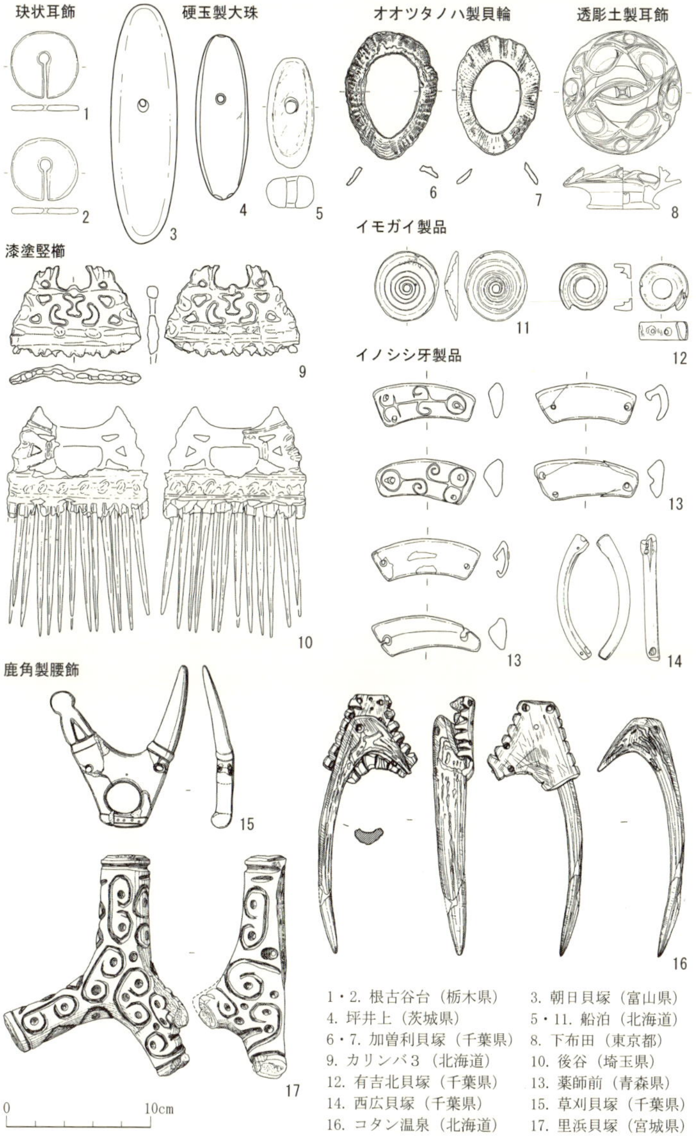

1・2. 根古谷台（栃木県）　3. 朝日貝塚（富山県）
4. 坪井上（茨城県）　5・11. 船泊（北海道）
6・7. 加曽利貝塚（千葉県）　8. 下布田（東京都）
9. カリンバ3（北海道）　10. 後谷（埼玉県）
12. 有吉北貝塚（千葉県）　13. 薬師前（青森県）
14. 西広貝塚（千葉県）　15. 草刈貝塚（千葉県）
16. コタン温泉（北海道）　17. 里浜貝塚（宮城県）

図58　高い価値と象徴性を認められた高級装身具

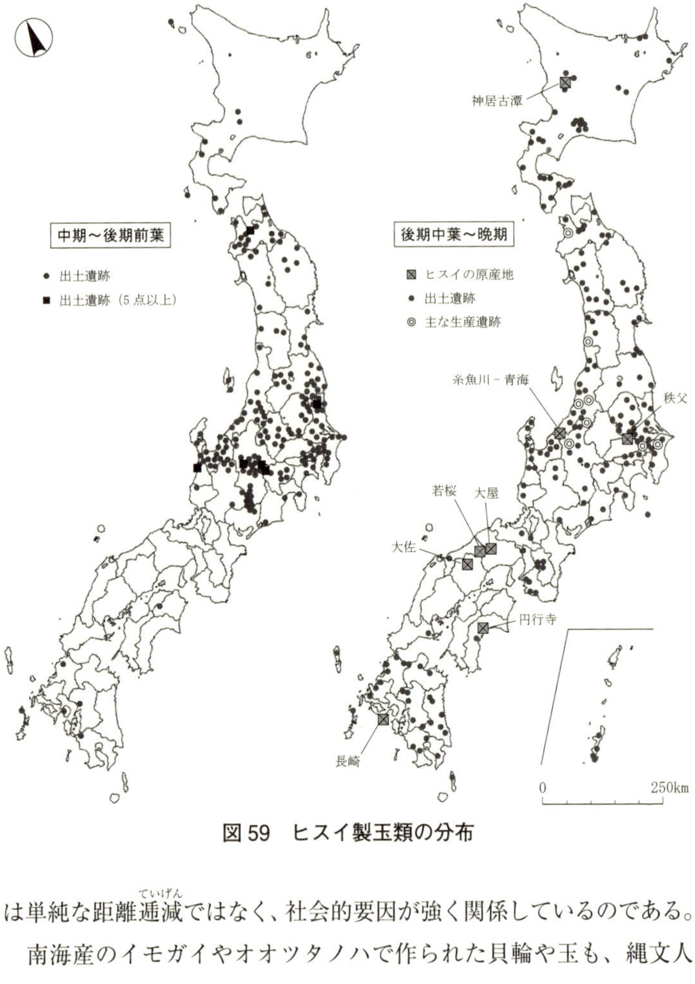

図59　ヒスイ製玉類の分布

は単純な距離逓減《ていげん》ではなく、社会的要因が強く関係しているのである。

南海産のイモガイやオオツタノハで作られた貝輪や玉も、縄文人を魅惑する高級な装身具であった。北海道入江貝塚・戸井貝塚・北黄金貝塚など、原産地からかなり遠く離れた遺跡からオオツタノハ製貝輪の出土例が知られている。南海産貝製品が北海道の遺跡にまで運ばれているのは、より希少価値の高い奢侈品を遠方から入手しようとする願望の強さを表すものである。オオツタノハ製を含む貝輪６個を腕にはめた有珠10遺跡の16号墓（晩期後葉）の被葬者などは、広域的ネットワークにつながり貴重な品々を入手できる人脈をもっていた人物と推測される。

一般の人びとが入手できない高級品・奢侈品を所有することは、古今、有力者の威信獲得の一つの手段である。このような性質をもつ希少品を「威信財」という。縄文時代にあってもこうした威信財が社会の複雑化を助長していたと考えられる。魅惑的な装身具類は、その最たるものであった。

特殊生産と長距離交易

専門的な手工業生産と交易活動は中期を境に増大し、質的にも変化する。日常生活で使われる道具よりも、高級品や儀器などが重要な交換対象となり、そうした特殊生産を専門的におこなう遺跡が数多く出現した。また、希少価値の高い産品が原産地からかなり遠くまで運ばれる長距離交易が本格化した点も特筆される。晩期になると日本列島を縦断するような広域的なモノの移動現象がさらに著しいものとなる。東北地方の亀ヶ岡式土器や中部地方の浮線網状文《ふせんあみじょうもん》土器が近畿以西にまで運ばれた例が数多く確認され、九州北部弥生前期の板付式土器の成立にもその関与が指摘されている（設楽2017)。

縄文時代後半期には装身具の種類が著しく多様化した。鹿角製の腰飾り、イノシシ牙製の玉、彫刻付き石剣、透かし彫り付き土製耳飾、透かしのある漆製竪櫛などは、個人が装着ないし佩用するものであり、その人の地位や出自を表示する機能があったと考えられる。群馬県千網谷戸《ちあみがいと》遺跡・茅野《かやの》遺跡では、土製耳飾と製作工程の遺物が多量に出土しており、集中的な製作をおこなった工房跡と推定される。千網谷戸遺跡の製品と推定されるみごとな透かし彫りのある耳飾りが、東京都下布田遺跡や茨城県廿五里寺《つうへいじ》遺跡などで出土している。

こうした特殊生産を増大させたもう一つの要因は儀礼祭祀の盛行である。宗教的祭儀の発達にともなって儀器や象徴物、精製土器などの需要が増大した。儀礼祭祀には特殊な道具立てが必要とされ、また大勢が参加する祭宴や儀式には特別な酒食も用意されるのが普通である。儀礼祭祀という宗教的活動にともなって特別な物質文化が生み出され、そこに技術の粋が集中して投じられ経済活動が活性化したのである。

晩期の仙台湾沿岸や霞ケ浦沿岸で開始された土器製塩も、典型的な特殊生産である。薄手の製塩土器で海水から塩を採る初期の土器製塩は効率が悪く、わずかな塩を得るために土器と燃料をおそろしいほど消費している。製塩土器のかけらが累々と堆積する茨城県広畑貝塚を調査した近藤義郎は、生産コストに見合わない、分の悪い特殊生産であったと述べている（近藤義 1984）。そうであるからこそ価値もすこぶる高かった。同じく後期・晩期の三陸沿岸でおこなわれた回転式離頭銛を使った猟漁も、熟練の技能を必要とするもので、特別な漁であったと推測される。

このように一見食料獲得のための活動と思えるものの中にも、特殊生産が含まれていた。縄文晩期の東北地方の社会が稲作を受け入れていくのも、当初はコメというめずらしいもの、そしてその味に特別な価値を認めた特殊生産であったと考えられる。

第7章　縄文人の心と世界観

縄文人は文字文化をもたなかった。しかし、文字の代わりに物質文化の中に観念や心象世界を表現している。縄文人の作り出すモノは、道具であると同時に彼らの言語や分類体系と密接に結び付いており、情報や意味を伝えるコミュニケーション媒体の性質をもっていた。可塑性のある粘土で形作られた縄文土器は、縄文人の観念や世界観を自在に表現できる、最も身近な媒体であった。土偶・石棒・岩版などの不思議な遺物も、固有の宗教的観念を表現するものである。また、生活空間である家屋や集落の景観の中にも、空間認知や世界観を映し出す興味深い事例が少なくない。

モノにはこのような両義性があり、意味や情報を伝える記号・コードに似た性質をもつ。この章では、遺跡・遺物の造形を手がかりに縄文人の心の中を覗いてみたい。

1．縄文土器の象徴性

把手・突起の多さ

縄文土器の製作には轆轤《ろくろ》や回転台は用いられていない。回転を応用して均整のとれた器を手早く作る発想は縄文土器の作者にはなかった。それは製陶技術が劣るからではない。心に浮かぶ形象を自由自在に描きたいからであり、指先の動作一つで粘土にそれを大胆に表現していくのが縄文人の流儀である。

世界各地の先史土器と比較してみると縄文土器の文様と造形は際立っている。器の機能を超越した過剰ともいえる造形が特徴的にみ

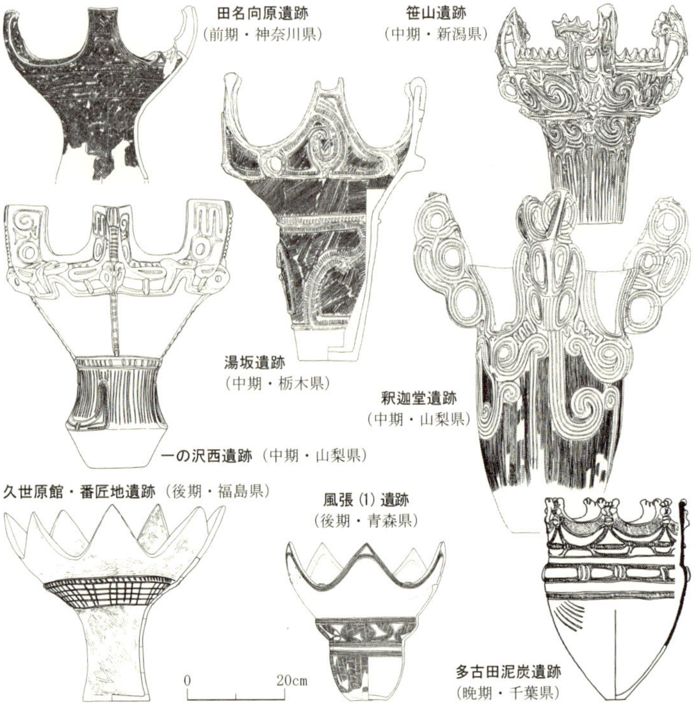

図 60　大形把手の土器

られるからである。約１万6000年前に土器の使用が開始されて以来、縄文土器の形と文様は多様に変化したが、その歴史は、機能・用途の改良よりも文様発達史の方が優っていた。とりわけ注目されるのは中期の造形である。火焔型土器や勝坂式土器、曽利式土器などにみられる大形の把手や躍動的な曲線文は、装飾の域をはるかに超越している。

土器型式の分類と編年を進めた山内清男は、縄文土器の文様・造形が単なる装飾ではないことを見抜いていた。世界の先史土器にあまり例のない縄文土器の特質として、口縁部に付けられた把手・突起の多さに注目している（図60、山内 1964）。口縁部の小突起は早

図 61　鶏頭冠把手をもつ火焔型土器（新潟県津南町出土）

期にすでにみられる。前期後半の諸磯《もろいそ》ｂ式土器に付けられるイノシシ形の獣面把手は、大形把手発達の先駆けとなった。

中期に大形の把手や突起が発達したことは周知のとおりである。信濃川流域を中心に発達した火焔型土器（図61）や関東西部・甲信地方を分布圏とする勝坂式土器はその極致といえる。火焔型土器には、鶏頭冠《けいとうかん》型と王冠型という二種類の大形把手がある。どちらも口縁に必ず４個付けられる。鶏頭冠把手には、内側にＳ字状の曲線文、外側にハート形の窓を配置する決まりがある。王冠型把手には片側に口のような抉りがあり、右向きと左向きの別がある。新潟県地域に分布する真正の火焔型土器はほとんどがこれらの規則に則って作られていることから、把手そのものに何らかの重要な意味が込められていたことはまちがいない。

把手や突起、波状口縁の多さは、数の観念にも関係している。中期以降の縄文土器の文様には、単位となる文様（単位文様）と器面の分割・割り付けがある。単位文様の配置と割り付けのパターンで最も一般的なのは4単位である。把手・突起・波状口縁の数でも4は最多のパターンとなっている。円周を等分する場合に4分割は最も容易で自然なやり方である。しかし、中期以後の縄文土器の中には、3単位、5単位、7単位のような奇数も少なくない。4単位にくらべて割り付けと製作は簡単でなかったはずだが、意図的に採用されているのである。たとえば後期中葉の加曽利B式土器は3単位の把手に強いこだわりを見せており、そのモードは同時期の西日本へも波及した。3という数字に特別な意味や約束ごとがあったことを暗示している。

装飾性文様と物語性文様

縄文土器の文様発達史を論じた小林達雄は、純粋な装飾として付けられたものと、何らかの意味あるいは物語を表現した可能性が高い象徴的なものとを区別し、前者を「装飾性文様」、後者を「物語性文様」と呼ぶ（小林達 1994）。

樹皮籠や皮袋などの形を模写した草創期に対して、早期になると土器文様の主体性が確立するが、早期・前期の時代は単純な装飾性文様が主であった。縄文・撚糸文・押型文・貝殻文のように、施文具の回転圧痕や刺突による反復するパターンが好んで用いられた。沈線による文様もみられるが、幾何学的に描く簡単な図形がほとんどである。ところが中期になると、土偶の顔や体を表現する土器や躍動的なS字状の曲線文が多用され、物語性文様が飛躍的に発達する（図62）。土器文様のこの変化は、土偶の発達などとも関連し、縄文固有の世界観の確立を表すと小林は解釈している。シンボルまたはコードとしての性質をもつ定型的で規則性の強い単位文様が中期の土器にはよくみられる。その多くは渦巻や曲線文であり、ミミズク状把手などもかなり広く採用されている。

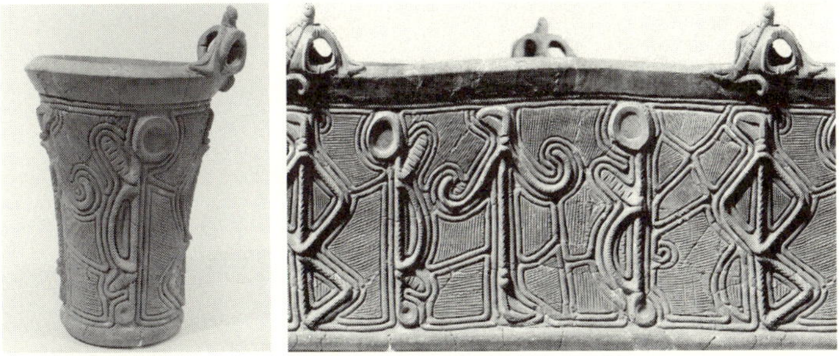

一の沢西遺跡（山梨県）

道訓前遺跡（群馬県）

図 62　中期縄文土器の物語性文様

中期の土器にみられる興味深い現象の一つに、土偶と土器の融合がある。中期中葉の勝坂式土器には土偶の顔面を表現する顔面把手や土偶の上半身を取り付けた土器がある。山梨県津金御所前遺跡出土の顔面把手付き土器は、身ごもった土偶のイメージを表現する好例であり、膨らんだ胴部から突き出たもう一つの顔面から、出産シーンを表現するものと解釈されている。顔面把手付き土器に胴の膨らんだ器形が多いのは、機能的な必要からではなく、妊娠した土偶のイメージからくる象徴的な表現である。

勝坂式土器の作り手たちの心の中はおそらく土偶のイメージで満たされているのであり、土偶を意識しながら土器を形作っている様子がうかがえる。土偶と土器の造形上の融合は、さらに後期・晩期にもつづいていき、縄文土器の一つの特質を形作っていく。

文様帯系統論

縄文土器の器面を横帯状に区画して文様を配置した部分を「文様帯」という。山内清男は文様帯が型式を超えて系統的に受け継がれているとみていた。年代とともに土器型式は移り変わり、文様も変化していくが、文様帯の規則は伝統的に継承されていると考えたのである。そして、中期後半から晩期にかけて文様帯の系統が連続していたことを具体的に論じるとともに、それ以前の土器にも古文様帯の系統があるという見通しを示している（山内 1964)。これが「文様帯系統論」の概略である。この発想の原型は、貝塚の分層発掘にもとづいて先史土器の系統を論じた松本彦七郎の土器紋様論にあった（松本彦 1919)。

縄文時代の土器を私たちは「縄文土器」と総称するが、この常識的な捉え方にはじつは明確な根拠がない。回転縄文は多くの型式にみられる普遍的な文様要素であるが、早期前葉の貝殻文円筒土器（九州地方南部)、早期中葉の貝殻沈線文土器（東北地方)、中期中葉の阿玉台《あたまだい》式土器（Ⅰ～Ⅲ式、関東地方北東部)、後期の凹線文土器（近畿地方)、晩期の磨研土器（西日本）のように縄文をほとんど用いない土器群も実際には少なくない。山内が着目したように文様帯の系統があるとすれば、時期と型式を超えてつながる土器文化の伝統を認識する一つの根拠となる。

文様帯だけでなく文様の中にも時期や型式を超えて継承されたものがある。「玉抱き三叉文」が最も象徴的である。中心となる円文または渦巻文とそれを囲む三叉文からなるパターンで、縄文土器に固有の文様の一つとなっている（図63)。前期末・中期初頭に出現し中期中葉に発達して、北陸地方から関東・中部地方に広く流布している。大形石棒や土偶にも施文例があり、さらに後期・晩期の土

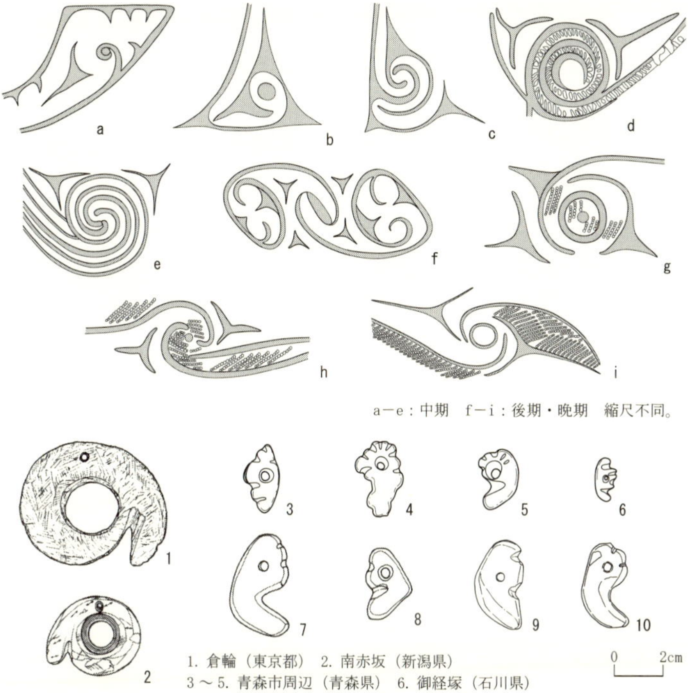

a－e：中期　f－i：後期・晩期　縮尺不同。

1. 倉輪（東京都）　2. 南赤坂（新潟県）
3～5. 青森市周辺（青森県）　6. 御経塚（石川県）
7・8. 上尾駮（青森県）　9. チカモリ（石川県）　10. 野脇（青森県）

図63　玉抱き三叉文と「の」字形石製品・縄文勾玉

器群にも受け継がれていく。

玉抱き三叉文が成立した前期末・中期初頭の北陸・中部地方には、イモガイ製の玉（垂飾）を原型とする「の」字形の石製品が分布するが、両者は造形的に類似している。また、弥生時代に成立したC字状の整形勾玉とはちがって穿孔した頭部の周囲に複雑な刻みを表現する「縄文勾玉」の造形にも共通している。玉抱き三叉文の象徴的意味はこれらの玉類と同一であった可能性が高い。玉抱き三叉文も土器文化の系統や連続性を知る指標となるものであり、ひいては言語や観念を共有する種族を識別する微かな手がかりともなる。

2．祈りの形象と神観念

土　偶

縄文人の道具には、日常生活を支える実用的な道具類と、儀礼祭祀などの宗教的活動に関わる象徴的器物がある。小林達雄はそれを「第一の道具」と「第二の道具」と呼ぶ（小林達 1996）。縄文時代の遺物の中には、縄文文化に固有の「第二の道具」が数多くある。それらは直接生産に関わる第一の道具とともに縄文人の文化と生活の維持にとって不可欠の機能をはたしたと小林は述べている。

土偶は第二の道具の代表格であり、縄文時代を通じてさまざまな型式の土偶が作られた（図64）。その発生は古く草創期にまでさかのぼる。滋賀県相谷熊原《あいだにくまはら》遺跡と三重県粥《かゆ》見《み》井尻《いじり》遺跡の出土例が現在のところ最古である。どちらも抽象的な形態で、乳房ははっきり表現されているが顔面や手足はない。相谷熊原遺跡出土の土偶はわずか3cmほどの小さな粘土像であり、大きな乳房が付くが顔面はなく、上部に小さい穴があけられている。早期になると関東地方や近畿地方で土偶の出土例が増加するが、小型で抽象的な造形がつづく。土偶の変遷を総説した原田昌幸は、こうした初期の様相を「発生期の土偶」と捉えている（原田 1995）。発生期の土偶は、女性的な神霊の姿を抽象的に表現するものであり、縄文人の原初的な神観念を映し出している。

土偶の歴史に画期的な変化が現れるのは中期である。明確な顔面表現と手足をもつ立像形土偶が発達するとともに、型式として識別できる特徴的なタイプが東日本各地に現れる。長野県棚畑遺跡出土の「縄文ヴィーナス」や、山形県西ノ前遺跡出土の「縄文の女神」（いずれも国宝、愛称）は中期の立像形土偶の白眉といえる。東北地方北部の円筒土器分布圏では、脚のない板状の十字形土偶が発達

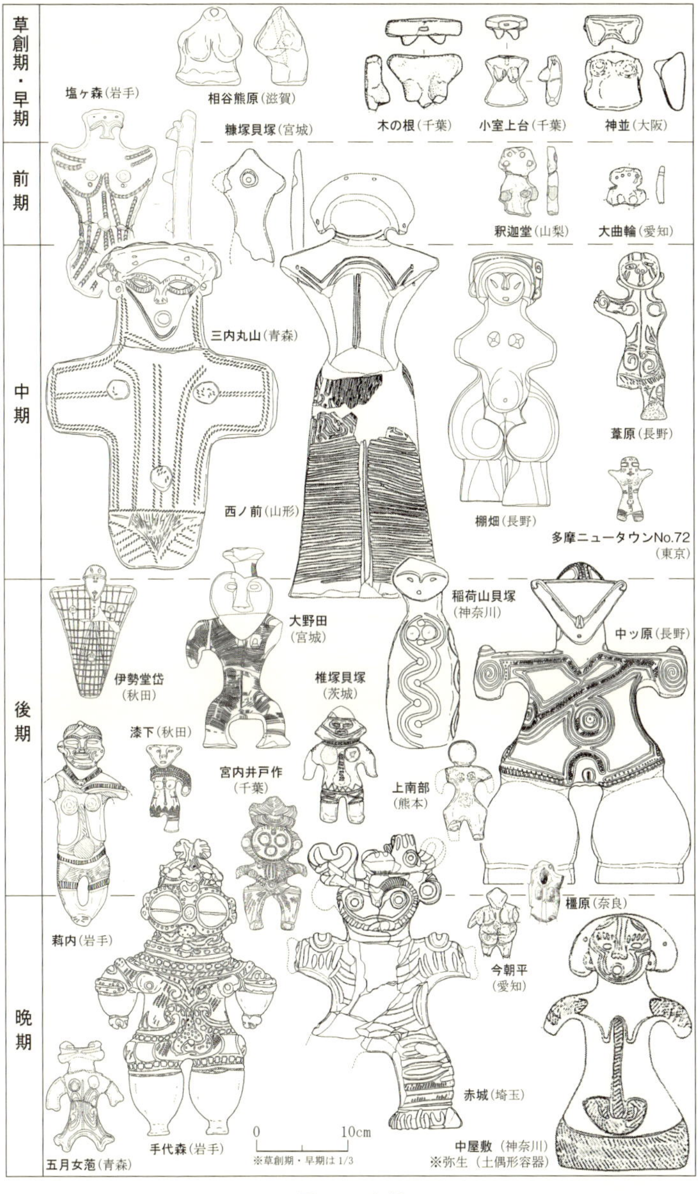

草創期・早期
前期
中期
後期
晩期
塩ヶ森（岩手）
相谷熊原（滋賀）
糠塚貝塚（宮城）
木の根（千葉）
小室上台（千葉）
神並（大阪）
釈迦堂（山梨）
大曲輪（愛知）
三内丸山（青森）
西ノ前（山形）
棚畑（長野）
葦原（長野）
多摩ニュータウンNo.72（東京）
稲荷山貝塚（神奈川）
大野田（宮城）
伊勢堂岱（秋田）
中ッ原（長野）
椎塚貝塚（茨城）
漆下（秋田）
宮内井戸作（千葉）
上南部（熊本）
萪内（岩手）
橿原（奈良）
今朝平（愛知）
赤城（埼玉）
手代森（岩手）
五月女萢（青森）
中屋敷（神奈川）
※弥生（土偶形容器）
0
10cm
※草創期・早期は1/3

図64　土偶

した。土偶を多量に保有する遺跡が現れるのも中期の特質であり、青森県三内丸山遺跡では約2000点、山梨県釈迦堂遺跡では1000点以上の土偶が出土している。

中期に生じた土偶の劇的変化は、当時の人びとがもつ神霊観念が具体的な心像となり、各地の地域集団が個々に固有の神霊を信仰していたことを推測させる。この傾向は後期・晩期にさらにはっきりしたものとなり、数々の個性的な土偶型式を生み出していった。後期前葉の堀之内式土器にともなうハート形土偶、十腰内《とこしない》Ⅰ式土器にともなうO脚板状土偶、後期中葉の加曽利B式土器にともなう山形土偶、後期後葉の安行《あんぎょう》式土器にともなうみみずく土偶、晩期の亀ヶ岡式土器にともなう遮光器《しゃこうき》土偶などがよく知られている。ちなみに、これらの土偶の名称は、体や顔面の表現の特徴を捉えて付けられたあだ名が術語となったものであり、本質とは関係ない。

土偶の性格については女性像か否かが一つの論点となっている。千差万別な造形の土偶がすべて女性を表しているとはいえない。少数ではあるが、男性器の付いた事例も知られている。しかし、発生期の土偶に乳房を表現するものが多いこと、中期以降の土偶の中に妊娠した腹部を表現するものが含まれていることは事実である。腹部に円礫を埋め込んで胎児を表現した例もある。女性の生殖能力がこうした形で象徴的に表現されるのは、土偶が生命や生産に関わる神霊観念に関係していることを推測させる。前述したとおり煮炊き用土器と土偶の造形的融合が中期から晩期に散見されるのも、土偶の観念が生命に直結する「食」に関係していたと理解すれば納得がいく。

磯前順一は土偶の性格を心理学的な面から考察し、母性性を象徴するものと捉えた（磯前 1994）。女性がもつ妊娠・出産という神秘的な力に神霊観念が重ね合わされ、豊穣と多産を象徴する形象として土偶が形作られたと考えるのが、一つの妥当な解釈であろう。大島直行は、人間が共通にもつ象徴能力や神話的思考を考察してきた民族学や神話学の学説を援用し、縄文人の世界観の根底にあったものを再生のシンボリズムと考え、遺跡や遺物の形に表現されたレトリックの読み解きに挑んでいる（大島 2016）。大島の考えでは土偶もまた再生観念の象徴的表現であり、新たな命や活力の再生を祈るためのものであったとされる。

第二の道具の中で土偶が最も早く現れたのは、おそらくそれが人間にとって最も根本的な祈りに関係するものだからである。基礎的な生産力を確立する過程にあった草創期・早期に、豊穣や多産への祈りが先行して現れたのは自然なことであり、そのような神霊が女性のイメージと結びついて表現されたことも象徴の形態としてはごく自然であった。筆者もそう解釈したい。

大形石棒

「石棒」と呼ばれる大形の石製品がある（図65）。縄文人の身長の半分以上の長さをもつのが普通であり、最大の例は2ｍを超える。片手ではとても持ち上げることのできない長大で重たい石製品であり、傘型の頭部をもつタイプが多いことから男性の生殖器をかたどったものと考える人も多い。この大形の棒状石製品を「石棒」と命名し、類例を集めて形態分類をおこなったのは鳥居龍蔵であった（鳥居 1924）。しかしその後、この最初の定義が忘れられ、後期・晩期に盛行する携行可能なサイズの有頭棒状石製品をも石棒と呼ぶようになってしまった。両者は本来、由来も時期も異なる別種の遺物である。筆者は大形品の方を「大形石棒」、小形品の方を「石剣類」ないし「刀剣型石製品」と呼んで区別することにしている。後者については後藤信祐が網羅的な形態分類をおこなっており、それらの総称として石剣類の術語を用いている（後藤信 1986・1987）。

石棒は土偶とともに第二の道具の代表格といわれるが、この二つの宗教的遺物はかなり性格が異なる。出現時期に大幅な年代差があることがそのように考える論拠の一つである。

典型的な有頭大形石棒は中期初頭の中部地方に出現した。中期中葉には北陸地方から関東・中部地方一帯で頭部に陽刻・印刻の文様をもつ彫刻付きのタイプが発達する。中期後葉になると傘型の頭部をもつタイプが広範囲に普及するほか、東北地方でも円筒形で端部に彫刻のある独特なタイプが発達する。大形石棒が盛行するのは中期であり、形態を変えながら後期以降に継承された。大形石棒の確立は土偶の発生にくらべれば5000年以上も新しいことになり、土偶

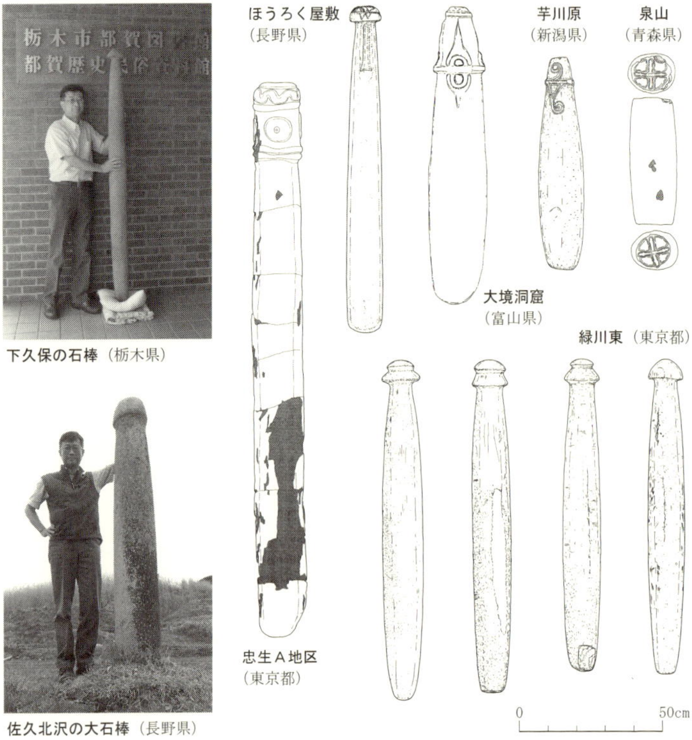

図 65　大形石棒

とは異質な新たな神霊観念が立ち現われてきたことを示唆している。

石棒の出土状況にも土偶との性格のちがいが表れている。土偶は墓の中から出土することは稀だが、大形石棒は墓壙の中や墓域に築造された環状列石からよく出土する。また、竪穴住居内からの出土頻度も高く、奥壁近くに立てられたものや、石囲炉の一部に組み込まれたものが散見される。中期末には竪穴住居内で焼かれて破砕した状況が多くの遺跡に残されている。大形石棒が死者の埋葬や墓地での祭儀と密接に結びついていたことが読み取れるのであり、家との強い結びつきもうかがえる。

大形石棒が盛行した中期は環状集落の最盛期にあたり、しかも有頭大形石棒と環状集落の分布範囲はほぼ重なっている。さらに、環状集落が衰退した中期末に数多くの大形石棒が破壊されたことも、両者の関連性の強さを物語っている。石棒祭祀をおこなったのはおそらく中期に発達した親族組織であり、社会統合のシンボルとなる祖霊を大切に祀る性格のものであったと解釈できる。石棒を狩猟の豊穣祈願や農耕と結びつける異説もあるが、そのような解釈では土偶よりも5000年も遅れて出現した意味が解せない。環状集落に体現された部族社会にとって、祖先祭祀は社会を維持する最も中核的な祭祀体系であった。北米北西海岸先住民の建てたトーテムポールに共通する象徴的意味が大形石棒にも込められていたのではなかろうか。また、祖霊の象徴として男性的形象が崇拝されたことは、父系出自の優越を示しているようにも思える。

動物意匠とトーテミズム

縄文人の造形の中にはさまざまな動物が登場する。土器文様の一部に組み込まれたものや、土器の突起や把手として付けられた例が多い。動物をかたどった動物形土製品も知られている。表現の媒体

図 66　諸磯 b 式土器の獣面把手

とされたのは土器・土製品がほとんどであり、石製品や絵画は少ない。表現された動物はさまざまであるが、イノシシ・蛇・鳥・クマが比較的よく描かれている。人間の身近にいたはずのイヌと、主要な狩猟対象であったシカは意外に少ない。これらの動物意匠は、縄文人が特定の動物種に特別な意識を抱いていたことを暗示している。

第２章でも述べたように、縄文人にとってイノシシは特別な存在であったようだ。イノシシの意匠は他の動物意匠に先駆けて前期に突然現れる。前期後半の諸磯ｂ式土器に盛行した獣面把手がそれである（図66）。イノシシ飼育化が動物考古学の一つの論点となっているが、この時期にはすでに特別視される存在であった。また、一度に７～８頭もの子を産むことから多産のシンボルとされたとも考えられる。さらに、オスのイノシシの牙は装身具の素材としても価値が高かった。

雄大な把手と物語性文様に富む中期の勝坂式土器には動物意匠が多い。とくに多用されたのが蛇のモチーフであり、鎌首をもたげとぐろを巻く蛇体が特徴的である。土偶の顔面把手と蛇体を組み合わせて表現することもあり、男女の交合を隠喩的に表現しているという解釈もある。抽象文と呼ばれる曲線文も頭・尾・鰭状の表現をもち、蛇または特定の動物を描いたものとみられる。みみずく状の把手も勝坂式土器の著しい特徴となっている。

中期末から後期初頭の関東地方では、鳥形の把手が発達する。東北地方北部の後期初頭には、狩猟文という絵画的な土器文様がみられ、弓矢が狙う先にクマとみられる動物が描かれている。青森県三内丸山⑹遺跡では、クマ形土製品やクマの意匠の付いた土器・石皿が出土し、クマを特別視する信仰があったことを示唆している。また、後期には亀形土製品と呼ばれる中空の土製品が東日本・北日本の広い範囲で製作された。亀ではなく鳥または海獣という解釈もある。ほかにもシャチ・イカ・イヌなどの例がある。

高橋龍三郎は、関東地方の後期集落から出土する動物形土製品に鳥とクマが多いこと、遺跡によって保有する種類が異なることに注目し、固有の動物種をトーテムとして信仰するトーテミズムがおこなわれていたとの説を提起した（高橋 2016）。後期の関東地方に母系制社会が成立し、鳥のトーテム集団とクマのトーテム集団に分かれていたと想定している。単系出自集団が特定の動物をトーテム神として信奉している民族例は多い。たとえば、北米北西海岸先住民のトリンギット族は母系制の社会で、ワシ族とカラス族という二つの半族組織に分かれていた。トーテミズムは単なる動物崇拝ではなく、神話や世界観と結びついており、親族組織を秩序づける分類体系の一部となっていた。親族組織の発達した縄文後期・晩期にも、トーテミズムが生み出される社会背景は確かにあったといえる。

3．文化景観と大規模記念物

家屋の文化景観

艮《うしとら》（北東）の方角を鬼門として忌み嫌う人は今でも多い。陰陽《おんみょう》道《どう》思想の名残である。逆に正月の神を迎える年棚はその年の恵方《えほう》に向けて作られる。各地に残る塞ノ神《さいのかみ》は、悪霊や疫病が入り込まないように村の入口に置かれたものである。神社の鳥居や玉垣も神域を結界するためのものであり、単なる敷地の区画ではない。生活者たちに認知され意味づけされたこうした景観を「文化景観」という。

多くの古代社会が神話的な宇宙論をもっていたことはよく知られている。縄文人もまた固有の世界観をもち、意味づけされた世界の中で生きていたにちがいない。遺跡や遺構として残された景観の中にはそれが投影されている可能性がある。それを考えるのが「景観の考古学」である。

家屋の構造も、人びとの信仰や文化固有の世界像を象徴的に表現する一面をもっている。民族学者・神話学者の大林太良は「世界の諸民族は、いろいろな形で宇宙の構造を考え、また事物を分類している。伝統的な社会においては、家屋はこのような世界観ないし世界像の体系と無関係でないばかりか、しばしばそれの明瞭な表現でさえある」と述べている（大林 1975）。家屋の形と構造は文化に固有のイデオロギーや精神世界を可視化する側面をもち、その意味で「文化景観」の一部ということができる。

縄文時代の住居にも象徴性を帯びた構造や空間分節が実際に見られ、当時の人びとの観念・思考がさまざまな形で投影されていることがわかる。第６章で取り上げた柄鏡形住居（図67）は細長く突き出た張出部が特徴的であるが、そこは単なる出入口ではなく、屋内空間と外界との境界としての象徴的意味があった。住居主体部と張

多摩ニュータウンNo.796遺跡（東京都）

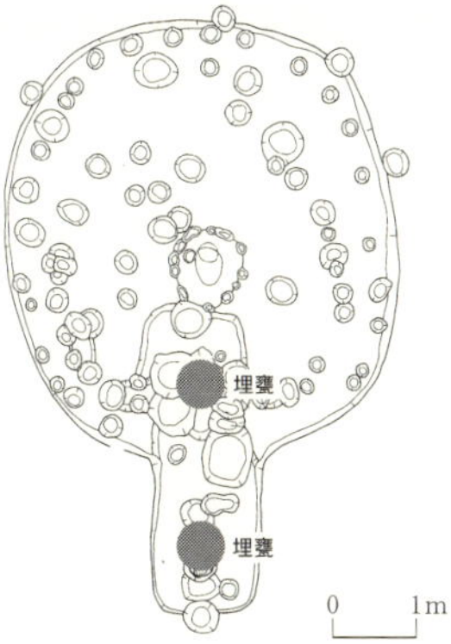

羽沢大道遺跡（神奈川県）

図67　柄鏡形住居

出部との境や張出部の先端には土器が埋設され（埋甕《うめがめ》）、通過の際には意識的に跨ぐ儀礼的所作がともなった。また、主体部と張出部の境に設けられる一対の特殊な柱穴も、大人がかろうじて通過できるほどの狭間をわざわざ作り出すもので、その通過にはやはり意識的な動作がともなった。ほかにも箱状の石囲施設や框石《かまちいし》など結界標と考えられる不思議な構造物がよくみられる。

柄鏡形敷石住居の住人たちは、屋内空間と外界との境界を強く意識しており、境界の通過に神経質になっていたことがうかがえる。特殊な狭窄通路を作り出してそこに儀礼を持ち込むのは、住居内部を守ろうとする強烈な意識の表れである。柄鏡形敷石住居とは、こうした観念を物質的に可視化するものであったと理解できよう。

大規模記念物と伝世する記憶

後期から晩期にかけて、大規模な配石遺構や盛土遺構の築造が各地で盛行した。葬制や儀礼祭祀に関わる大規模な配石遺構の築造は、後期に現れた社会現象の中でもとくに注目される動きである。小杉康は社会にとって大切な記憶を留め後世へと伝達する性格をも

大湯遺跡 万座環状列石（秋田県）

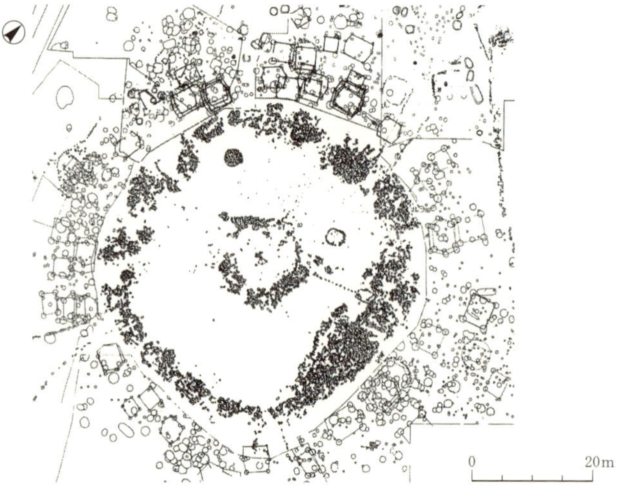

キウス周堤墓（北海道）

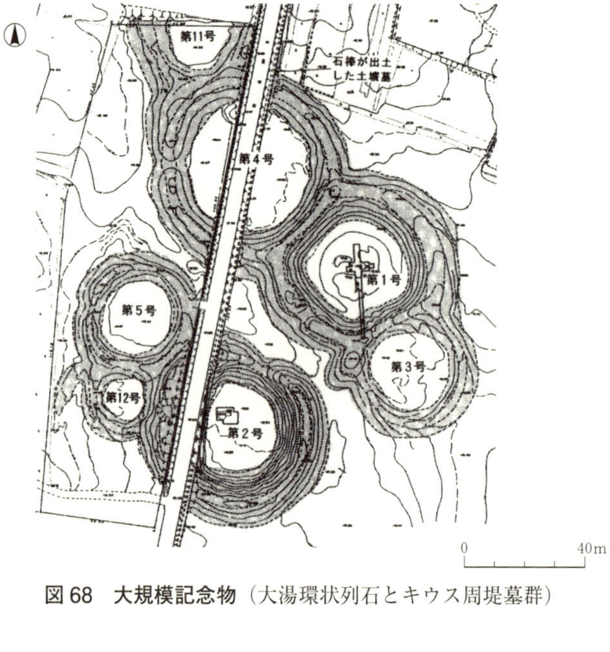

図 68 大規模記念物（大湯環状列石とキウス周堤墓群）

つモニュメントを「大規模記念物」と呼び、縄文時代の環状列石や環状盛土遺構にはそうした社会的機能があったと論じている（小杉 2014）。

中期後葉の中部・関東地方に出現した環状列石は、後期前葉までに東北北部や北海道に伝播し、秋田県大湯遺跡、秋田県伊勢堂岱《いせどうたい》遺跡、青森県小牧野遺跡、北海道鷲ノ木5遺跡などに多様な形態の環状列石が相次いで築造された（阿部昭 2008）。大湯環状列石（図68）は内帯・外帯の二重の列石とそれを取り囲む掘立柱建物群からなり、岩手県西田遺跡などにみられる中期環状集落の空間構成を継承している。環状集落に囲い込まれていた集団墓が集落から独立するとともに、大規模な石造モニュメントが付加されて、祖霊を祀る宗教的聖地または祭儀空間としてより荘厳な人工景観をもつに至った。儀礼祭祀に用いられた儀器類が多数出土することも、そうした性格を物語る。

後期後葉の北海道では、周堤墓と呼ばれる独特な墓制が発達した。円形の竪穴の周囲に土を盛り上げ、竪穴内に1～20基ほどの土壙墓を配置するものである。千歳市キウス4遺跡とその隣接地に位置する国史跡キウス周堤墓群（図68）には、大小34基もの周堤墓が密集して造営されており、最大例のキウス2号は外形75m、内径32m、竪穴と周堤の高低差は5.4mもある（藤原 2007）。狩猟採集民によって造られた墓でこれほど大きな遺構は世界的にも例がない。大勢の人びとが協力して大規模な土木工事を成し遂げた所産であり、これもまた単なる墓ではなく大規模記念物の性格をもっていたと考えられる。

後期から晩期前半の中部・関東地方では、墓や墓地にともなう配石遺構が盛行した。しかも、墓地の造営と配石の築造行為が驚くほど長期にわたって継続された事例が少なくない。東京都田端遺跡では、後期前葉から中葉に造営された土壙墓群の上に環状列石が築造され、その場所での儀礼行為は晩期前半まで数百年にわたってつづけられていた。同様の遺跡形成は、群馬県天神原遺跡、山梨県金生《きんせい》遺跡などでも確認されている。

配石遺構の形成過程を検討した阿部友寿は、最初の埋葬と配石構築との間に時間差があり、遺跡形成が長期にわたる事例を数多く見出している（阿部友 2003）。墓や墓地が記憶されており、配石行為を繰り返しながら場の機能を強化していくような行為が認められるのである。祖先の記憶は世代を超えて、現代の私たちには信じがたいほどの長さで伝承されていた可能性がある。

同じ場所で築造を繰り返す遺構の更新は、石川県チカモリ遺跡・米泉遺跡・真脇遺跡・桜町遺跡など北陸地方で発見されている晩期前半の環状木柱列にも特徴的にみられる（西野秀 2007）。

一般に、宗教的聖地ともいえる特別な場所で儀礼祭祀を継続的におこなうことは、自分たちの由来や世界の根本秩序を絶えず再確認する上で重要な意味がある。小林達雄は、環状列石などの大規模記念物が世界観を可視化し強化する舞台装置であったと述べるとともに、それらの築造行為が長期にわたってつづけられている点にこそ、記念物の存在意義と社会的機能があると論じている（小林達 2005）。

多量の巨石を運び込んで荘厳な人工景観を形作っていくエネルギーはきわめて大きなものであり、築造行為を継続すること自体が多くの参加者たちを「共同幻想」ともいうべき一つの象徴世界に巻き込み、集団に存続と結束の活力を与えたことであろう。それはまた他集団に対して自分たちの存在を顕示する意味を帯び、威信をかけた社会的行為でもあった。

二至二分

夏至と冬至、春分と秋分は、季節の節目となる特別な日である。

宗教的な祭礼が二至二分と結びついておこなわれている例は世界各地に知られている。

新石器時代最大級の墳丘墓として有名なアイルランドのニューグレンジ石室墓は、冬至の日の出の時にだけ、入口の上に造られた特殊な小窓から入った太陽光が長さ17mの細長い羨道を通り石室内を照射する構造となっている。天文学の科学知識をもたなかった先史時代の人びとも、二至二分を正確に把握しそれを遺跡の設計に取り込んでいたのである。

縄文人も例外ではなかった。そう力説するのは小林達雄である。小林は縄文人が二至二分と太陽の運行について詳しい知識をもち、その上に構成された自らの世界観を環状列石などの大規模記念物の設計に取り込み可視化していたことを論じている（小林達 1996・2005）。秋田県大湯環状列石には万座と野中堂の二つの環状列石があるが、それぞれの中心を結ぶ直線が冬至の日の出方向、夏至の日没方向とほぼ一致している。その方向に特別な意識が向けられていたことは、万座と野中堂の内帯・外帯の間に築造された日時計状の組石遺構が同じ直線上に位置していることからも判明する。4つのポイントが一直線上に正確に配置されているのは偶然とは考えられず、冬至ないし夏至を強く意識して周到に設計されたことが読み取れるのである。このように縄文人の心象景観が遺跡の形の中に具現化されたものを、小林は「縄文ランドスケープ」と称している。

青森県三内丸山遺跡のクリ巨木の6本柱遺構についても、二至二分との関連性が指摘されている。太田原潤は、この遺構の長軸が冬至の日の出方向、夏至の日没方向とほぼ一致していることを、コンピュータ・シミュレーションと現地での観測から突き止めた。冬至の日の出と夏至の日没時には、長辺に並ぶ3本の柱の影が重なって一本になるように建造されている。また、長方形の対角線が東西方向に一致しており、春分・秋分の日の出と日没時には対角線上に配置された２本の柱の影が重なって１本となる。太田原はこの特異な遺構の性格について、太陽の運行から二至二分を捉えるために周到に設計されたものと考えている（太田原 2000）。

北海道聖山《せいざん》遺跡や青森県朝日山遺跡の晩期の墓地では、土壙墓の長軸が太陽の出没方向に向けられている。土壙墓の方向は個々に差があるが、墓群全体としてみると夏至と冬至の間で振幅する日出没方向の範囲にほぼ収まっているのである。死者の赴く他界が西方にあると観念されていたか、太陽に導かれて死者の霊が他界に赴くというような信仰を暗示するものである。

季節的に変動する自然の資源を利用していた縄文人にとって、季節を正確に把握する暦の知識は重要な生活技術であった。定住生活を深めた縄文人は、太陽の運行や星座を定点観測することで一年の季節の循環を正確に捉えていた可能性が高い。巨木柱列や環状列石などの特殊な遺構の築造が盛んにおこなわれた理由の一つが二至二分と結びついた宗教的行事にあったという小林らの考えには説得力がある。欧米考古学には過去の人びとの景観認知を研究対象としたランドスケープ・アーケオロジーという分野があるが、縄文時代の考古学では始まったばかりである。

４．葬制と他界観

埋葬の形式

縄文時代の埋葬法にはさまざまな形式がある（図69）。大きな区分としては、遺体を土中に埋葬する単葬と、最初の埋葬から一定期間を経過した後に遺体や遺骨を取り出して再埋葬する再葬（複葬）がある。縄文時代を通じて単葬が一般的だが、中期以降には再葬が発達した。再葬にともなう儀礼の一つに骨を焼く行為があり、これを「焼人骨葬」と称している。再葬の発達は葬送儀礼の長期化と複

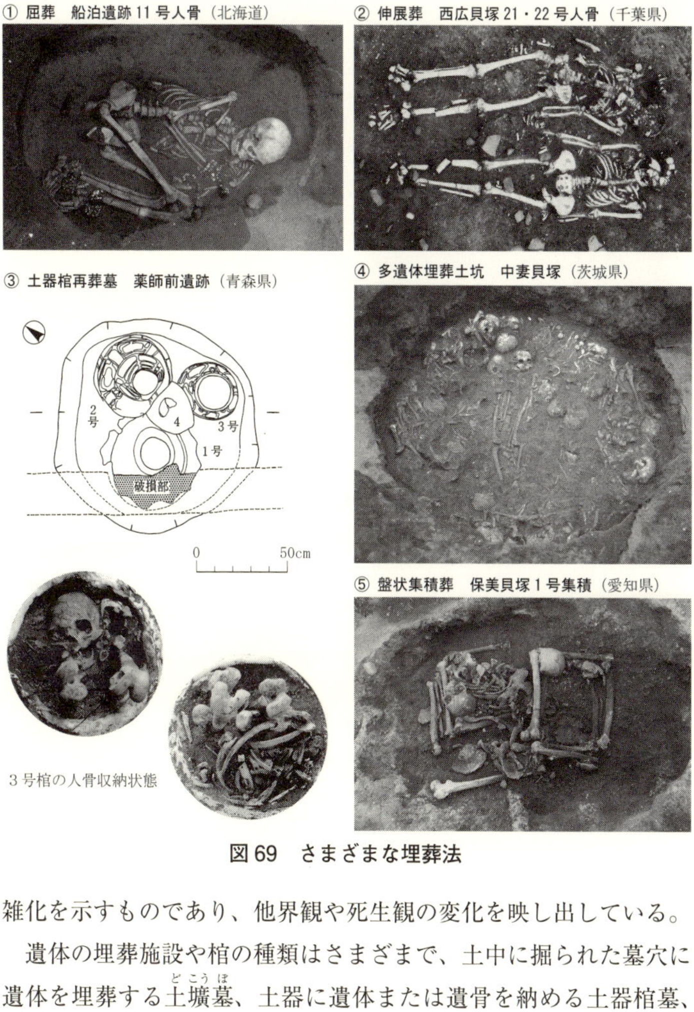

① 屈葬　船泊遺跡 11 号人骨（北海道）
② 伸展葬　西広貝塚 21・22 号人骨（千葉県）
③ 土器棺再葬墓　薬師前遺跡（青森県）

3号棺の人骨収納状態
④ 多遺体埋葬土坑　中妻貝塚（茨城県）
⑤ 盤状集積葬　保美貝塚１号集積（愛知県）

図 69　さまざまな埋葬法

雑化を示すものであり、他界観や死生観の変化を映し出している。

遺体の埋葬施設や棺の種類はさまざまで、土中に掘られた墓穴に遺体を埋葬する土壙墓《どこうぼ》、土器に遺体または遺骨を納める土器棺墓、板石や礫で囲った土壙に遺体を納める石棺墓、竪穴住居跡の床や覆土中に遺体を置く廃屋墓（廃屋葬）、貯蔵穴などを墓に転用した転用土壙墓などがある。乳幼児の埋葬には成人とはちがう取り扱いがみられ、遺体を土器に収める土器棺墓がよく用いられた。配石をともなう土壙を配石墓と称しているが、これには埋葬時の行為と埋葬後に時間をおいておこなうものが含まれ、区別が必要である。

遺体の数による分類では、単一の遺体を埋葬した単一葬と、複数の遺体を同じ墓に入れる合葬に大別される。合葬の大多数は2体ないし3体で、母子の合葬とみられる例や成人同士の合葬例などが含まれる。関東地方の後期には多数の遺体を集めて改葬する特異な葬制が見られ「多遺体埋葬土坑」と呼ばれている。

埋葬姿勢にも多様なパターンがある。下肢を折り曲げた屈葬と、四肢をまっすぐに伸ばした伸展葬があり、遺体を仰向けにした仰《ぎょう》臥《が》、横向きにした横臥《おうが》、うつ伏せにした伏臥《ふくが》などのちがいがみられる。縄文時代の埋葬姿勢については、人骨出土例を網羅的に検討した山田康弘の研究に詳しい（山田康 2008）。

埋葬人骨が土壙内に残っているケースは貝塚や洞窟・岩陰遺跡などに限られる。土壌の酸性が強いところでは骨は分解してほとんど残らないのが普通である。そのため、単に穴を掘っただけの土壙墓や貯蔵穴を転用した墓は認定がむずかしく、遺跡内での位置、土壙の形状、副葬品、赤色顔料の散布などの埋葬属性から、墓であるかどうかを推測するしかない場合も多い。屈葬姿勢の遺体が埋葬された土壙の平均的なサイズは長径1ｍほどである。男性の埋葬例に比較的大形の土壙が含まれるなど、土壙の大きさは遺体の大きさによって差がある。

再葬と再生観念

縄文時代の多様な葬制の中でもとくに複雑なプロセスを踏んでおこなわれるのが「再葬」である。再葬とは、死者の遺体を仮埋葬または一定期間安置した後、遺体・遺骨を取り出し儀礼的処置を施して本埋葬する葬制である。「複葬」ともいう。沖縄で近代までおこなわれていた洗骨葬も再葬制の一例である。

縄文時代の再葬制は中期にはすでにおこなわれており、後期・晩期には複雑な儀礼をともなって発達した。複数の系譜があり、各地に独特な葬制が知られている。東北北部の後期初頭〜前葉には、一次埋葬用とみられる石棺墓とともに再葬用の土器棺墓が発達した（葛西 2002）。大型の深鉢または壺を用い、全身の主要な骨を土器棺に収める特徴がある（図69③）。成形した壺の上部を焼成前に切断して合子のようにした切断壺形土器という特殊な骨蔵器も作られた。

後期前葉〜中葉の常総地域では、大形の土坑内に多数の死者の遺骨を集積した「多遺体埋葬土坑」という特異な墓制が発達した。茨城県中妻貝塚、千葉県権現原貝塚・祇園原貝塚・宮本台遺跡などに典型的な事例がある。中妻貝塚では、直径約2m、深さ約1.2mの円形の土坑の中に、96体以上の人骨が集積されていた（図69④）。骨の出土状況からみて、他の場所に一度埋葬された遺体・遺骨が集められ二次的に埋葬されたものと推定される。山田康弘は多遺体埋葬土坑の性格について、中期末に分散化した集団が再び集結して大集落を形成するにあたり、祖先の遺体を1カ所に集め祖霊崇拝のためのモニュメントにしたと推論している（山田康 1995）。

晩期の東海地方では、井桁状に長骨を組んだ上に頭骨などを集積した盤状集積葬が発達した（図69⑤）

遺骨を焼く「焼人骨」（石川 1988）も縄文時代の特徴的な葬制である。中期から晩期に広くおこなわれた再葬儀礼の一つで、配石墓などに一次埋葬された人骨を焼いて細片化し配石遺構や土壙に再埋葬した例が東日本一円で数多く発見されている。長野県中村中平遺跡では、一次葬用の長方形の石棺墓と二次葬用と考えられる特殊施設が密集して見つかり、二次葬用施設から焼人骨が約32kgも出土している。新潟県寺地遺跡では、クリの巨木を正方形に立て並べた遺構を中心に、石敷きや列石が集中する特殊な配石遺構が構築されており、直径約2ｍの大形の石囲炉から多量の焼土とともに約60kgの焼人骨片が出土した。特殊配石遺構全体が再葬制にともなう一連の儀礼の場になっていたものと推定される。

大森貝塚を発掘したエドワード・モースは、出土した人骨が獣骨と同じようにすべて割られおり筋肉を切り離した切り傷が残るものもあることを根拠に、食人の風習があったと考えた（モース1983）。関節の周囲や筋肉の付着部に多数の鋭い切り傷が残る人骨は、愛知県伊川津貝塚・保美貝塚などでも確認されている（鈴木尚1996）。その目的が食人であったかどうかは判断できないが、遺体の解体あるいは骨と肉との分離がおこなわれたことは確かである。この行為も一次埋葬後に遺骨に対して施される儀礼の一つであったと考えられる。

再葬は長い時間をかけて死者を他界へと送るための通過儀礼と考えられている。再葬をおこなった人びとは「死」を長いプロセスと捉え、儀礼の力で死者を他界へと送り祖霊に昇華させようとした。それは祖霊崇拝の表れであると同時に、再生観念にもとづく死の文化でもある。通過儀礼を体系的に研究したアルノルト・ファン＝ヘネップは、通過儀礼の多くが「死－過渡－再生」という劇的な形式をとることを明らかにした。ミルチャ・エリアーデは、多くの通過儀礼で「死」が演じられるのは、死がより高い存在様式への誕生・再生としての意味をもつからだと論じている。二人の学説は、通過儀礼の背景に死と再生という観念形態があるという点で共通している。

縄文時代後半期の社会もおそらく同様の他界観と再生観念をもち、儀礼の力によって死という不可避の難問を克服していたと考えられる。そして、祖霊への祭祀や供犠《くぎ》を通じて再生や豊穣を祈ったことであろう。死の恐怖にとらわれ健康で長生きすることだけを考える現代人と、死後の再生を信じ死にポジティブな意味を見出した縄文人と、はたしてどちらが幸せなのか、深く考えさせられてしまう。

第8章　縄文文化の終末

現行の日本史教科書では、大陸から稲作農耕が伝来したことを契機として農耕生産が開始され、狩猟採集の縄文時代が終わったと説明されている。採集経済の段階にあった縄文社会は、生産力の発展に限界を抱え、また寒冷化による環境の悪化にも抵抗できなかった、この矛盾と停滞性を克服する力は縄文社会の内側にはなく、大陸文化の伝来によって初めて歴史の次の段階への移行が可能となった、と考えられてきた。そのようないわば「行き詰まり」の論理で縄文時代の終末が説明されてきたわけである。

しかし、議論は近年変化してきた。縄文社会の側の動きやコメ受容の能動的理由が新たな論点になっている。この章では、縄文文化の終末をめぐる学説史を回顧した後、最近の研究動向を紹介する。縄文社会がなぜ稲作農耕を受容することになったのか、その歴史の必然について再吟味してみたい。

1．縄文時代の終末をめぐる学説史

停滞と行き詰まり

マルクス主義の唯物史観が強い影響力をもっていた戦後の考古学では、縄文時代の社会は採集経済段階の原始共同体（氏族共同体）と規定された。モルガンとエンゲルスの描いた社会経済史の諸段階を日本の古代史にあてはめた石母田《いしもだ》正《しょう》は、縄文時代を「野蛮の後期」に位置づけ、縄文社会を呪術宗教に支配された血縁的氏族共同体と規定している（石母田 1962）。

原始共同体という社会像は戦前の禰津正志の論考にその原型が認められる（禰津 1935）。禰津は、石器時代（縄文時代）と金石併用時代（弥生時代）の経済と社会を対比し、縄文時代を狩猟漁撈による低い生産力と無階級・無私財の共同体の時代として描写する一方、弥生時代に大陸からの新技術の渡来を契機として猟漁経済から農業生産へと生産様式が転換し、分業の発達とも相まって生産力が飛躍的に高まった結果、私有制と階級分化が始まったと論じた。

藤間《とうま》生大《せいた》は、華麗で精巧な東北地方晩期の亀ヶ岡文化について、採集経済からぬけ出しえないで停滞している社会の産物であり、必要以上の労働力を装飾的器物の製作に浪費したために結局、没落するしかなかった、との著しく偏った歴史的評価を下している（藤間 1951）。

発掘された集落から原始共同体の姿を描き出したのは和島誠一である。採集経済で生産に質的変化のない段階に、苛酷な自然条件を克服して生産力を高めるためには、劣弱な単位（住居）が結集して強固な共同体を組織し、共同労働を増強するしかない。早期の小規模な集落から前期・中期に大規模かつ規制力の強い環状集落が発達した歴史的背景を、和島はこのように説明した。後期・晩期には世帯間の格差や分業化の傾向が生じて発展の芽が生み出されたが、生産力の限界ゆえに縄文社会は結局、原始共同体の枠を超えることができず、大陸から伝来した稲作農耕によって採集経済の限界が打ち破られるまで、縄文社会の内部には大きな歴史的発展の力がなかった、と論じている（和島 1962）。

岡本勇は、縄文時代の歴史を成立段階（草創期〜早期）、発展段階（前期〜中期）、成熟段階（中期末〜晩期前半）、終末期（晩期後半）の4段階に区分して説明している（岡本勇 1975）。労働用具とその技術の進歩、単位集団の増大による共同労働の発展によって、生産力は緩やかに上昇発展し、ある程度の安定を勝ち取ることはできた。しかし、農耕・牧畜をもたない縄文社会は、自然の再生産を上回る生産力の行使が不可能な採集経済の矛盾を自力で克服できずに行き詰まる。この行き詰まりを打開するための生産手段として稲作農耕が受容されたという見方になっている。

弥生時代の研究者にも同様の見方が支持されている。農耕社会の成立を論じた都出比呂志《つでひろし》は、本格的な水稲農業の導入にともない大規模な労働編成の必要性が生じたことが、農業共同体とそれを統率する首長を生み出す契機になったと説明している（都出 1989）。一方、生産力の飛躍的増進がなかった縄文時代には、階級発生につながる歴史的動きは起こりえないとされ、後期・晩期における儀礼祭祀の発達もタブーや呪術的儀式によって共同体的な規制を強化するものと解釈されている。都出の考えでも、縄文時代を終わらせることになったのはやはり稲作伝来という外因であり、内在的な発展の力ではなかった。

生産力の再評価

縄文社会は本当に行き詰まっていたのか。遺跡の発掘調査が大規模におこなわれるようになった1980年代以降、縄文観の見直しを迫るような新発見が次々ともたらされるようになると、行き詰まり説に対する疑問が生じてきた。縄文時代はたしかに農耕・牧畜なき特異な新石器時代ではあったが、縄文人の生活水準はそれなりに豊かで日本列島の風土に適応し安定した文化を築いていた。行き詰まり説に代わって、そのような肯定的な評価が台頭してきたのである。

佐原真は縄文農耕論に最もきびしい批判を浴びせてきたことで知られている。考古学ジャーナル誌に掲載された「日本農耕起源論批判」（佐原 1968）の原題は「もう黙っていられない」という過激なものであったというから、その頑なさが伝わってくる。佐原は弥生時代を「日本で食糧生産を基礎とする生活が開始された時代」と位置づけ、チャイルドの「新石器革命」を引用して農業開始の革命的意義を強調している（佐原 1975)。「縄文時代から弥生時代への転換は、食糧採集段階から食糧生産段階への飛躍であり、縄文人から弥生人への発展は、食糧採集民から食糧生産民への成長であった」として、文化・社会を一新した農業革命の意義を日本列島に人類が登場して以来最大のものと評価している。しかしその一方で、山の幸・海の幸を巧みに利用して生きる縄文人の生活の豊かさも正当に評価しており、「縄文社会が経済的に行き詰まって弥生時代を迎えたなどとはいえない」とも述べている。農耕社会の成立が縄文時代にさかのぼることはありえないというのが佐原の主張であるが、エゴマやヒョウタンが栽培されていた事実は認めており、西日本の後晩期農耕説についても農耕開始への長い準備段階であった可能性は否定しない。

縄文人の豊かさを他の誰よりも強調したのは小林達雄である。縄文人の資源利用技術は高く、生産力は早期にすでに高いレベルに達して安定していたと小林はみる。インフルエンザの流行などの不可抗力によって危機的状況に陥ることはあったが、自然と共生した持続可能な文化が成り立っていたと主張している（小林達 1994・1996)。小林も佐原と同じく縄文農耕説には反対の立場であり、いくつかの植物栽培技術があったのは事実としても、自然のさまざまな資源を組み合わせ季節的に有効に利用する点にこそ縄文経済のすばらしさがあると論じている。

縄文人の生活は食料貯蔵や奢侈《しゃし》工芸品などに表れているように余剰を生み出せるほど豊かであって、飢饉のような危機的状況は起こらなかった。もしそれが真相であるならば、縄文時代から弥生時代への転換はなぜ起こったのであろうか。文化・社会の大転換を引き起こした歴史的要因があらためて問題となるのである。

新たな論点

西日本に成立した弥生文化が、大陸系の稲作農耕文化を受容して形成された点は明白である。朝鮮半島と九州の間には直接的交流があり、渡来人集団がもたらした物質文化や技術が弥生文化成立の歴史的契機になったことは確かであろう。しかし、縄文文化から弥生文化への移行は、社会と経済の仕組み、さらに祭祀体系を根本的に変えるほどの大転換をともなっており、外来文化の伝播だけでは説明しきれない問題を含んでいる。縄文研究の側から問題にしなければならないのは、むしろ縄文社会が外来の稲作文化を受容した能動的な理由、あるいは動機である。

近年、農耕開始の問題についても見方の転換が進んできた。そのいくつかを紹介しよう。

渡辺仁は、狩猟採集から農耕への生業システムの大転換を主導したのは、退役狩猟者などのエリート層であったと考えている（渡辺仁 1990）。その論考によれば、縄文時代後半期に男性の生業分化が起こって一部の狩猟が特殊化し、威信を集める上位階層が形成された。そのような年長の退役狩猟者たちが、儀礼をも含めたカレンダーの適正維持を担う知的エリートとして、農耕システムの創始および管理運営に中心的な役割をはたしたのではないかと考えるのである。農耕システムの受容を環境や伝播といった外的要因だけでなく、社会の内側から説明する新たな解釈モデルである。

松本建速は、東北北部における稲作の受容が農耕文化への全面的な同化ではなかったとの見方を示している（松本建 1997）。松本が着目するのは、稲作が受容された当初の大洞《おおほら》 A′式土器と砂沢式土器において、食生活に関わる深鉢・甕・壺には遠賀川《おんがかわ》系土器ないしその技術的要素が導入されたのに対して、祭祀儀礼に関わる精製の浅鉢や高杯には外来の影響が認められず、前代から継承された伝統的な変形工字文がむしろ強調される形で発達している事実である。

男性の指導者層が担う儀礼体系が温存される一方で、主として女性労働として稲作が受容されたのではないかと松本は推察する。そうだとすれば、西日本における農耕社会の形成とはまったく事情が異なる。

社会複雑化との関連性も一つの論点となってきた。筆者は、宗教的儀式や祭宴にともなう儀礼的消費という観点からコメ受容の意味を捉え直すべきと考えている。前期以降、葬制と祖先祭祀がしだいに発達していく過程で、儀礼祭祀に関連した物質文化が生み出され儀礼的消費の拡大が起こった。後期・晩期にはそれがエスカレートし、美しい漆塗りの装身具、あざやかな朱の顔料、漆黒のストレートで作られた石剣、土器製塩などにみられるように、高級品・贅沢品を求める生産の特殊化が一層進んだ。コメも当初は縄文人にとって魅力のある贅沢品であって、東日本・北日本地域の縄文社会がコメの入手に動いた能動的な理由がそこにあったと考えている（谷口2017a）。

弥生文化の成立については、これまで朝鮮半島からの農耕文化の伝播と渡来人の関与に関心が集中していたが、近年では逆に縄文社会からの積極的関与に関心が向けられるようになった。設楽博己は、東北地方の亀ヶ岡式土器が近畿以西に広く流伝していた事実を捉え、九州北部の板付式土器の成立にもそれが関与したことを論じている（設楽 2014）。

農耕の開始という社会・文化の大転換を説明するには、大陸系文化の伝播や渡来人の役割を強調するだけでは不十分であり、むしろ縄文社会の内側にあった要因を考慮に入れて考え直す必要がある。縄文時代から弥生時代への転換を文化の断絶・交代と決めつけるのではなく、縄文社会の内側から生じた一連の移行過程として理解する考え方が出てきたのである。

２．西日本弥生文化の成立過程

西日本縄文社会の葛藤

大陸系の稲作文化が最初に伝来した北部九州を起点として、前期の弥生土器が広がった地理的範囲を「遠賀川《おんがかわ》式文化圏」と呼ぶ。稲作文化が定着し農耕社会への移行が進んだ地域であり、太平洋側では愛知県東部、日本海側では京都府奥丹後半島あたりがその東の限界とされる。この地域に稲作農耕がいち早く定着したのはいかなる理由によるのだろうか。

西日本地域における外来系文化の受容の動きは、後期にまず現れる。中期に遺跡数の東西格差が著しく拡大したのち、人口密度が相対的に低かった西日本地域に東日本系の文化要素が広がっていく動向が生じた。打製石斧・土偶・石剣類・硬玉《こうぎょく》製玉類など、中期までに東日本地域で発達したさまざまな文化要素が西日本一帯に広く流伝していった（佐原 1987）。多量の土偶が出土した熊本県上南部《かんなべ》遺跡・三万田《みまんだ》遺跡などがその動きを体現している。東日本からの人口移動を含め、西日本の社会・文化に何らかの変化が生じ始めていたことを示唆している。最近では、東日本起源のダイズ・アズキの栽培技術が伝えられた可能性も指摘されている（小畑 2011）。

ところがその一方で、大陸系の文物を先取りするような動きも生じてくる。縄文文化からの脱却を印象づける変化がまず土器に現れる。後期後半から晩期の九州地方では、磨消縄文《すりけしじょうもん》や波状口縁などの東日本系の要素が失われ、黒色磨研《こくしょくまけん》土器と呼ばれる文様のない土器群が成立した。この時期には平織の布の土器圧痕や紡錘車《ぼうすいしゃ》の出土例から、大陸系の紡織技術が導入された可能性がある。朝鮮半島では新石器時代からアワ・キビの雑穀栽培がおこなわれており、この頃（無文土器の時期）にはイネ・コムギ・オオムギも栽培されていた。黒色磨研土器の時期にこうした大陸系の農耕文化が伝えられていたかどうかが焦点となっている。

近畿・中国・四国地方でも、磨消縄文土器から磨研土器への様式変化が同様に進んだ。後期末から晩期に成立した西日本磨研土器がそれである。その一方で東日本系の縄文文化要素を積極的に受容している点は九州と同じである。奈良県橿原《かしはら》遺跡では東北地方の亀ヶ岡式土器をはじめ石剣類・石冠・土偶・滑車形耳飾などが多量に出土しており、東日本系の縄文文化に共通する儀礼や装身具が共有されていた。後期末・晩期初頭の磨研土器（滋賀里Ⅱ式・Ⅲａ式）には「橿原文様」と呼ばれる文様がみられるが、この特徴的な文様もまた東北地方や関東地方の同時期の土器群との相互的で密接な関係の中で成立したものであり（大塚 2000)、磨研土器文化と東日本縄文文化の密接な関係を象徴的に表している。

縄文文化と大陸文化を両取りするかのようなこの二律背反は、何を意味しているのであろうか。小林達雄は外来の農耕文化と接触しはじめた西日本縄文社会が、縄文系の祭儀を盛んにおこなうことでアイデンティティーを強化しようとした動きを読み取る（小林達 1985)。松本直子は、外来の農耕文化を受容しようとする動きと伝統的な縄文文化を強化しようとする動きの間で揺れ動く文化的葛藤の表れと捉えた（松本直 2002)。西日本地域における農耕社会への変革は、大陸文化の伝播あるいは渡来人集団の入植というような一方的な外因によって劇的に起こったものではなく、稲作文化が本格的に受容される前段階から縄文社会の内側でその模索が始まっていたのである。

突帯文期の初期農耕文化

磨研土器の次に成立した刻目突帯文土器の時期になると、北部九州・瀬戸内・近畿地方などで水田稲作が開始されていく。現在の時代区分では、この時期を弥生時代早期または先Ⅰ期と称している。刻目突帯文土器の分布圏は前段階の磨研土器のそれをほぼ踏襲しており、また弥生前期の遠賀川式土器文化圏とほぼ同じ地理的範囲に広がっている。初期弥生文化の地盤は磨研土器の時期に始まる先駆的な動きから数百年をかけて徐々に形成されていたことがわかる。

西日本の晩期縄文社会が関心を向けていたのは朝鮮半島の農耕文化だけではなく、東日本の縄文社会との交渉関係も他方で維持されていた。この二面的ともいえる交渉関係の中で獲得された技術や文物にも、大陸系と縄文系が共存していた。近畿地方から瀬戸内東部では、水田稲作が開始された刻目突帯文土器の時期に急に大形石棒が発達するという興味深い現象が生じている。徳島県三谷《みたに》遺跡では結晶片岩を素材として大形石棒を作った製作跡が見つかっている。稲作という新しい生産方式を受容する一方で、社会統合上重要な宗教的祭儀には縄文系の石棒を導入しているのである。この動きも農耕化と縄文化との奇妙な二律背反を表している。

つまり、西日本における縄文時代終末期の様相は、大陸文化への一方的な迎合ではなかった。西日本の縄文社会が東日本系の縄文文化と朝鮮半島の無文土器文化の双方から新たな文化要素を受容しながら社会・文化を活性化していく長い歴史があり、その過程には文化的な葛藤もあった。初期農耕文化もまた、縄文系の植物栽培技術と朝鮮半島系の農耕技術が複合することにより成立したというのがおそらく真相である。

3．東日本の縄文系弥生文化

縄文系弥生文化とは

「縄文系弥生文化」とは設楽博己が提起した歴史概念である。中部地方から東北地方南部にかけての地域で縄文文化の要素が色濃く継承された初期の農耕文化を指す（設楽 2017）。

中部地方以東の東日本地域では、縄文時代から弥生時代への移行に、より多くの時間がかかった。九州から伊勢湾沿岸までの地域に広がった斉一性の強い遠賀川式土器文化は、中部地方の西側で足踏みするように進行が鈍り、それより東側の地域には一気に広がることはなかった。遠賀川式土器の類例は東北地方でも点々と出土が確認され、津軽平野に位置する青森県砂沢遺跡では弥生前期末にさかのぼる水田遺構も発見されているから、西日本で成立した稲作文化を受容する動きがあったことは確かである。しかし、東日本の縄文社会が遠賀川式土器文化に一斉に同化したわけではなかった。

東日本地域で縄文文化から弥生文化への転換が遅れたのは、大陸からの距離や気候条件のちがいだけではなく、縄文文化の伝統的イデオロギーや保守的な社会組織に理由があったと考えられる。東西の接触地帯となった北陸地方や飛騨地方では、晩期に御物《ぎょぶつ》石器・石冠・石棒・石剣などの儀器類がそれまでになく盛んに製作され、縄文系の祭儀が一段と発達していた。東日本一帯では、弥生時代になってからも回転縄文や縄文系の意匠が土器文様の中に残ったが、これも縄文文化の伝統の根強さを象徴的に表すものである。茨城県・栃木県地域や東北地方では縄文系の再葬制が根強く残り、弥生文化の墓制である方形周溝墓《ほうけいしゅうこうぼ》はなかなか受容されなかった。この点も文化伝統の異質さを際立たせている。

近藤義郎は、東日本地域で弥生文化への移行が遅れたことについて、東日本の特殊事情をその理由に挙げる（近藤義 1962）。東日本の縄文社会はより多くの地域人口を抱え、狭い領域で限られた資源を利用しながら狩猟採集経済のバランスを何とか維持していたために、共同体の規制やタブーがそれだけ強くなっていた。そのことが生産方式の大きな転換を鈍らせた要因であったというのである。新たな技術や文化をすんなりと受容できないほど、特殊で複雑に凝り

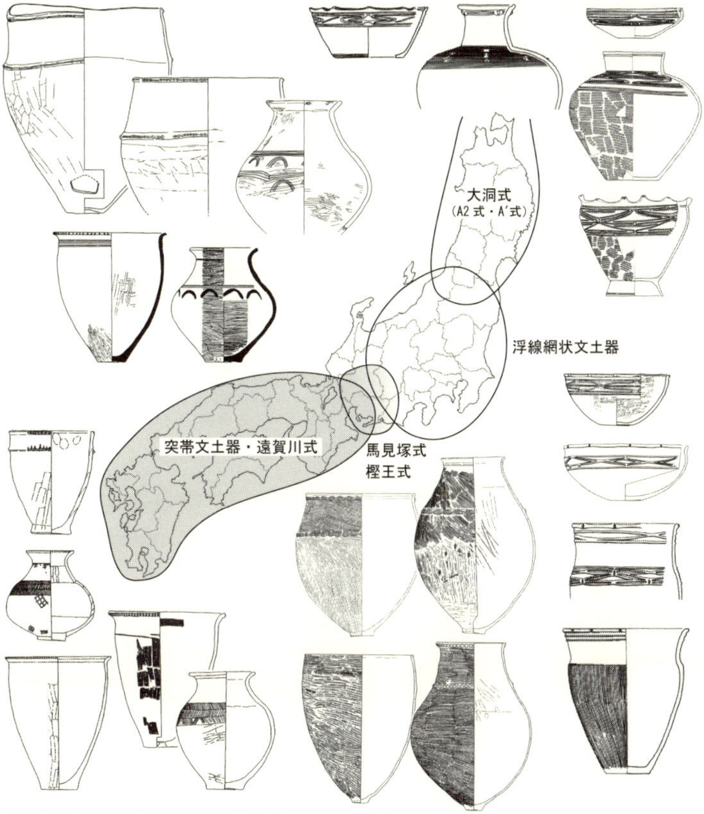

縄文－弥生移行期の土器型式編年（設楽 2018 より抜粋）

※網掛けは弥生時代

北部九州	近畿	東海西部	中部高地	南関東	東北北部	
夜臼Ⅰ式	口酒井式	馬見塚 F地点式	佐野Ⅱb式	安行3d式・前浦Ⅱ式	大洞C2式（新）	縄文晩期
夜臼Ⅱa式 板付Ⅰ式・	船橋式	五貫森式	女鳥羽川式	桂台式	大洞A1式	
夜臼Ⅱb式 板付Ⅱa式	遠賀川式（古）・長原式	馬見塚式	離山式 氷Ⅰ式（古）	千網式 荒海1式	大洞A2式	
板付Ⅱb式	遠賀川式（中）・水走式	遠賀川式（中）・樫王式	氷Ⅰ式（中） 氷Ⅰ式（新）	荒海1式 荒海2式	大洞A′式	
板付Ⅱc式	遠賀川式（新）	遠賀川式（新）・水神平式	氷Ⅱ式	荒海3式 荒海4式	砂沢式	弥生前期

図70　縄文－弥生移行期の列島と地域文化

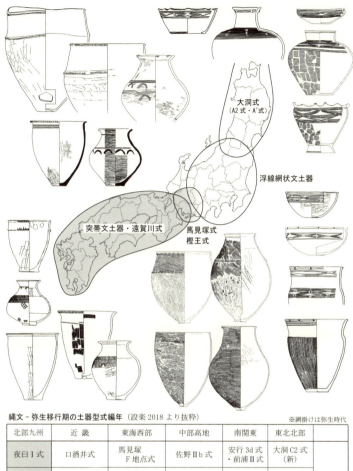

固まった社会であったという見解である。

しかし、近年の調査研究によって、東日本の縄文社会が弥生前期に併行する時期から西日本の農耕社会と接触し農耕技術を積極的に受容しようとしていた事実が明らかとなってきた。遠賀川文化と接触した東海地方では、樫王《かしおう》式・水神平《すいじんびら》式などの条痕文系土器を特徴とする地域文化が成立したが、漁撈活動が盛んにおこなわれ多数の貝塚が残された。弥生系の農耕民と東海地方の漁民との間に経済的な相補関係が成立した可能性がある。また、中部高地や関東地方北西部では晩期終末に浮線網状《ふせんあみじょうもん》文土器が成立し、その担い手たちもまた西日本系の初期弥生文化や東海系の条痕文系土器文化との交渉関係をもって雑穀主体の農耕を開始した。

亀ヶ岡文化とコメの受容

西日本一帯に稲作農耕が広がり始めた頃、東北地方では縄文晩期の亀ヶ岡文化がその勢力を維持していた。亀ヶ岡文化には、優れた漆工技術、完成された様式と複雑な器種をもつ亀ヶ岡式土器、遮光器土偶・岩偶・岩版・石棒・石刀その他の儀器類など、縄文文化の

復元漆器

赤彩土器

図71　亀ヶ岡文化の漆器と赤彩土器

粋を集めた最高水準の物質文化がみられる（図71）。また、土器製塩のような特殊生産をおこなう組織も一部にあった。

亀ヶ岡文化の産品は、外縁地域の関東・中部・北陸地方から、さらに近畿以西へと広く流伝していた。亀ヶ岡式土器の西への動きはとくに活発であり、多量に出土した奈良県橿原遺跡をはじめ、兵庫県篠原遺跡、高知県居徳遺跡、福岡県雀居《ささい》遺跡、大分県稙田市《わさだいち》遺跡などに広範なその動きを追跡できる（小林青 2007）。弥生前期の福岡県雀居遺跡で出土した漆製品も、亀ヶ岡製品の可能性があるとされる。さらに、奄美大島のウフタⅢ遺跡や沖縄本島の平安山原《はんざんばる》B遺跡でも大洞A式類似の工字文土器の出土が確認され、南西諸島における亀ヶ岡系土器の広がりが明らかとなってきた（設楽 2018）。

南から北への逆方向の長距離交易も一段と活発化していた。東北北部や北海道渡島《おしま》半島にオオツタノハ製貝輪などの南海産貝製品がもたらされていることや、イモガイ製品を模造した石製品・土製品が流行する現象も注目すべき動きである（福田 2014）。

縄文時代の交易を通史的に論じた安孫子昭二は、晩期後半の大洞C2式期に大きな変化が生じ、ヒスイ製品をはじめそれまでに流通していた品々の交換がストップしたことを指摘している（安孫子 2014）。環境悪化によって社会が不安定化し特殊生産と交易システムが破綻したと安孫子は推測する。亀ヶ岡社会に弥生系の製品や技術が受容されるようになるのは、そのような社会変動の直後、大洞A式期のことである（小林青 2007）。遠賀川式土器やその模倣品の出土例がその事情を物語る。亀ヶ岡社会と初期弥生社会との間に、長距離交易や情報交換をおこなう新たな交渉関係ができたことが、従来の交易システムを変化させた一因と考えられる。

亀ヶ岡文化の繁栄ぶりから考えれば、東北地方の縄文社会がコメを単に食料として受容する理由はない。亀ヶ岡文化が経済的に行き詰まっている実態はなく、漆器をはじめとする奢侈工芸品を製作するだけの十分な余裕をもっていたからである。亀ヶ岡社会がコメに魅力を感じたのは、生産が始まったばかりの塩と同様に、むしろその新奇さや味にあったと考えられる。この当時の技術でつくる塩やコメはたいへんな貴重品であり、単なる調味料や食品以上の価値を有していただろう。

東北地方の縄文社会が希少で贅沢なものを遠方から手に入れようとする動きは、じつは後期後半の瘤付《こぶつき》土器（新地《しんち》式土器）の時期にすでに始まっていた。滋賀県滋賀里遺跡など近畿地方の遺跡から瘤付土器が点々と出土していることがそれを物語る。朱の生産をおこなった三重県森添遺跡でも瘤付土器が出土しており、辰砂《しんしゃ》（水銀と硫黄の化合物からなる鉱物）から作られる鮮やかな朱色の顔料がここから東北へと運ばれたと推定される。交流は相互的で近畿地方の滋賀里式土器の浅鉢が東北地方へと運ばれていた（関根 2006）。

亀ヶ岡社会がコメ作りを受容したのは、食料の不足を補うためでも食料をより効率よく生産するためでもなく、むしろ儀礼的消費に関係していた可能性が高い。社会複雑化とともに儀礼祭祀が盛んになり、饗宴や贈答などによる儀礼的消費が拡大したことが、コメや酒の需要を大きなものにしたと考えられる。それこそが東日本縄文文化の側からみた農耕受容の動機ではなかっただろうか。

遠賀川文化（弥生）と亀ヶ岡文化（縄文）との間には双方向的で互恵的な交易関係が成り立っていた。大陸系文化の伝播によって縄文文化の衰退が余儀なくされたのではなく、むしろ縄文社会の内部にコメを能動的に受容する動機が生じていたのである。

金属器の問題

青森県是川《これかわ》遺跡の低湿地で1930年代に発見された多量の漆器の中に、長さ約74cm のみごとな朱塗りの飾り太刀がある（図72）。亀ヶ

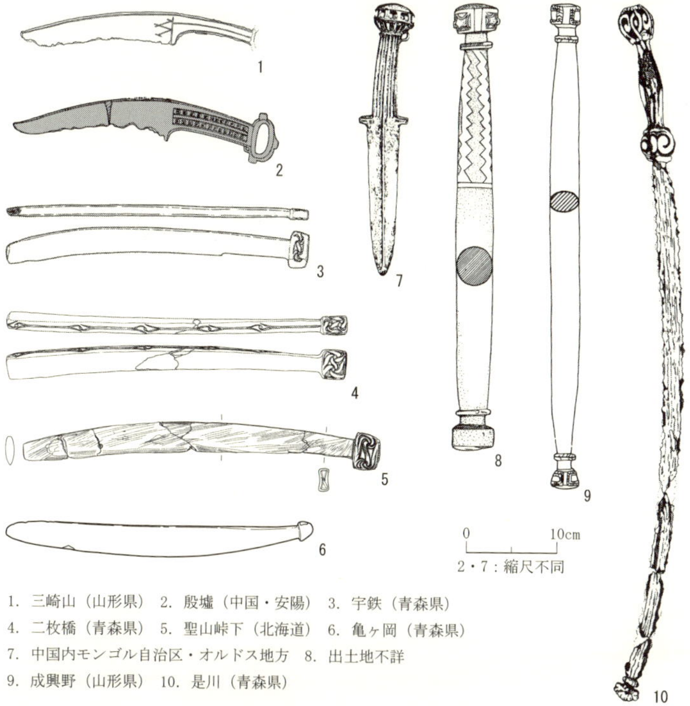

1. 三崎山（山形県）　2. 殷墟（中国・安陽）　3. 宇鉄（青森県）
4. 二枚橋（青森県）　5. 聖山峠下（北海道）　6. 亀ヶ岡（青森県）
7. 中国内モンゴル自治区・オルドス地方　8. 出土地不詳
9. 成興野（山形県）　10. 是川（青森県）

図72　金属器を模造したとみられる石製品・漆製品

岡式の文様があしらわれた球状の彫刻が頭部と鍔元にあり、刀剣の柄頭を表したものにみえる。反りのある身は太刀そのものであり、石突にも凝った装飾があしらわれている。発見の当初から金属器の模倣であるのかどうかが問題となっていた資料である。

晩期に盛行する石剣・石刀類の中にも金属器を模倣した可能性が強いものが含まれる。「成興野《なりこうや》型」と呼ばれる両頭型の石棒は、頭部に矩形の区画と瘤状の突起をもつ手の込んだ彫刻があり、その下には鍔のような突帯が作り出されている（図72）。西脇対名夫はこれがオルドス地方（中国内モンゴル自治区）の青銅製短剣の拵《こしら》えに類似しているとし、鞘に入った青銅製の剣の形を写しとった可能性があると論じている（西脇 1998）。

現在のところ縄文時代の遺構・遺物と青銅器との確実な共伴例はないが、鳥海山の山麓にある山形県三崎山では中国殷代の環首刀に類似した青銅刀子《とうす》が発見されている。1954年に岩の間から偶然発見されたもので、確実な共伴遺物はないが、年代的には縄文後期末ないし晩期に併行する製品である。ほかにも北海道釧路市貝塚町一丁目遺跡の縄文晩期末の土壙墓内から鉄片が出土した例がある（野村 1999）。縄文時代には金属器はなかったというのが現在の定説であるが、縄文後期・晩期の頃の大陸側はすでに青銅器・鉄器のある時代に移行しており、縄文時代の列島に金属器が渡来した可能性がまったくなかったとは断定できない。確実な発掘例をまって再考しなければならない問題である。

4．北海道と南西諸島の地域文化

北海道の続縄文文化

藤本強は、縄文時代・弥生時代・古墳時代を経て律令国家が建設された本州地域の歴史だけが日本史ではなく、北日本地域と南西諸島にそれぞれ独自の文化伝統と歴史があったことを論じている（藤本 1988）。本土に農耕社会が成立した後も、北海道と南西諸島では狩猟漁撈採集の文化が継続した。藤本はこうした地域性を北の文化・中の文化・南の文化と呼び分け、それらの境界地帯では相互交流によってボカシの文化様相がみられるとしている。縄文時代の終末についてもこうした見地から考え直す必要がある。

北海道地域では、東北地方北部で水田稲作が開始された後も稲作農耕が受容された形跡はなく、狩猟採集を基盤とする生活文化が存続した。これを「続縄文文化」と称している。山内清男が縄文晩期につづく縄文の多い土器群を「続縄紋式」と称したことに由来する

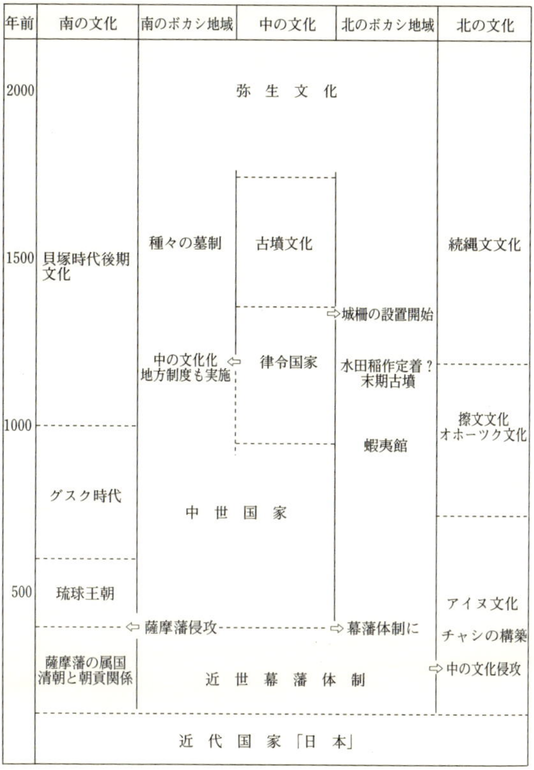

図73　日本列島の三つの文化とボカシの地域（藤本 2009）

（山内 1939）。本州地域の考古学編年に対比すると弥生時代および古墳時代に併行する長い時代である。

続縄文文化には、本州の弥生文化の要素が部分的に受容された証拠がある。鉄製品・碧玉《へきぎょく》製管玉・南海産貝製品などの出土例があり、この時期におこなわれた雑穀栽培も弥生文化から移入されたものと考えられている。弥生文化との接触によって文化・社会の変容が起こっていたのは事実だが、生活文化の基盤は漁撈・狩猟・採集にあった。続縄文式の前半に位置づけられる恵山《えさん》式土器の成立には、東北地方北部の弥生中期の型式である二枚橋式土器が関係したとされる。しかし、恵山文化には離頭銛などの骨角製漁撈具、貝塚の形成、クマなどの動物意匠、石器の使用など、縄文系の文化要素が継承されており、生業と物質文化の技術的水準は縄文晩期とほとんど変わらない。

縄文系の文化要素を温存する一方で本州の弥生文化との交渉関係をもち、交易によって目新しい文物を入手していたのが、続縄文文化の実態である。弥生文化からの少数の搬入品や技術移入をもって縄文時代から区別することがはたして妥当なのかどうか、再考の余地がある。じつは、山内が「続縄紋式土器」を提唱する以前には、「北海道式薄手縄文土器」という別の呼称もあった。北日本地域の独自の歴史を考えるなら、むしろ「縄文時代続期」として晩期に次ぐ位置づけを与える方が正当だという意見もありえよう。北日本地域における弥生文化と続縄文文化の関係史を検討している高瀬克範も、弥生文化を中心とした従来の歴史観の偏向を指摘している（高瀬 2004）。

東北地方北部では藤本のいうボカシの様相が現れている。青森県地域では弥生前期・中期に稲作農耕が開始されたものの、古墳時代に併行する時期になると耕作は放棄されてしまう。農耕社会の成熟を基礎に出現した前方後円墳が青森県一帯には分布しないことも、農耕生産を基盤とする社会と経済が安定しなかったことを映し出している。農耕が定着しなかった東北地方北部に続縄文式土器が南下したのも、狩猟採集文化への回帰の動きを示している。

南西諸島の地域様相

沖縄・奄美諸島を中心とする南西諸島でも漁撈中心の文化が根強く残り、弥生文化への同化は起こらなかった。沖縄の考古編年では、縄文時代に併行する時期を「貝塚時代前期」、弥生時代以降に

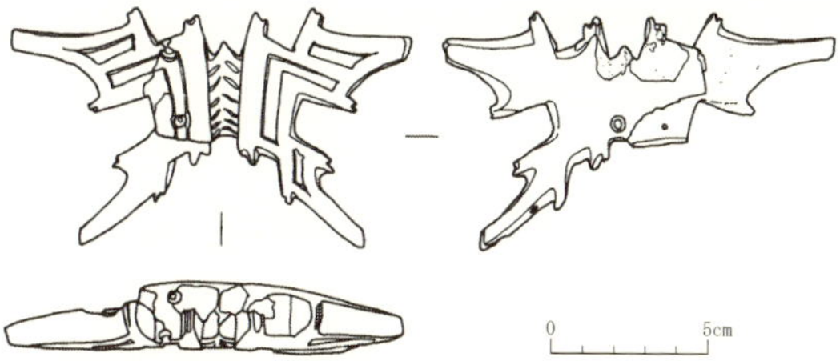

図 74　蝶形骨製品（沖縄県真志喜安座間原第１遺跡出土）

併行する時期を「貝塚時代後期」と称している。貝塚時代前期の土器文化は年代的には縄文早期から晩期に併行し、九州方面からの断続的な渡来を受けつつ独特な土器文化が生成されていた。前期の曽畑式期や後期の市来式期には九州系の縄文文化要素が入り込んでいるが、それ以外の時期は独自色が強く、全体に石器が希少で竪穴住居・土偶・回転縄文などの縄文系の文化要素もほとんどみられない。縄文文化の地域的様相というより、南西諸島に展開した独自の漁撈文化と捉えた方が実態に合っている時期が多い。伊藤慎二はこれらの土器文化を「琉球縄文文化」と総称し、土器型式の系統と編年を整理している（伊藤 2000）。

縄文後期・晩期に併行する頃、物質文化に一つの目立った変化が生じている。ジュゴンの骨を加工した特殊な蝶形骨製品（図74）が沖縄諸島を中心に発達したことである。

弥生時代に併行する貝塚時代後期になると、九州地方の弥生社会との間に、イモガイやゴホウラの貝輪を主な対象とした交易が成立した。これらの南海産貝製品は弥生社会で特別な象徴的価値をもち、それらの入手を目的として本土の弥生人が奄美・沖縄諸島へと渡海してきたものと考えられている。木下尚子が「貝の道」と称した交易ルートである（木下 1996）。それらの貝製品の対価としてもたらされたと考えられるものに、磨製石斧・弥生土器などの弥生系文物や五銖銭《ごしゅせん》などの大陸系文物がある。

南西諸島の地域社会が本土の弥生社会と交渉関係をもっていたことは事実である。しかし、生活文化は前期以来の伝統が維持され、貝塚の大型化にみられるように漁撈活動はむしろ活発化の様相を示している。貝塚時代を二分する現行の編年は、結局のところ本土の縄文・弥生の時代区分に整合させたものであり、地域文化の系統性が二の次となってしまっている点で前述の続縄文文化と同じ問題を抱え込んでいる。

北海道の続縄文文化にみられたのと同様の歴史的事情が、地理的にかけ離れた南西諸島にも認められることは興味深い。どちらの地域でも、本土の弥生文化との接触によってその文化要素が部分的に受容されたのは事実であるが、稲作農耕自体は受容されず弥生文化への同化は起こらなかった。弥生文化との交渉がもたれた一つの動機が、鉄製品や南海産貝製品を対象とした交易関係にあったことも、二つの地域に共通する。日本列島の北と南では農耕化は歴史の必然ではなく、縄文時代以来の伝統的な生活文化が温存されていたのである。本土の弥生時代に合わせて縄文時代の終末を一律に捉えようとすると、そのような地域文化の系統性や連続した文化変化がみえなくなってしまう。

終章　縄文時代史と歴史観

縄文時代の考古学は、遺跡発掘調査の進展と資料の急速な増大とともに研究分野の細分化・専門化が著しいものとなっている。専門分化の一方でマクロな歴史の中に個々の事象を位置づける総合的な視点がますます必要となってきたが、情報過多によって大局観がかえってつかみにくくなってしまったようにみえる。

最終章では、縄文時代の歴史の理解を左右することになる歴史観の問題を取り上げ、これからの研究を展望してみる。

1．縄文時代史の論点

縄文時代史を総合的に語る意欲的な著作が1990年頃から徐々に増えてきた。佐原真の『日本人の誕生』（佐原 1987）、佐々木高明の『日本史誕生』（佐々木高 1991）、小林達雄の『縄文人の世界』（小林達 1996）、林謙作の『縄文時代史 I II』（林 2004）は、戦前世代による縄文文化論である。それにつづく団塊の世代による縄文時代史も次々と出版されている（勅使河原 1998・2016、今村 1999・2002、岡村 2000、高橋 2004、安斎 2015など）。それぞれにその人の学問が表れている。私たちが読み取らなければならないのは、個別の問題についての見解だけでなく、それぞれの論者の歴史の捉え方である。

縄文時代の歴史的評価を左右する大きな論点や見解の相違がある。その隔たりは、生産力という基礎的な経済指標においても大きく、生産力の着実な発展があったからこそ体系的な稲作農耕への移行が可能になったとする評価がある一方、生産力の伸長には一定の限界があり、獲得経済の枠組みを打ち破る発展の力はなかったという評価もある。また社会の複雑性という指標においても、後期・晩期にすでに階層化社会の存在を想定する見解がある一方、ムラの指導者はいたとしても平等社会の原則をこわすような存在ではないという反対意見もある。評価がとくに両極端に分かれているのは、宗教的イデオロギーに関わる儀礼祭祀の問題である。工芸技術が呪術的な器物の製作につぎ込まれていたことが生産力の健全な発展を阻害したという負の評価が一方にある。生産力の限界と行き詰まりがタブーや呪術の発達を招いたという呪術社会論（坪井清 1962、岡本勇 1975）も根強い見方となっている。しかしその対極には、儀礼祭祀と威信財経済とが結びつき、個人や集団が威信と面目をかけて盛大な祭宴をおこなうことが特殊生産や儀礼的消費を拡大させて、経済と社会を発展させる力になった、という正の評価がある。

縄文時代文化の歴史的評価がこのように交錯するのは、生産力や社会組織の実態が正確に把握されていないことに原因があるが、しかしそれだけではない。そこには研究者の基本的な歴史観や理論的枠組みのちがいが横たわっている。

2．歴史観の問題

緩やかな発展と限界

縄文時代史の理解や評価を相違させることになる歴史観のちがいを対比してみる。

第一の立場は、縄文時代の歴史を、狩猟採集民社会の緩やかな発展と克服できない限界として描き出す。和島誠一の「序説―農耕・牧畜発生以前の原始共同体」（和島 1962）が代表的であり、マルクス主義の唯物史観がその基礎理論となっている。岡本勇は、縄文時代史を成立・発展・成熟・終末の４段階に分けて説明している（岡本勇 1975）。生産力は緩やかに発展して一定の成熟をみるが、自然の再生産を上回る生産力の行使が不可能な採集経済の矛盾は克服できず、やがて社会の停滞を招くと論じている。呪術や祭祀の発達も狩猟採集民の生産力の限界の表れと説明されている。

第一の立場をとる論者は多い。縄文時代の手工業生産の特質を論じた稲田孝司は、技術の進歩が拡大再生産ではなく呪術的な器物の製作に向けられていく点に生産とイデオロギーとの癒着がみられ、それが経済の発展を阻害する停滞の原理になったと説明している（稲田 1975）。縄文時代の人口動態を論じた今村啓爾は、集落遺跡数の時期的な変動が大きく、前期や中期に集落が増大するものの前期末や中期末に深刻な凋落が起こっていた事態に、社会発展の限界を読み取る（今村 1999・2002）。また、人口が増加傾向にある中期までは埋葬人骨の男女比に偏りはないのに対して、人口減少傾向に転じた後期・晩期には男性の比率が高くなることについて、きびしい環境悪化の中で社会が逼迫《ひっぱく》し嬰児《えいじ》殺しがおこなわれたと想定している（今村 2008）。泉拓良も、人口密度が世界各地の狩猟採集民と同等にしか延びなかった点に縄文社会の限界を読み取っている。定住化を実現するだけの生産力は得たものの、中期には狩猟採集経済の限界に達していたことが、その後の人口の伸び悩みに現れたとみている（泉 2002）。勅使河原彰も、人口増加を支え切れる限界を超えたために中期縄文文化の繁栄が持続せず、さらに寒冷化による環境悪化によって社会・文化の発展が阻まれたと論じている（勅使河原 1998・2016）。岡村道雄も縄文時代が終わりを迎えた事情を、寒冷化による生産力の低下と、祭りと呪術に支えられてきた社会の行き詰まりによって説明している（岡村 2000・2007）。潜在力を蓄えていた西日本社会が水田稲作を導入して事態を打開したのに対して、稲作に適していなかった東北地方は生産力の停滞を脱することができず、祭りや呪術によって辛うじて保たれていた集団の結束や平等性も限界に達していたとみる。

縄文文化の再評価

第一の立場とは異なる歴史観も表明されている。第二の立場として、縄文時代を農耕社会への着実な発展段階の中に位置づける見方がある。縄文文化から弥生文化への移行が長い時間をかけて緩やかに段階的に進んだと考える立場である。佐々木高明は、縄文文化を「照葉樹林文化」と「ナラ林文化」という汎アジア的な文化史の中に位置づけ、稲作以前の農耕発展段階を論じている。前期に原初的農耕が開始され、西日本の後晩期には雑穀・根栽型の焼畑農耕がおこなわれていたと推定する（佐々木高 1982・1986・1991）。

佐々木とはちがって農耕説には慎重であるが、鈴木公雄も複合型の採集経済の完成を基礎に安定度の高い社会が実現されたことが、体系的な農耕を受容するだけの十分な潜在能力の蓄積につながったと考える（鈴木公 1990）。石川日出志の見方もこの立場に近い。石川は、気候が寒冷化した縄文後期・晩期にアク抜きに手間のかかるトチの食利用が盛んになるなど植物利用が多角的になったことが、その後の雑穀栽培の受容を準備し、それがさらに灌漑技術をともなった本格的な稲作農耕の受容へとつながったと説明している（石川 2010）。

安田喜憲もまた独自の見地から縄文文化を再評価する論者である。日本の風土と歴史の特異性を重視する安田は、ヨーロッパ文明とは異なる日本文明の原型が形作られた時代として縄文時代に注目しており、再生産力の強い森林を土台に永続性をもった森の文化が育まれ着実に発展してきたことが、日本独自の文明の基層になったと論じている。地域の特性を捨象して人類の発展法則を説くマルクス史観に疑問を呈し、縄文文化の特性を相対的に捉え、先史時代の世界史に位置づけようと試みている（安田 1987）。

第三の立場として、生産力や経済発展を評価の指標とはせずに縄文文化の独自の発展を重視する見方がある。縄文社会が低い生産力のために停滞していたとも農耕社会に向かって発展していたとも考えず、まったくちがう歴史のベクトルをもっていたと考える立場である。小林達雄は、縄文時代の生産力は早期にすでに高い水準に達して安定しており、トチのアク抜き技術や数種の植物栽培技術が後から加えられたが、縄文時代を通して食料獲得の技術に大きな変化はなかったとみる（小林達 1983b・1994）。縄文時代史において小林が重視するのは、むしろ独自の精神文化の発達過程である。縄文時代から弥生時代への移行についても、経済的変革という一面から評価せず、外来文化との接触によって伝統的文化が終焉を迎えたと理解する。岡本孝之も縄文時代から弥生時代への転換を歴史の発展とみることに反対している（岡本孝 1993）。岡本は縄文文化と弥生文化を系統のちがう異質な文化として対置する見方を取り、縄文後期に形成された西日本と東日本の文化的差異が弥生時代以後にも引きつがれて日本歴史の中に異質な二つの文化の系統を形作ってきたと考える。その文化的な対立と相克が律令体制と蝦夷、あるいは近世和人社会とアイヌ社会との対立にまで連続しているという歴史観となっている。

変容する歴史観

これまでの縄文時代論では生産力やその発展に評価のポイントが置かれ、農耕社会との対比を通して縄文社会のレベルが語られる傾向が強かった。狩猟採集社会と農耕社会という区別が絶対的な指標となっていて、縄文時代と弥生時代とのちがいや歴史の発展を経済史的に考えようとする見方が強すぎたように感じる。上記の歴史観の対立も、第一の立場が描き出した縄文社会像に対して、第二・第三の立場が反論する構図となっている。

敗戦後の日本歴史学では、マルクス主義の唯物史観が強い影響力をもった。縄文時代から弥生時代への転換を採集経済から生産経済への革新的発展と捉え、縄文文化が終末に至った理由を狩猟採集社会の行き詰まりと説明するのも、その枠組みによる。マルクスとエンゲルスは、物質的な生産力を歴史発展の究極的な原動力と考え、生産力と生産関係からなる下部構造が政治・法律などの上部構造を規定すると考えたが、現在では経済の見方も大きく変わってきた。とくに社会的コミュニケーションとしての贈与交換、政治権力の形成と結びついた威信財経済など、社会と経済の相互作用や経済行為の観念的側面に関心が向けられている。

縄文時代の考古学でも、これからは社会や宗教の視点を加えたより総合的な歴史の見方が必要になるだろう。あらためて注目したいのは社会構造や宗教的な儀礼祭祀の問題である。人口密度が高まり社会の複雑化が進んだ中期以降には、葬制が発達し、環状列石などの記念物造営が盛んにおこなわれ、生活の場である集落の中でも儀礼祭祀がおこなわれるようになる。しだいにエスカレートするこうした動きが、特殊な儀器や漆器などの高級品の生産を生み、それらの製品を流通させる長距離交易を発達させる社会的要因となり、ひいてはそれがコメや金属器の受容にもつながった。第８章ではそうした新しい考え方を紹介した。第一の立場が縄文時代後半期における儀礼祭祀の発達を、経済的な行き詰まりや限界を克服できない原始社会に蔓延した呪術と因襲の表れとみるのに対して、社会・イデオロギー・経済の相互作用が歴史の原動力になったと考える立場である。

現代思想に新たな潮流がたえず生成しているように、考古学にもパラダイムシフトが起こりうる。時代史の捉え方は一通りではなく、新たな歴史観によって今までにない時代像が描かれることになるかもしれない。理論的立場やパラダイムによって歴史の捉え方や時代史の描き方が変化することを、時代史を書く人も読む人も自覚しなければならないことだけは確かである。

3．縄文考古学のこれから

縄文時代の考古学は、エドワード・モースによる大森貝塚の発掘を起点として、現在までに140年余の学史を蓄積してきた。土器の型式分類や編年が中心であった時期は過ぎ、文化の変化や歴史変遷の要因を説明して時代史を再構成する研究段階を迎えている。

この四半世紀ほどの間に縄文時代の研究は飛躍的に進展したが、研究者の問題関心にはまだ偏りがある。食料資源や生業の季節性など、縄文人の生態に関する研究はかなり進んだといえる。自然科学的な分析法で実証的に研究することができる分野だからである。それにくらべて社会組織や精神文化の研究は立ち遅れているといわざるをえない。家族・ジェンダー・人口動態のような社会の問題、死生観・世界観のような心の領域の問題は、縄文人が何を食べたかという問題にくらべると考古学からのアプローチがむずかしい。理論や研究法に課題があり研究しづらい問題を扱うので、関心を向ける研究者が少ないのである。それでも、縄文文化を総合的に理解するためには、生態・社会・イデオロギーの全体的構造への視点がどうしても必要である。

自然科学的な分析手法やコンピュータによる数理解析、精密な三次元計測などが普及し、考古学者が経験的に捉えてきたモノや事象をより正確に把握することが可能となったのはよいことである。しかし、それによって歴史の評価や解釈が定まるわけではない。専門分化の弊に陥ることなく、大きな問題意識をもって時代史を考えたいものである。

本書の中では学説の対立や論争にも触れた。学説の相違は研究の未熟さを示すのではなく、むしろ学問の発展にとって必要なものである。縄文時代の考古学が今後も健全な論争を繰り返しながら成熟していくことを願っている。

参考文献（五十音順）

阿子島　香　1983「ミドルレンジセオリー」『考古学論叢Ⅰ』東出版寧楽社

阿子島　香　1989『石器の使用痕』ニュー・サイエンス社

浅川利一・安孫子昭二編　2002『縄文時代の渡来文化』雄山閣

安孫子昭二　2014「分業と交易」『講座日本の考古学４』青木書店

安孫子昭二　2015『東京の縄文学』之潮

阿部昭典　2008『縄文時代の社会変動論』アム・プロモーション

阿部友寿　2003「縄文後晩期における遺構更新と『記憶』」『神奈川考古』39

阿部芳郎　2005「『盛土遺構』と遺丘集落」『考古学集刊』特別号

阿部芳郎　2016「『藻塩焼く』の考古学」『考古学研究』63(1)

網野善彦　1998『東と西の語る日本の歴史』講談社学術文庫

安斎正人　2007「円筒下層式土器期の社会」『縄紋時代の社会考古学』同成社

安斎正人　2014『気候変動と縄紋文化の変化』同成社

安斎正人　2015『縄紋人の生活世界』敬文舎

石井　寛　1994「縄文時代後期集落の構成に関する一試論」『縄文時代』５

石川日出志　1988「縄文・弥生時代の焼人骨」『駿台史学』74

石川日出志　2010『農耕社会の成立』岩波新書

石母田　正　1962「古代史概説」『日本歴史１』岩波書店

泉　拓良　2002「縄文文化論」『日本の時代史１』吉川弘文館

磯前順一　1994『土偶と仮面』校倉書房

伊藤慎二　2000『琉球縄文文化の基礎的研究』ミュゼ

稲田孝司　1975「原始社会の日本的特質」『日本史を学ぶ１』有斐閣

稲田孝司　1986「縄文文化の形成」『日本考古学６』岩波書店

今村啓爾　1989「群集貯蔵穴と打製石斧」『考古学と民族誌』六興出版

今村啓爾　1999『縄文の実像を求めて』吉川弘文館

今村啓爾　2002『縄文の豊かさと限界』山川出版社

今村啓爾　2008「縄文時代の人口動態」『縄文時代の考古学10』同成社

今村啓爾　2010a「縄文時代観の形成」『縄文時代の考古学１』同成社

今村啓爾　2010b『土器から見る縄文人の生態』同成社

上屋眞一・木村英明　2016『カリンバ遺跡と柏木Ｂ遺跡』同成社

大島直行　2008「縄文時代人の虫歯率」『縄文時代の考古学10』同成社
大島直行　2016『縄文人の世界観』国書刊行会
太田原　潤　2000「三内丸山遺跡の６本柱巨木柱列と二至二分」『縄文時代』11
大塚達朗　2000『縄紋土器研究の新展開』同成社
大林太良　1971「縄文時代の社会組織」『季刊人類学』2(2)
大林太良　1975『日本古代文化の探究　家』社会思想社
大村　裕　1994「『縄紋』と『縄文』」『考古学研究』41(2)
大山　柏　1927『神奈川縣下新磯村字勝坂遺物包蔵地調査報告』史前研究会
岡村道雄　1984「里浜貝塚西畑地点の貝塚を残した集団とその季節的な生活」『考古学ジャーナル』231
岡村道雄　2000『縄文の生活誌』講談社
岡村道雄　2007「なぜ縄文時代は終わったのか」『日本の考古学　上巻』学生社
岡本　勇　1975「原始社会の生産と呪術」『日本歴史１』岩波書店
岡本孝之　1993「攻める弥生・退く縄文」『新版古代の日本７』角川書店
岡本太郎　1969「根源の美」『日本文化の歴史１』学研
岡本東三　2017『押型紋土器の広域編年研究』雄山閣
尾関清子　1996『縄文の衣』学生社
小畑弘己　2011『東北アジア古民族植物学と縄文農耕』同成社
小畑弘己　2016『タネをまく縄文人』吉川弘文館
賀川光夫　1968「日本石器時代の農耕問題」『歴史教育』16(4)
葛西　励　2002『再葬土器棺墓の研究』同刊行会
金子浩昌・忍沢成視　1986『骨角器の研究　縄文篇１・２』慶友社
上條信彦　2015『縄文時代における脱殻・粉砕技術の研究』六一書房
喜田貞吉　1936「日本石器時代の終末期に就いて」『ミネルヴァ』1(3)
木下尚子　1996『貝の道の考古学』法政大学出版局
清野謙次　1928『日本石器時代人研究』岡書院
工藤雅樹　1979『研究史　日本人種論』吉川弘文館
工藤雄一郎　2012『旧石器・縄文時代の環境文化史』新泉社
工藤雄一郎・国立歴史民俗博物館編　2017『さらにわかった！縄文人の植物利用』新泉社
日下宗一郎　2018『古人骨を測る―同位体人類学序説』京都大学学術出版会
櫛原功一　2015「竪穴住居における縄文尺の検討」『縄文時代』26

栗島義明　2007「硬玉製太珠の社会的意義」『縄紋時代の社会考古学』同成社
栗島義明　2015「『木組遺構』再考」『考古学研究』62(1)
黒住耐二　2009「微小陸産貝類が示す古環境」『縄文時代の考古学３』同成社
桒畑光博　2016『超巨大噴火が人類に与えた影響―西南日本で起こった鬼界アカホヤ噴火を中心として―』雄山閣
小池裕子　1983「貝類分析」『縄文文化の研究２』雄山閣
小池裕子　1992「日本列島における先史時代の狩猟活動」『狩猟と漁労』雄山閣
甲野　勇　1953『縄文土器のはなし』世界社
河野広道　1935「貝塚人骨の謎とアイヌのイオマンテ」『人類学雑誌』50(4)
小金井良精　1904『日本石器時代の住民』春陽堂
小杉　康　2014「葬墓祭制と大規模記念物」『講座日本の考古学４』青木書店
後藤信祐　1986・1987「縄文後晩期の刀剣形石製品の研究」『考古学研究』33(3・4)
後藤守一　1952「上代に於ける貴族社会の出現」『日本民族』岩波書店
五島淑子　1992「日本における肉食と魚食」『狩猟と漁労』雄山閣
小林謙一　2017『縄紋時代の実年代』同成社
小林青樹　2007「東日本系土器の西漸と交流」『日本の美術』499
小林達雄　1974「縄文世界における土器の廃棄について」『国史学』93
小林達雄　1983a「縄文時代領域論」『日本史学論集 上巻』吉川弘文館
小林達雄　1983b「縄文経済」『縄文文化の研究２』雄山閣
小林達雄　1985「縄文時代のクニグニ」『縄文人の知恵』小学館
小林達雄　1994『縄文土器の研究』小学館
小林達雄　1996『縄文人の世界』朝日新聞社
小林達雄　2000『縄文人追跡』日本経済新聞社
小林達雄　2005『縄文ランドスケープ』アム・プロモーション
小林達雄　2008『縄文の思考』ちくま新書
小林正史　2008「スス・コゲからみた縄文深鍋による調理方法」『総覧縄文土器』アム・プロモーション
小山修三　1984「縄文時代の人口」『人類学』日経サイエンス社
小山修三・松山利夫・秋道智彌・藤野淑子・杉田繁治　1982「斐太後風土記による食糧資源の計量的研究」『国立民族学博物館研究報告』6(3)
近藤　修　2018「頭骨形態からみた縄文人の地域性」『国立歴史民俗博物館

研究報告』208
近藤義郎　1962「弥生文化論」『日本歴史１』岩波書店
近藤義郎　1984『土器製塩の研究』青木書店
坂口　隆　2003『縄文時代貯蔵穴の研究』アム・プロモーション
酒詰仲男　1957「日本原始農業試論」『考古学雑誌』42(2)
酒詰仲男　1961『日本縄文石器時代食料総説』土曜会
佐々木高明　1982『照葉樹林文化の道』日本放送出版協会
佐々木高明　1986『縄文文化と日本人』小学館
佐々木高明　1991『日本史誕生』集英社
佐々木藤雄　1973『原始共同体論序説』共同体研究会
佐々木藤雄　2008「婚姻と家族」『縄文時代の考古学10』同成社
佐々木藤雄　2010「縄文時代の段階区分」『縄文時代の考古学１』同成社
佐々木由香　2007「種実と土木用材からみた縄文時代中期後半～晩期の森林資源利用」『縄紋時代の社会考古学』同成社
佐々木由香　2009「縄文から弥生変動期の自然環境の変化と植物利用」『季刊東北学』19
佐宗亜衣子・諏訪　元　2012「骨形態の分析とその留意点」『考古学ジャーナル』630
佐藤達夫　1974「土器型式の実態」『日本考古学の現状と課題』吉川弘文館
佐藤宏之　1989「陥し穴猟と縄文時代の狩猟社会」『考古学と民族誌』六興出版
佐藤宏之　2000『北方狩猟民の民族考古学』北海道出版企画センター
佐原　真　1968「日本農耕起源論批判」『考古学ジャーナル』23
佐原　真　1975「農業の開始と階級社会の形成」『日本歴史１』岩波書店
佐原　真　1981「特論　縄文施文法入門」『縄文土器大成３』講談社
佐原　真　1985「奴隷をもつ狩猟採集民」『歴史公論』11(5)
佐原　真　1987『大系日本の歴史１　日本人の誕生』小学館
更科源蔵・更科　光　1976『コタン生物記Ⅰ』法政大学出版局
設楽博己　2014『縄文社会と弥生社会』敬文社
設楽博己　2017『弥生文化形成論』塙書房
設楽博己　2018「南西諸島の大洞系土器とその周辺」『東京大学考古学研究室研究紀要』31
篠田謙一　2008「縄文人骨のミトコンドリア DNA 分析」『縄文時代の考古

学10』同成社
篠田謙一・松村博文・西本豊弘　1998「DNA 分析と形態データによる中妻貝塚出土人骨の血縁関係の分析」『動物考古学』11
杉浦重信　2001「北辺の縄文文化」『新 北海道の古代１』北海道新聞社
杉原荘介・戸沢充則　1971「貝塚文化」『市川市史１』吉川弘文館
杉山真二　2000「植物珪酸体」『考古学と植物学』同成社
鈴木公雄　1979「縄文時代論」『日本考古学を学ぶ３』有斐閣
鈴木公雄　1984「日本の新石器時代」『講座日本歴史１』東京大学出版会
鈴木公雄　1990「縄文時代はいつ始まったか」『争点日本の歴史』新人物往来社
鈴木隆雄　1995「骨から読みとる古代人の病気」『新しい研究法は考古学になにをもたらしたか』クバプロ
鈴木隆雄　2014「病気・寿命・闘い」『講座日本の考古学４』青木書店
鈴木　尚　1996『骨〈改訂新版〉』学生社
鈴木三男　2016『クリの木と縄文人』同成社
鈴木保彦　2014「晩氷期から後氷期における気候変動と縄文集落の盛衰」『縄文時代』25
関根達人　2006「東北地方出土の安行系・滋賀里系土器からみた地域間交流」『ムラと地域の考古学』同成社
瀬口眞司　2016『琵琶湖に眠る縄文文化 粟津湖底遺跡』新泉社
芹沢長介　1960『石器時代の日本』築地書館
大工原　豊　2002「黒曜石の流通をめぐる社会」『縄文社会論（上）』同成社
高瀬克範　2004『本州島東北部の弥生社会誌』六一書房
高橋龍三郎　2004『縄文文化研究の最前線』早稲田大学文学部
高橋龍三郎　2016「縄文後・晩期社会におけるトーテミズムの可能性について」『古代』138
谷口康浩　2001「縄文時代遺跡の年代」『季刊考古学』77
谷口康浩　2005『環状集落と縄文社会構造』学生社
谷口康浩　2011『縄文文化起源論の再構築』同成社
谷口康浩　2014「集落と領域」『講座日本の考古学４』青木書店
谷口康浩　2017a『縄文時代の社会複雑化と儀礼祭祀』同成社
谷口康浩　2017b「環状集落にみる社会複雑化」『歴博フォーラム　縄文時代』吉川弘文館

チャイルド、G.（ねずまさし訳） 1951『文明の起源』岩波新書
知里真志保 1976『分類アイヌ語辞典 植物編・動物編』平凡社
塚田松雄 1967「過去一万二千年間 日本の植生史変遷Ⅰ」『植物学雑誌』80（950号）
辻 誠一郎 1997「縄文時代への移行期における陸上生態系」『第四紀研究』36(5)
辻 誠一郎 2002「日本列島の環境史」『日本の時代史１』吉川弘文館
辻 誠一郎・能城修一編 2006『三内丸山遺跡の生態系史』日本植生史学会
都出比呂志 1989『日本農耕社会の成立過程』岩波書店
坪井清足 1962「縄文文化論」『日本歴史１』岩波書店
坪井洋文 1982『稲を選んだ日本人』未来社
勅使河原 彰 1998『縄文文化』新日本出版社
勅使河原 彰 2016『縄文時代史』新泉社
寺村光晴 1995『日本の翡翠』吉川弘文館
樋泉岳二 1993「伊川津貝塚における水産資源の空間的開発パターン」『二十一世紀への考古学』雄山閣出版
樋泉岳二 2014「漁撈の対象」『講座日本の考古学４』青木書店
藤間生大 1951『日本民族の形成』岩波書店
鳥居龍蔵 1924『諏訪史 第一巻』信濃教育会諏訪部会
中塚 武 2015「酸素同位体比年輪年代法がもたらす新しい考古学研究の可能性」『考古学研究』62(2)
中村 大 2000「採集狩猟民の副葬行為」『季刊考古学』70
中山誠司 2010『植物考古学と日本の農耕の起源』同成社
名久井文明 2012『伝承された縄紋技術』吉川弘文館
那須浩郎 2018「縄文時代の植物のドメスティケーション」『第四紀研究』57(4)
新美倫子 2010「鳥獣類相の変遷」『縄文時代の考古学４』同成社
西田正規 1980「縄文時代の食料資源と生業活動」『季刊人類学』11(3)
西田正規 1985「縄文時代の環境」『日本考古学２』岩波書店
西田正規 1986『定住革命』新曜社
西田泰民 2006「炭化物の生成実験」『新潟県立歴史博物館研究紀要』7
西野秀和 2007「環状木柱列」『縄文時代の考古学11』同成社
西野雅人 2004「貝塚」『千葉県の歴史 資料編 考古４』千葉県
西本豊弘 1991「縄文時代のシカ・イノシシ狩猟」『古代』91

西脇対名夫　1998「石剣ノート」『北方の考古学』野村崇先生還暦記念論集刊行会
禰津正志　1935「原始日本の経済と社会」『歴史学研究』4(4)(5)
能城修一　2009「木材・種実遺体と古生態」『縄文時代の考古学３』同成社
野村　崇　1999「北からの道」『海を渡った縄文人』小学館
橋本　正　1976「竪穴住居の分類と系譜」『考古学研究』23(3)
埴原和郎　1995『日本人の成り立ち』人文書院
埴原和郎・山内昭雄・溝口優司　1983「岩手県二戸市上里遺跡出土人骨の血縁性に関する統計学的推定」『人類学雑誌』91(1)
林　謙作　1976「亀ヶ岡文化論」『東北考古学の諸問題』寧楽社
林　謙作　1980「貝ノ花貝塚のシカ・イノシシ遺体」『北方文化研究』13
林　謙作　2001『縄文社会の考古学』同成社
林　謙作　2004『縄文時代史Ⅰ Ⅱ』雄山閣
原田昌幸　1995『土偶』至文堂
春成秀爾　1979「縄文晩期の婚後居住規定」『岡山大学法文学部学術紀要』40
春成秀爾　2002『縄文社会論究』塙書房
福田友之　2014『津軽海峡域の先史文化研究』六一書房
藤本　強　1988『もう二つの日本文化』東京大学出版会
藤本　強　1994『モノが語る日本列島史』同成社
藤森栄一　1970『縄文農耕』学生社
藤森栄一・武藤雄六　1965『井戸尻』中央公論美術出版
藤原秀樹　2007「北海道後期の周堤墓」『縄文時代の考古学９』同成社
藤原秀樹　2013「Ｔピットについて」『北海道考古学』49
保坂三郎　1972「縄文文化に対する問題」『是川遺跡』中央公論美術出版
堀越正行　2018「日本列島の貝塚と加曽利貝塚」『貝塚博物館紀要』44
町田　洋・新井房夫　1992『火山灰アトラス』東京大学出版会
松井　章　2005「狩猟と家畜」『列島の古代史２』岩波書店
松井　章　2008「サケマス論　その後」『考古・民族・歴史学論叢』六一書房
松島義章　1984「日本列島における後氷期の浅海性貝類群集」『神奈川県立博物館研究報告（自然科学）』15
松田　陽・岡村勝行　2012『入門パブリック・アーケオロジー』同成社
松谷暁子　1983「エゴマ・シソ」『縄文文化の研究２』雄山閣
松本建速　1997「大洞Ａ′式土器を作った人々と砂沢式土器を作った人々」

『北方の考古学』野村崇先生還暦記念論集刊行会
松本直子　2002「伝統と変革に揺れる社会」『縄文社会論（下）』同成社
松本彦七郎　1919「宮戸嶋里浜及気仙郡獺沢介塚の土器　附特に土器紋様論」『現代之科学』7(5・6)
水ノ江和同　2012『九州縄文文化の研究』雄山閣
水ノ江和同　2015「縄文土器の器形と文様の系譜について」『九州考古学』90
御堂島　正　2005『石器使用痕の研究』同成社
南川雅男　2001「炭素・窒素同位体分析により復元した先史日本人の食生態」『国立歴史民俗博物館研究報告』86
宮本一夫　2017『東北アジアの初期農耕と弥生の起源』同成社
武藤康弘　1997「縄文時代前・中期の長方形大型住居の研究」『住の考古学』同成社
モース、エドワード（近藤義郎・佐原真訳）1983『大森貝塚』岩波文庫
森本六爾　1934『日本原始農業新論』『考古学評論』1(1)
安田喜憲　1980『環境考古学事始』日本放送出版協会
安田喜憲　1987『世界史のなかの縄文文化』雄山閣
矢野健一　2010「縄文文化の東と西」『縄文時代の考古学１』同成社
山崎京美　2010「イノシシ飼育」『縄文時代の考古学４』同成社
山田昌久　2007「木の利用と実験考古学」『縄文時代の考古学６』同成社
山田康弘　1995「多数合葬例の意義」『考古学研究』42(2)
山田康弘　2008『人骨出土例にみる縄文の墓制と社会』同成社
山野井　徹　2015『日本の土』築地書館
山内清男　1930「所謂亀ヶ岡式土器の分布と縄紋式土器の終末」『考古学』1(3)
山内清男　1932「縄紋土器の終末」『ドルメン』1(6・7)
山内清男　1935「縄紋式文化」『ドルメン』4(6)
山内清男　1936a「日本考古学の秩序」『ミネルヴァ』1(4)
山内清男　1936b「考古学の正道」『ミネルヴァ』1(6)
山内清男　1937「縄紋土器型式の細別と大別」『先史考古学』1(1)
山内清男　1939『日本遠古之文化』（補註付・新版）
山内清男　1964「日本先史時代概説」「縄紋式土器・総論」『日本原始美術１』講談社
山内清男　1969a「縄紋草創期の諸問題」『Museum』224
山内清男　1969b「縄紋時代研究の現段階」『日本と世界の歴史１』学習研

究社
山内清男　1979『日本先史土器の縄紋』先史考古学会
山本孝司　2007「土器製作のムラ」『縄文時代の考古学６』同成社
山本直人　2002『縄文時代の植物採集活動』渓水社
山本直人　2007『文理融合の考古学』高志書院
山本暉久　2002『敷石住居址の研究』六一書房
山本典幸　2000「イルカ漁の民族考古学」『考古学研究』47(3)
吉川純子　2009「野生食用植物」『縄文時代の考古学３』同成社
吉野健一　2007「房総半島における縄文時代後・晩期の大形住居」『縄紋時代の社会考古学』同成社
米田　穣　2010「食生態にみる縄文文化の多様性」『科学』80(4)
和島誠一　1948「原始聚落の構成」『日本歴史学講座』学生書房
和島誠一　1962「序説―農耕・牧畜発生以前の原始共同体」『古代史講座２』学生社
渡辺　仁　1990『縄文式階層化社会』六興出版
渡辺　仁　1993「土俗考古学の勧め」『古代文化』45(11)
渡辺　誠　1973『縄文時代の漁業』雄山閣出版
渡辺　誠　1975『縄文時代の植物食』雄山閣出版
渡辺　誠　1980「雪国の縄文家屋」『小田原考古学研究会会報』9
渡辺　誠　1985「編布の研究」『日本史の黎明』六興出版
渡辺義通・三沢　章・伊豆公夫・早川二郎　1936『日本歴史教程　第１冊』白揚社
Kaner, S. ed. 2009 *The Power of Dogu.* The British Museum
Habu, J. 2004 *Ancient Jomon of Japan.* Cambridge University Press
Morse, E. S. 1879 *Shell Mounds of Omori.* Memoirs of Science Department, University of Tokyo Japan. エドワルド・エス・モールス（矢田部良吉訳）1879『大森介墟古物編』東京大学法理文学部
Munro, N.G. 1908 *Prehistoric Japan.* エヌ・ジー・モンロー（1911年再版の復刻版、第一書房、1982）

図版クレジット・出典一覧

※ 遺跡発掘調査報告書の書誌情報は紙面の都合で略す

図1　新規作成原図
図2　坪井洋文『稲を選んだ日本人』（未来社、1982年）より転載
図3　©2009 The Trustees of the British Museum
図4　写真：津南町教育委員会提供、作品：猪風来
図5　写真：小川忠博撮影
図6　新規作成原図
図7　各遺跡報告書より転載
図8　小林達雄『縄文人の世界』（朝日新聞社、1996年）より転載・改変
図9　谷口康浩「環状集落から探る縄文社会の構造と進化」『最新縄文学の世界』（朝日新聞社、1999年）より転載、『日本第四紀地図』（東京大学出版会、1982年）原図より作成
図10　新規作成原図、参考：小林達雄編『総覧縄文土器』（アム・プロモーション、2008年）所収「縄文土器様式編年表」
図11　新規作成原図、作図協力：工藤雄一郎
図12　写真：阿部芳郎撮影・提供
図13　写真：㈱パレオ・ラボ撮影、圧痕資料：会田進提供、実測図：会田進ほか「アズキ亜属種子が多量に混入する縄文土器と種実が多量に混入する意味」『資源環境と人類』7（2017年）より転載
図14　グラフ：設楽博己『縄文社会と弥生社会』（敬文社、2014年）より転載、金生遺跡出土イノシシ下顎骨写真：丹羽百合子撮影、金子裕之『縄文時代Ⅲ』（至文堂、1982年）より転載、十腰内遺跡出土イノシシ形土製品写真：弘前市立博物館撮影・提供（国重要文化財）
図15　人骨資料所蔵および写真提供：田原市博物館（愛知県吉胡貝塚 H17SZ04）、東京大学総合研究博物館（福島県三貫地貝塚）、九州大学博物館（福岡県金隈遺跡 K61号人骨）
図16　米田穣原図提供、新規作成
図17　写真：鈴木隆雄撮影・提供
図18　人骨資料所蔵および写真提供：東京大学総合研究博物館
図19　新規作成原図、作図協力：工藤雄一郎
図20　写真：鹿児島県立埋蔵文化財センター提供
図21　設楽博己「再葬の背景」『国立歴史民俗博物館研究報告』112（2004年）、勅使河原彰「縄文文化の高揚」『講座日本の考古学3』（青木書店、2013年）、関根達人

「青森県における縄文時代の遺跡数の変遷」『第四紀研究』53(4)（2014年）の原図をもとに新規作成

図22　写真：船橋市教育委員会提供

図23　貝塚分布図：『史跡中里貝塚総括報告書』（北区教育委員会、2018年）より転載・一部改変、グラフ：工藤雄一郎原図を改変（Tanabe et al. 2015のデータに基づいて新規作成）

図24　辻誠一郎「縄文時代の植生史」『縄文時代の考古学３』（同成社、2009年）より転載

図25　西本豊弘「縄文時代のシカ・イノシシ狩猟」『古代』91（1991年）、新美倫子「鳥獣類相の変遷」『縄文時代の考古学４』（同成社、2010年）のデータをもとに新規作成

図26　写真：成尾英仁撮影・提供

図27　佐々木由香「種実と土木用材からみた縄文時代中期後半～晩期の森林資源利用」『縄紋時代の社会考古学』（同成社、2007年）より転載・一部改変

図28　草刈貝塚平面図：『千葉県の歴史 資料編 考古１』（2000年）より転載・改変、貯蔵穴模式図：坂口隆『縄文時代貯蔵穴の研究』（アム・プロモーション、2003年）原図を改変して作成

図29　写真：小川忠博撮影（石皿と磨石）、東京都埋蔵文化財センター提供（打製石斧）

図30　実測図：田柄貝塚報告書より転載

図31　筌実測図：青田遺跡報告書より転載、漁網錘実測図：渡辺誠『縄文時代の漁業』（雄山閣出版、1973年）、荒屋敷貝塚・中野久木谷頭遺跡報告書より転載

図32　各遺跡報告書より転載

図33　各遺跡報告書の実測図をもとに新規作成

図34　写真：北海道立埋蔵文化財センター提供

図35　佐原真『大系日本の歴史１』（小学館、1987年）原図をもとに新規作成

図36　長崎県福井洞穴写真：著者撮影、東京都忠生遺跡Ａ地区写真：町田市教育委員会提供

図37　新規作成原図、写真：千葉市立加曽利貝塚博物館提供

図38　江原英「環状盛土遺構」『縄文時代の考古学８』（同成社、2009年）より転載・改変

図39　写真：秋田県教育委員会提供、資料所蔵：秋田県立博物館

図40　青森県亀ヶ岡遺跡　CT 画像：弘前大学北日本考古学研究センター提供、資料所蔵：個人蔵、図版：佐々木由香「編組製品の技法と素材植物」『さらにわかった！縄文人の植物利用』（新泉社、2017年）より転載、片岡太郎・上條信彦『亀ヶ岡文化の漆工芸Ⅱ』（六一書房、2015年）原図／佐賀県東名貝塚　写真・図版：佐賀市教育委員会提供

図41　小林公明「煤とお焦げ」『曾利』（富士見町教育委員会、1978年）、小林信一「土

器の使用痕分析」『印西市西根遺跡』（千葉県文化財センター、2005年）より転載・改変

図42　新規作成、作図協力：中村耕作　土器実測図5：『貝塚博物館紀要』8（1982年）、7：長田友也「元屋敷遺跡出土の巻貝形土器について」『三面川流域の考古学』6（2008年）、8：『平塚市史11上』（1999年）、10：『能代市史　資料編考古』（1995年）、11：『亀ヶ岡文化遺物実測図集』（弘前大学人文学部日本考古学研究室、2004年）、12：高橋龍三郎「亀ヶ岡式土器の研究」『北奥古代文化』12（1981年）、13：『亀ヶ岡遺跡・是川遺跡縄文時代遺物』（国立歴史民俗博物館、2015年）、上記以外：各遺跡報告書より転載

図43　佐藤攻・可児通宏「遺跡庭園の整備」『多摩ニュータウンNo.57遺跡』（東京都教育委員会、1988年）、高田和徳・西山和宏・浅川滋男「縄文時代の土屋根住居の復元（二）」『月刊文化財』418（1998年）より転載・改変

図44　各遺跡報告書および『千葉県の歴史 資料編 考古1』（2000年）より転載

図45　各遺跡報告書および『貝塚博物館紀要』8（1982年）より転載・一部改変

図46　各遺跡報告書より転載・改変

図47　写真：栃木県埋蔵文化財センター提供

図48　イラスト：川口市教育委員会提供・一部改変

図49　写真：新潟県教育委員会提供、実測図：各遺跡報告書より転載

図50　青森県三内丸山遺跡：谷口康浩「縄文時代の生活空間」『縄文時代の考古学8』（同成社、2009年）より転載、埼玉県打越遺跡：安孫子昭二「縄文前期前半の住居形態と周辺の遺跡」『多摩ニュータウンNo.57遺跡』（東京都教育委員会、1988年）、打越遺跡報告書の原図をもとに新規作成

図51　写真：佐倉市教育委員会提供

図52　集落平面図：菅野智則「北上川流域における縄文時代前期環状集落に関する研究」『国立歴史民俗博物館研究報告』208（2018年）、小林圭一「東北中部の二つの環状集落」『二十一世紀考古学の現在』（六一書房、2017年）より転載・一部改変

図53　谷口康浩『縄文時代の社会複雑化と儀礼祭祀』（同成社、2017年）原図より作成

図54　谷口康浩「集落と領域」『講座日本の考古学4』（青木書店、2014年）より転載・一部改変

図55　各遺跡報告書および上屋眞一・木村英明『カリンバ遺跡と柏木B遺跡』（同成社、2016年）より転載・一部改変

図56　人骨資料所蔵および写真提供：東京大学総合研究博物館

図57　春成秀爾「抜歯」『図解日本の人類遺跡』（東京大学出版会、1992年）より転載

図58　実測図3：写真トレース、4：報告書再トレース、8：『史跡下布田遺跡総括報告書』（調布市教育委員会、2017年）、15～17：春成秀爾『縄文社会論究』（塙書房、2002年）、上記以外：各遺跡報告書より転載

図59　木島勉「縄文時代の翡翠文化」『翡翠展』（毎日新聞社、2004年）の原図をもとに新規作成

図60　土器実測図：各遺跡報告書および『千葉県の歴史 資料編 考古1』（2000年）より転載

図61　写真：小川忠博撮影

図62　写真：小川忠博撮影、資料所蔵：山梨県立考古博物館（一の沢西遺跡）、渋川市北橘歴史資料館（道訓前遺跡）

図63　玉抱三叉文：新規作成原図、実測図：各遺跡報告書より転載、青森市内匂玉：写真トレース

図64　新規作成原図、作図協力：佐賀桃子　土偶実測図：各遺跡報告書および『長野県史 考古資料編全一巻（三）』（1984年）、『第五回土偶研究会』（2008年）、『西日本をとりまく土偶』（1997年）、『宮城の研究1』（清文堂、1984年）、『土偶芸術と信仰』（講談社、1974年）、『土偶研究の地平1』（1997年）、『大井町史 資料編』（1997年）より転載

図65　写真：著者撮影、実測図：忠生遺跡A地区・緑川東遺跡報告書、小島俊彰「加越濃飛における縄文中期の石棒」『金沢美術工芸大学学報』20（1976年）、長田友也「中部地方の彫刻石棒」『二十一世紀考古学の現在』（六一書房、2017年）、長田友也「中里村芋川原遺跡・津南町堂尻遺跡出土の彫刻石棒について」『越佐補遺些』10（2005年）より転載

図66　写真：小川忠博撮影

図67　写真：東京都埋蔵文化財センター提供、図：羽沢大道遺跡報告書をもとに新規作成

図68　大湯環状列石：秋元信夫『縄文ランドスケープ』（アム・プロモーション、2005年）より転載／キウス周堤墓群：千歳市キウス4遺跡報告書より転載・一部改変

図69　写真・実測図：船泊遺跡・西広貝塚・中妻貝塚・薬師前遺跡報告書より転載・一部改変／保美貝塚盤状集積葬写真：保美貝塚調査団提供

図70　新規作成原図、作図協力：設楽博己　編年表：設楽博己「南西諸島の大洞系土器とその周辺」『東京大学考古学研究室研究紀要』31（2018年）をもとに作成、大洞A2式・A′式土器：宮城県山王囲貝塚・岩手県九年橋遺跡・青森県剣吉荒道遺跡／浮線網状文土器氷Ⅰ式：群馬県三ノ倉落合遺跡・長野県氷遺跡・新潟県藤橋遺跡／馬見塚式・樫王式土器：愛知県麻生田大橋遺跡・三重県小谷赤坂遺跡／突帯文土器長原式・畿内第Ⅰ様式：大阪府讃良郡条里遺跡・大阪府山賀遺跡／突帯文土器夜臼Ⅱb式・板付Ⅰ式・Ⅱb式：佐賀県菜畑遺跡・福岡県板付遺跡・比恵遺跡

図71　写真：八戸市埋蔵文化財センター是川縄文館提供

図72　三崎山青銅刀子：市川健夫「石刀・石棒」『季刊考古学』125（2013年）より転載、殷墟刀子：劉一曼「殷墟青銅刀」『考古』1993年より写真トレース、石刀実

測図：市川健夫前掲、『亀ヶ岡文化遺物実測図集』（弘前大学人文学部日本考古学研究室、2004年）、峠下聖山遺跡報告書より転載、亀ヶ岡例：写真トレース、オルドス青銅短剣：高浜秀「オルドス青銅短剣の型式分類」『東京国立博物館紀要』18（1983年）より転載、成興野型石棒：『本山考古室目録』（岡書院、1934年）、後藤信祐「縄文後晩期の刀剣形石製品の研究」『考古学研究』33(3)（1986年）より転載、太刀形漆製品：芹沢長介『石器時代の日本』（築地書館、1960年）より転載

図73　藤本強『日本列島の三つの文化』（同成社、2009年）より転載

図74　島袋春美「いわゆる〈蝶形骨器〉について」『南島考古』11（1991年）より転載

あとがき

入門書を書くのは初めてである。入門書にしては少しむずかしいものになったかもしれない。縄文文化に関心をもつ人、一から学びたいと思っている人に何を語るべきかを考えた。いろいろな専門知識が簡単に得られる事典のような本も便利だが、むしろ研究の現状や大きな論点を整理し問題意識を啓発するような手引きが必要ではないか。そのような思いで書き進めてきた。

それは大学教員としての私の日頃の経験から湧いてくる思いでもある。考古学に入門した大学生たちは、2年足らずの短期間で何かテーマを決めて卒業論文をまとめなければならないので、どうしても視野が狭くなってしまう。問題意識があいまいなままに、研究対象を何かに絞り、それだけを専門的に調べる傾向に陥りがちである。ある程度仕方のないことではあるのだが、専攻生たちには本質的な問題を見失わないでほしいと常々思っている。

出版社から依頼された文字数をかなり超過してしまったが、それでも書き足りないことが多い。本文中に引用した多数の文献を巻末に挙げておいたので、個々のテーマについて詳しく知りたい人にはそれらを読んでみることをお勧めする。

未知のことがらが多いのは考古学の楽しさでもある。遺跡を発掘するたびに新たな発見がある。今まで知られていなかった小さな事実が、それまでの説や理解を塗り替えることもある。それこそが考古学の醍醐味であろう。これから考古学に入門しようとする若い皆さんには、できれば遺跡の発掘調査に参加して生の資料とじっくり向き合ってほしいと思う。それが無理なら博物館で縄文人が残した実物をたくさん見てほしい。本物との対話によって知的好奇心を高め、縄文文化の魅力に触れる体験をしてほしいと願うものである。

謝辞

本書の執筆にあたり、多くの方々より専門的見地からのご教示や写真提供等のご協力を賜りました。また、下記の関係機関より写真の借用掲載をご許可いただきました。関係各位に御礼申し上げます。(五十音順、敬称略)

会田進　阿部芳郎　猪風来　植田信太郎　内田ひろみ　卜部厚志　小川忠博　上條信彦　工藤雄一郎　黒住耐二　桒畑光博　小久保拓也　小林青樹　近藤修　佐々木由香　笹原千賀子　佐藤信之　佐藤雅一　設楽博己　鈴木隆雄　諏訪元　大工原豊　滝沢規朗　塚本師也　中村耕作　那須浩郎　成尾英仁　西田泰民　西野雅人　増子康真　水ノ江和同　山崎京美　山田康弘　米田穣

秋田県教育委員会　秋田県立博物館　鹿児島県立埋蔵文化財センター　川口市教育委員会　九州大学総合研究博物館　佐賀市教育委員会　佐倉市教育委員会　田原市博物館　千葉市立加曽利貝塚博物館　東京大学総合研究博物館　東京都埋蔵文化財センター　栃木県埋蔵文化財センター　新潟県教育委員会　八戸市埋蔵文化財センター是川縄文館　弘前市立博物館　弘前大学北日本考古学研究センター　船橋市教育委員会　北海道埋蔵文化財センター　町田市教育委員会　松本市教育委員会

多種多様な図版の作成は思いのほか骨が折れ、資料の選定から仕上げまでかなりの時間を費やした。そのほとんどは、私の描くラフなイメージを以心伝心で一つ一つきれいな図に仕上げてくれた中島将太さんの献身的なご協力によるものです。また、工藤雄一郎さん、中村耕作さん、佐賀桃子さんにも作図の一部にご協力いただきました。入門書をまとめるのは予想以上に時間がかかり刊行が遅れてしまいましたが、同成社社長の佐藤涼子さんからの熱意のこもった激励と、ベテラン編集者の工藤龍平さんのご助力のおかげで完成に至りました。この本作りを支援してくださった方々に心より感謝いたします。

同成社さんとのご縁は、藤本強先生（故人）が山脇洋亮社長（当時）に私をご紹介くださったのが最初でした。『縄文時代の考古学』全12巻の編者に抜擢されたのも藤本先生のご推挙によるもので、直接の教え子でもない自分を随分引き立てていただきました。

私自身は小林達雄先生の縄文学に導かれて研究を続けてきました。先生は59歳のときに『縄文人の世界』（朝日新聞社）を執筆してそれまでの研究を総合し、縄文文化の価値と魅力を情熱のこもった言葉で発信しました。縄文研究の標となる一書であり、私の座右の書です。自分もその年齢となって、縄文時代の考古学を若い世代に伝えていく何がしかの仕事を果すべきではないかと思うようになりました。恩師の境地には遠く及びませんが、本書が縄文研究の発展に少しでも役立つものとなればこれ以上の喜びはありません。

2019年 1 月

谷口康浩

入門《にゅうもん》 縄文時代《じょうもんじだい》の考古学《こうこがく》

■著者紹介■

谷口　康浩（たにぐち・やすひろ）

1960年　東京都生まれ
1983年　國學院大學文学部史学科卒業
1987年　國學院大學大学院文学研究科博士課程後期中退
2005年　博士（歴史学、國學院大學）
2007年　國學院大學文学部准教授
2012年　ロンドン大学考古学研究所留学
現　在　國學院大學文学部教授（2012年より現職）

［専門分野］

先史考古学、とくに縄文文化・縄文社会の研究

［主要著書］

『大平山元Ⅰ遺跡の考古学調査』（編著、1999年、大平山元Ⅰ遺跡発掘調査団）、『環状集落と縄文社会構造』（2005年、学生社）、『縄文時代の考古学』全12巻（共編著、2007年～2010年、同成社）、『生産と権力、職能と身分』（編著、2008年、國學院大學）、『縄文文化起源論の再構築』（2011年、同成社）、『縄文人の石神—大形石棒にみる祭儀行為—』（編著、2012年、六一書房）、『縄文時代の社会複雑化と儀礼祭祀』（2017年、同成社）ほか。

2019年 2 月20日初版発行
2020年 4 月10日第 2 刷

著　者　谷口康浩
発行者　山脇由紀子
印　刷　㈱ディグ
製　本　協栄製本㈱

発行所　東京都千代田区飯田橋4-4-8（〒102-0072）東京中央ビル　㈱同成社
TEL 03-3239-1467　振替 00140-0-20618

ISBN978-4-88621-791-2 C1021